Frank Sieren

Die Konkubinenwirtschaft

Frank Sieren

Die Konkubinen wirtschaft

Warum westliche Unternehmen
in China scheitern und die Chinesen
an die Weltspitze stürmen

HANSER

Mix
Produktgruppe aus vorbildlich
bewirtschafteten Wäldern und
anderen kontrollierten Herkünften
Zert.-Nr. GFA-COC-1262
www.fsc.org
© 1996 Forest Stewardship Council

Das für dieses Buch verwendete FSC-zertifizierte Papier liefert Salzer,
St. Pölten

Die Strategeme am Anfang der Kapitel dieses Buches sind entnom-
men dem Werk:
Harro von Senger, 36 Strategeme für Manager, München: Carl
Hanser Verlag 2004.

Bibliografische Information der Deutschen Nationalbibliothek
Die Deutsche Nationalbibliothek verzeichnet diese Publikation in der
Deutschen Nationalbibliografie; detaillierte bibliografische Daten sind
im Internet über http://dnb.d-nb.de abrufbar.

1   2   3   4   5   6   11   10   09   08

© 2008 Carl Hanser Verlag München
Internet: http://www.hanser.de
Lektorat: Martin Janik
Herstellung: Ursula Barche
Umschlaggestaltung: Büro plan.it, München, unter Verwendung eines
Bildmotivs von © Onidji-Fotolia
Kalligraphien: Frau Guo Li, Freiburg
Satz: Manuela Treindl, Laaber
Druck und Bindung: Friedrich Pustet, Regensburg
Printed in Germany

ISBN 978-3-446-40975-0

Für Anke

unter Mitarbeit von Donata Hardenberg

Inhaltsverzeichnis

Vorwort

Schon am letzten Tag der Spiele ist offensichtlich, wofür Olympia 2008 in Peking politisch in Zukunft stehen wird: Der Westen und China prallen härter aufeinander. Der Ton wird ein wenig ruppiger, denn China beginnt dem Westen die globale Deutungshoheit streitig zu machen.

Die Zeiten, in denen wir im Westen die Spielregeln der Welt bestimmen konnten, gehen zu Ende. Zwar wäre es vernünftig und weitsichtig, die neue globale Vielfalt zu begrüßen, doch viele im Westen mögen sich nicht recht mit dem Gedanken anfreunden, dass auch China mitentscheiden darf, wenn es um die Werte der Welt geht.

Im Gegenteil: Je mehr der Einfluss der selbst ernannten globalen Wertehüter aus dem Westen schwindet, umso hochmütiger werden sie. In Deutschland findet man sie im gesamten Parteispektrum. „Es gibt keine Freiheit in China", lautet die Überzeugung des Menschenrechtsbeauftragten der Bundesregierung, Günter Nooke (CDU), nachdem er Peking besuchte. Der Europa-Abgeordnete der Grünen, Daniel Cohn-Bendit, tutet ins gleiche Horn: „Die Olympischen Spiele in China sind die gleiche politische Machtdemonstration eines totalitären Staates, wie es damals 1936 in Deutschland war." Die Verteidigungsbewegung der Wertehüter gipfelte darin, dass die Bundeskanzlerin Angela Merkel der Eröffnung der Olympischen Spiele fernblieb und nicht einmal einen Minister schickte. Am Ende der Spiele war nichts gewonnen, außer dass man sich der eigenen Klientel versichert hatte, die das Unbehagen eines mächtiger werdenden China ebenfalls spürt. Immerhin haben die Wertehüter die eine oder andere Überraschung erlebt: Die chinesische Führung ließ sich einfach nicht unter Druck setzen, und als sie nachlegten, verärgerten sie auch noch jene reformorientierten Eliten unter den Chinesen, die unseren Werten am aufgeschlossensten gegenüberstehen.

Irgendetwas ist also schief gelaufen. Zeit sich an die eigene Nase zu fassen und eine entscheidende Frage zu stellen: Wie handelt man so geschickt, dass möglichst schnell immer weniger Menschen in China unter staatlicher Willkür leiden müssen?

Nun, lautes Anprangern, Zuspitzen, Druck, Drohen oder Ausgrenzen sind offensichtlich nicht immer der kürzeste Weg, jemanden zur Einsicht zu bringen. Das hätte man eigentlich vorher wissen können. Zu Hause ist das nicht anders. Wenn sich Ihr Lebens- oder Ehepartner danebenbenimmt (was natürlich nie passiert), werden Sie ihm dann in großer Runde bloßstellen, damit er spurt und gleichzeitig deutlich machen, was Sie für ein moralisch integerer Kerl sind, oder werden Sie mit ihm zu einem günstigen Zeitpunkt unter vier Augen darüber reden? Auch Nationen sind Partner. In Zeiten der Globalisierung kann die eine nicht mehr ohne die andere auskommen, auch wenn sie das immer wieder versucht. Also sollten wir aufeinander zugehen.

Doch das ist leichter gesagt als getan, solange wir glauben, dadurch an Einfluss zu verlieren.

Jedes Eingeständnis, dass China sich zum Besseren austariert, aus eigener Kraft zu Kompromissen findet oder gar die Schattierungen einer pluralen Gesellschaft entwickelt, bedeutet für viele im Westen, am eigenen Ast der Hüterposition zu sägen. Denn mit der Öffnung vergrößert sich der Spielraum für die Pekinger Führung, aber auch für die Reformeliten, in globalen Fragen mitzubestimmen. Aber ist das schlimm? „Für die universellen Werte, die der Westen vertritt, braucht das kein Schaden zu sein", schreibt Mark Siemons, der Pekinger Kulturkorrespondent der *Frankfurter Allgemeinen Zeitung*. „Ihnen bietet sich damit erst recht die Gelegenheit, ihre Universalität zu erweisen." So zivilisiert und souverän zu sein, die Universalität unser Werte an der globalen Vielfalt zu testen, ist viel verlangt, zumal sich diese Weitsicht politisch und publizistisch noch zu wenig lohnt. China zu einem großen Gulag zu erklären, dessen Schergen jedes Recht auf Mitwirkung an der Gestaltung der internationalen Gemeinschaft verspielen, ist hingegen zu Hause eine sichere Wette. Den Hinweis auf das Erreichte in China lässt man nicht gelten. Es stehe auf tönernen Füßen, der Zusammenbruch sei in Sichtweite.

Der Kollateralschaden in China bleibt erst einmal unentdeckt. Bis dann die reformorientierten Eliten, die für die Unterstützung durch den Westen eigentlich dankbar sein müssten,

ihrem Ärger Luft machen. Sie hangeln sich im chinesischen
Alltag von kleinem Fortschritt zu kleinem Forschritt und wollen
sich das, was sie in den letzten 20 Jahren erreicht haben, nicht
mit einer ärgerlichen Handbewegung wegwischen lassen. So
konnte es passieren, dass die westlichen Kämpfer für die uni-
versalen Menschenrechte bereits im Frühjahr 2008 weite Teile
der reformorientierten chinesischen Bevölkerung gegen sich
aufbrachten, als sie mit ihrer Einschätzung des Aufstandes in
Tibet über das Ziel hinausschossen. Dass manche im Westen
daraufhin die selbstbewussten Chinesen verdächtigten, Opfer
eines von der Führung geschürten Nationalismus geworden zu
sein, machte eine Verständigung nicht einfacher. Regierung
und Reformer rückten noch näher zusammen. Beide hatten
verstanden: Nationalistisch ist man immer dann, wenn man
nicht isst, was der Westen mit universellem Anspruch auf den
Tisch bringt.

Geht es um die Rolle des Westens, deckt sich die Einschätzung des Künstlers Ai Weiwei, derzeit der bekannteste chinesische Intellektuelle, mit derjenigen der chinesischen Führung,
die er ansonsten scharf kritisiert. Ai spricht von „großen Vorur-
teilen" und „naiven Einschätzungen" des Westens gegenüber
China. „Diese Einseitigkeit behindert die gegenwärtige politische und wirtschaftliche Entwicklung und führt zu Verlusten
an vielen Fronten." Die chinesischen Eliten durchschauen
leicht, dass es dem Westen im Zweifel mehr um die eigene Position geht, als um die Unterstützung der Reformer in China. Sie
registrieren sehr genau, dass im Westen anders bewertet wird,
wie zum Beispiel Indien mit Kaschmir umgeht, als China mit
Tibet. „Dass China ein Staat ohne Gewaltenteilung und Medi-
enfreiheit ist, den man deshalb mit Fug auch Diktatur nennen
kann, würden sie nicht bestreiten", fasst Siemons den Unmut
treffend zusammen, „aber sie stellen in Frage, dass mit diesem
Begriff schon alles gesagt ist. Sie monieren, dass viele im Westen
die Veränderungsprozesse auf allen Ebenen der chinesischen
Gesellschaft und Politik, die für ihr Ringen um mehr Rechte
die tägliche Ausgangsbasis sind, gar nicht mitbekommen. So
sehr die Kommunistische Partei an ihrem Herrschafts- und
Kontrollanspruch festhält, so sehr hat sich der Inhalt dessen,
was Partei, Kommunismus, Kontrolle und Herrschaft bedeu-

ten, verändert, was auf das gewöhnliche Leben sehr direkte Auswirkungen hat."

Aber nicht nur jene Reformer, die sich als Gegenpol zur Führung sehen, sind verärgert über die ungeschickte Unterstützung. Auch die liberalen Kader an den Spitzen der Kommunistischen Partei sind brüskiert über die Hilfe aus dem Westen, die ihnen schadet. Sie müssen sich schon auf schmalen Pfaden bewegen, um Fortschritte zu erreichen, und immer wieder hilflos mit ansehen, wie ihr Spielraum geringer wird, wenn der Westen besonders laut schreit. Sie werden nach überzogenen Angriffen aus dem Westen von den Hardlinern kurzerhand in nationale Sippenhaft genommen: Man müsse angesichts des Angriffes von außen zusammenhalten. Der Westen wolle China spalten. Am Ende schadet der Westen jedoch nicht nur den Reformen, sondern auch sich selbst: Je harscher und unausgewogener der Ton im Westen, desto mehr weckt er die chinesischen Kräfte, die ihm die angestammte Machtposition streitig machen – und sei es nur aus Trotz.

Ein Großteil der westlichen Wirtschaft ist über dieses kurzsichtige Verhalten empört. Nicht etwa, weil sie weiter in Ruhe mit den Diktatoren Geschäft machen will, wie ihnen gern unterstellt wird, sondern weil sie inzwischen überzeugt ist, dass es nichts bringt, stur auf seine Spielregeln und die eigene Deutungshoheit zu pochen. Nicht, dass Manager so viel klüger wären als die Moralwächter. Sie hatten nur schon länger Gelegenheit, in der Auseinandersetzung mit den Chinesen auf die Nase zu fallen. Diese Gelegenheit haben sie ausführlich genutzt und sich blutige Knie geholt, als sie einfach handelten, ohne den eigenen Machtspielraum abzuschätzen. Was dabei passieren kann, erzählt dieses Buch. Insofern ist es nicht nur ein Buch für Manager, sondern eines für alle diejenigen, die wissen wollen, wie weit sich die Machtgefälle zwischen China und dem Westen bereits verschoben haben, und was man alles falsch machen kann, wenn man seine Position kompromisslos zu verteidigen versucht. Die 36 chinesischen Strategeme, die Harro von Senger dankenswerterweise der westlichen Welt wieder erschlossen hat, sind aus der Erkenntnis entstanden, dass der kürzeste Weg nicht immer der beste ist. Ist das taktische Geschick in China ausgeprägter als im Westen?

China ist jedenfalls bereits so mächtig, dass die westlichen Unternehmen um die Gunst der Chinesen buhlen müssen wie einst die Konkubinen um die Gunst des Kaisers. Die „Konkubinenwirtschaft" hat viele Facetten. Im engen Sinne bedeutet sie, dass sich mehrere westliche Unternehmen unter einer chinesischen Muttergesellschaft um deren Huld bemühen müssen, zum Beispiel in der Auto- oder in der Stahlindustrie. Währenddessen können die chinesischen Unternehmen sich ungehindert freischwimmen oder werden sogar vom Staat unterstützt. Dies wird in dem Kapitel über den Autohersteller Chery deutlich.

Im weiteren Sinne bedeutet Konkubinenwirtschaft, dass die chinesische Regierung zunehmend in der Lage ist, die wirtschaftlichen, aber auch politischen Spielregeln zu bestimmen, weil die westlichen Unternehmen gegeneinander um den Zugang zum chinesischen Markt kämpfen. Die Auslandsinvestitionen nehmen stetig zu und lagen 2007 bei 80 Milliarden US-Dollar. Die chinesischen Unternehmen und die Regierung sind zuweilen so mächtig, dass sie es sich leisten können, mit unfairen Mitteln zu kämpfen, ohne große Sanktionen befürchten zu müssen. Dies wird in dem Kapitel über die Erfahrungen des deutschen Unternehmers Eginhard Vietz beschrieben, der immer wieder unter Wasser gedrückt wurde und immer wieder gerade noch rechtzeitig an die Luft kam. Aber auch in dem Kapitel über Ulrich Reichert wird deutlich, wie westliche Manager der schieren Willkür ausgesetzt sind, in kafkaeske Schleifen geraten können, und in diesem Fall sogar ihrer Freiheit dauerhaft beraubt werden, während Deutschland vom Bundeskanzleramt abwärts eigenartig hilflos reagiert.

Manchmal scheitern Unternehmer auch an ihrer Leichtgläubigkeit, wie man in dem Kapitel über OBI sieht. Vor lauter Euphorie hatte der Unternehmer Manfred Maus auf das Vier-Augen-Prinzip verzichtet und damit seinem deutsch sprechenden chinesischen Statthalter zu viel Macht gegeben, die dieser kühl genutzt hat. Fast kann er darüber im Nachhinein froh sein, denn seine westlichen Konkurrenten werden jetzt im Sinne der Konkubinenwirtschaft von staatlichen Regelungen in die Zange genommen.

Das Kapitel über Airbus zeigt, wie es mittels der Konkubinenwirtschaft den Chinesen möglich ist, neue Technologien

ins Land zu holen. Die Strategie war denkbar einfach: Der angeschlagene Airbus-Konzern brauchte dringend einen Auftrag.
Und damit Boeing den nicht bekam, willigten die Europäer
ein, die Flugzeuge in China herzustellen. Der erste Schritt für
einen umfassenden Technologietransfer: Airbus verleiht China
nun Flügel. Es gibt auch Gegenbeispiele. Ningbo Bird, dem
chinesischen Handyhersteller, ist es zwar gelungen, den Partner
Siemens Mobile in die Knie zu zwingen, aber am Ende sind die
Chinesen ob des harten Preiskampfes selbst in Schwierigkeiten
geraten und hat sich erstaunlicherweise Nokia durchgesetzt.
Doch wie lange?

Viele westliche Unternehmen sind dennoch in China auch
erfolgreich, weil es ihnen gelingt, taktisch geschickt zu handeln.
Die Manager dieser Unternehmen machen sich über eines keine
Illusionen: Man mag dort noch so viele Freunde haben, China
ist und bleibt ein Auswärtsspiel. Sich laut zu beschweren, auf internationale Spielregeln zu bestehen, bringt in der Regel wenig.
Der Milchproduktehersteller Danone musste feststellen, dass der
sehr geschätzte chinesische Partner immer übermütiger wurde.
Als es krachte, hatte Danone in der chinesischen Öffentlichkeit
und vor chinesischen Gerichten keine Chance.

Selbst vor westlichen Gerichten sind Unternehmen vorsich-
tig geworden, wenn sie gegen China klagen. Die Manager von
General Motors im Chery-Kapitel gaben sich mit einem faulen
Kompromiss zufrieden, obwohl ihnen die CAD Files eines ganzen Autos geklaut worden waren, das nun von Chery unter dem
Namen QQ gebaut wird. Und amerikanische Cisco-Manager
haben in einem Streit mit ihrem chinesischen Konkurrenten
Huawei über geklaute Router klein beigegeben, weil sie um
die Chancen im chinesischen Markt bangen, die von dortigen
Kontroll- und Regierungsinstitutionen feinsinnig gesteuert
werden. Die Konkubinenwirtschaft reicht also schon tief in die
westliche Welt. Das sollten westliche Moralhüter wissen, wenn
sie ihre Säbel wetzen.

Selbst dem Medienunternehmer Rupert Murdoch, der als
hartgesotten gilt, ist es nicht gelungen, sich im chinesischen
Markt zu etablieren. Die Chinesen haben stets rechtzeitig die
Spielregeln der Konkubinenwirtschaft geändert und eine Wand
parat gehabt, vor die er laufen konnte.

Warum geraten wir derart in die Defensive? Wir brauchen den chinesischen Markt, um unser Wachstum halten zu können. Wann immer westliche Manager mit chinesischen verhandeln, geht es auf chinesischer Seite am Ende um die Frage: Wie viel Technologie bekommen wir, damit wir euch etwas von unserem Markt abgeben? Unter diesen Bedingungen kann man es sich leisten, wie im Kapitel über die größte Bank der Welt (ICBC) beschrieben wird, internationale Großbanken zu zwingen, sich für viel Geld mit Minderheitsbeteiligungen zufrieden zu geben. Mit so wenig, dass sie nichts zu sagen haben, jedoch so viel, dass sie bereitwillig ihr Know-how liefern, um sicherzustellen, dass ihr kleiner Anteil möglichst viel abwirft.

Die Wertehüter können also viel von der Erfahrung der Wirtschaft profitieren, die unter anderem in diesem Buch versammelt ist. Über den Zaun zu schauen wird immer wichtiger.

Wir stecken nicht nur in einer geographischen Globalisierung, sondern auch einer Globalisierung von Handlungssphären. Kultur, Politik und Wirtschaft stehen heute in engerer Wechselwirkung denn je, auch wenn wir die Tageszeitung noch anders lesen. Wollen die Wertehüter etwas über ihre Machtposition erfahren, aus der heraus sie handeln, sollten sie sich die Verschiebung der Machtgleichgewichte in der Wirtschaft anschauen.

Wenn man um die Veränderungen der globalen Unternehmenslandschaft nur der vergangenen fünf Jahre weiß, wundert man sich schon weniger über die Fähigkeit der chinesischen Führung, großem politischen Druck standzuhalten und die Wertedebatten des Westens an sich abprallen zu lassen. In der von dem amerikanischen Wirtschaftsmagazin Forbes erstellten Liste der 2000 größten Unternehmen hat China zwischen 2004 und 2008 so viele Neuzugänge zu verzeichnen, wie Deutschland insgesamt Unternehmen in der Liste hat – nämlich rund 60.

Allein 153 US-Unternehmen sind in diesem Zeitraum herausgefallen. Größter Absteiger in Europa ist England mit Minus 23. In Deutschland sind es minus sechs.

Insgesamt hat China ohne Taiwan (49) nun 109 Unternehmen in der Liste, die USA noch knapp 600 und Westeuropa 516. Betrachtet man die Profite, wird einem mulmig: Sie haben sich bei den amerikanischen Unternehmen mehr als halbiert, während sie sich in China genau verdoppelten. Und das ist erst der Anfang einer Entwicklung, die noch lange anhalten könnte. Denn die Chinesen haben gerade mal einen Anteil von 5,2 Prozent an den Gesamtprofiten, während die amerikanischen Firmen selbst nach den halbierten Werten noch gut ein Drittel der Profite erwirtschaften. Profite können schwanken. Wie steht es mit den Assets? Auch da für den Westen keine guten Nachrichten. Der Anteil der chinesischen Assets hat sich mehr als verfünffacht, während allein derjenige der amerikanischen Unternehmen von 33 Prozent auf 25 Prozent geschrumpft ist. Der Anteil Chinas liegt gegenwärtig insgesamt erst bei 3,2 Prozent. Der Trend ist also noch lange nicht ausgereizt, wenn man davon ausgeht, dass ein Land mit knapp viermal so viel Bevölkerung einmal einen ähnlichen Anteil erreichen kann wie die USA heute.

Wer wirtschaftlich stark und politisch einig ist, hat auch größeren Spielraum, Werte in der Welt durchzusetzen. Deshalb ist es nicht sonderlich geschickt, uns mehr mit den Schwächen Chinas zu beschäftigen als mit unseren eigenen.

Die größte Schwäche der USA ist ihr Geldmangel. Die amerikanischen Privathaushalte sind hoffnungslos überschuldet. Der Staat hat neun Trillionen US-Dollar Schulden und 2008 kommen noch einmal 400 Milliarden dazu. Das ist etwa das, was China in diesem Jahr Gewinn macht, nach den Sozialausgaben, Megainfrastrukturprojekten und den Ölfeldern, die sie erworben haben. Die größte Schwäche der Europäer hingegen ist ihre Uneinigkeit, das Unvermögen, gegenüber den anderen Teilen der Welt mit einer klaren Position aufzutreten, auch in Wertefragen. Für China ist es ein leichtes, den einen europäischen Staat gegen den anderen auszuspielen. Im Verlauf des Jahres 2008 konnte man beobachten, was passiert, wenn aus verschiedenen Gründen Druck auf genau diese Schwächen wirkt: Die USA wurden ärmer, die Europäer uneiniger und die Chinesen ließen weniger politische Vielfalt zu. Mit großem Erstaunen stellt man dabei fest: Die Schwäche der Chinesen ist am einfachsten zu beheben.

Frank Sieren
Peking, 24. August 2008

Nicht lange Fackeln

Wie aus der Garagengründung Lenovo
der viertgrößte Computerhersteller
der Welt wurde

 „Für die Rückkehr der Seele
einen Leichnam ausleihen"

Spätestens mit dem Aufstieg Lenovos ist das Reich der Mitte auch zu einer Hightech-Nation geworden. Seit Jahren ist der Computerhersteller Marktführer in der Volksrepublik China. Nun macht er sich auf, die Märkte im Westen zu erobern. Für viele Chinesen ist Lenovo die markanteste Episode der chinesischen Wirtschaftswundergeschichte. Der Slogan des Unternehmens sagt bereits viel: „Wenn du nur willst."

Kaum 20 Quadratmeter groß war der Raum, in dem elf Ingenieure um den Radarphysiker Liu Chuanzi 1984 in Peking die New Technology Developer Inc. gründeten. Wenige Jahre später wurde das Unternehmen in „Legend" umbenannt. Während China in der Welt gerade dafür bekannt wurde, dass es Plastiksandalen, Regenschirme und T-Shirts herstellen konnte, hatten die jungen Manager die Vision, erfolgreiche IT-Produkte zu entwickeln und damit einen großen Sprung in die Moderne zu machen. Sie hatten nur 300 000 Renminbi Startkapital (heute umgerechnet 30 000 Euro), das ihnen die Akademie der Wissenschaften zur Verfügung stellte. Dafür erhielt der Staat 61 Prozent der Anteile. Anfangs vertrieb das Unternehmen importierte Fernseher und andere Konsumgütergeräte, unter anderem Toshiba-Notebooks und Hewlett-Packard-Drucker. Doch die Ingenieure schauten sich die Produkte genau an und überlegten, wie sie sie weiterentwickeln könnten. Eine Frage lautete: Wie kann man die englische Betriebssystemsoftware ins Chinesische übersetzen, sodass sie fast genauso einfach benutzt werden kann? 1987 war es so weit. Legend hatte die bahnbrechende „Chinese Character Card" entwickelt.

1990 erkannten die Manager, dass mit eigenen Computern mehr Geld zu verdienen ist als mit den Margen, die sie als Händler und Hersteller hatten. Da ihre Ingenieure noch keine eigenen Computer entwickeln konnten, kauften sie sich die Teile auf den internationalen Märkten und montierten die Geräte zusammen. Vier Jahre lang mussten sie Verluste hinnehmen, bevor sich die Standortvorteile, wie etwa billige Arbeitskräfte, und die aufwendigsten Werbekampagnen, die je eine chinesische Firma bis dato gemacht hatte, auszahlten.

Die Regierung tat das Ihrige, um den Kauf eines Legend-Computers zur staatsbürgerlichen Tugend werden zu lassen: Sie ließ die Computer für ihre Behörden anschaffen. Immer auf der

Suche nach guten Vorbildern für den Wirtschaftsaufschwung puschten die staatlichen Medien die chinesische Hausmarke. Während die Konkurrenten wie Founder und Great Wall das untere Preissegment bedienten, wurde Legend zum Markenprodukt: der erste chinesische Premium-Computer – von dem der Rest der Welt kaum etwas gehört hatte.

Unternehmensgründer Liu hatte nicht vergessen, wem er seinen Erfolg zu verdanken hat. „Der Ruhm unserer Marke ist eine Sache des chinesischen Nationalstolzes", sagte er, „den tragen wir jetzt in die Welt." Zu diesem Zeitpunkt hatten die Manager noch die Vorstellung, man müsse nur den Stolz darüber kommunizieren, dass Legend eine der Legenden des gigantischen wirtschaftlichen Aufstiegs Chinas sein würde. „Die Menschen kaufen gern bei Siegern", sagte Liu. Es stellte sich jedoch heraus, dass die Chinesen zwar bei chinesischen Siegern kauften, die Westler jedoch Chinesen und deren Produkte nicht unbedingt zu den Siegern zählten.

Die Börseninvestoren, die davon leben, ihrer Zeit voraus zu sein, sahen das immerhin anders. 1994 ging das Unternehmen in Hongkong an die Börse. Seitdem ging es mit der Aktie steil bergauf. Die Anleger kauften die Chinastory und nicht die Geschichte eines neuen Global Players. Bereits zwei Jahre später war das Unternehmen chinesischer Marktführer, eine Spitzenposition, die es seitdem hält. Im gleichen Jahr kam der erste von Legend hergestellte Laptop auf den Markt.

Im Jahr 2000, während des Zusammenbruchs der Dotcom-Industrie, diversifizierte Legend seine Produktion und baute sein Unternehmen nun zum Allround-Elektronikkonzern aus. Neben PCs und Notebooks waren bald auch Server, Mobiltelefone, MP3-Player und Digitalkameras im Angebot. Doch die Strategie ging nicht ganz auf. Es zeigte sich, dass es selbst im chinesischen Markt nicht einfach war, zu diversifizieren. Denn in allen neuen Branchen gab es schon chinesische Marktführer, die ihre Sache auch nicht schlecht machten. Legend musste also die Flucht nach vorn antreten und mit seinen Kernprodukten in die Welt hinaus.

Als der heutige Aufsichtsratsvorsitzende Yang Yuanqing (44), ein Protegé von Firmengründer Liu, zum CEO ernannt wurde, erklärte er zu seinem wichtigsten Ziel, über die Grenzen

Chinas hinaus zu expandieren, um auf Dauer mit der Schlag-
kraft ausländischer PC-Riesen mithalten zu können, die auch
in China immer stärker wurden. „Wir wollen ein erstklassiger
Global Player werden", sagte Yang. Dass die Globalisierung
fortan auf der Prioritätenliste ganz oben stand, war noch ungewöhnlich in chinesischen Unternehmen. Deswegen hatte das
Topmanagement anfangs auch keine rechte Vorstellung davon,
wie dies gelingen sollte. Immerhin war die Ausgangsbasis nicht
schlecht: Legend war Chinas größtes Technologieunternehmen. Daran hat sich bis heute im Übrigen nichts geändert.
Nach Angaben des chinesischen Informationsministeriums
liegt Haier (siehe Seite 181 ff.) auf Platz zwei und selbst Huawai
(siehe Seite 75 ff.) mit deutlichem Abstand auf Platz drei.

Schon nach den ersten tastenden Versuchen, sich zu inter-
nationalisieren, wurde schnell klar: Der Name Legend klingt für
chinesische Ohren besser als für westliche. Obwohl Legend seit
ein paar Jahren in China eine etablierte Marke war, entschied
sich Yang, das Unternehmen 2003 mit dem international gän-
gigen Weichspülernamen „Lenovo" zu versehen. Eingeweih-
ten war das Unternehmen ohnehin unter dem Namen „New
Legend" bekannt. Yang übersetzte daher „new" in „novo",
nahm die beiden Anfangsbuchstaben und machte daraus „Le
novo". Mit der Namensänderung ging er damit den ersten
Schritt einer Strategie, die sich in den folgenden Jahren ver-
dichten sollte, aber am Anfang den Managern noch gar nicht
so klar war: Das Unternehmen musste sich entsinisieren, wenn
es Erfolg haben sollte. Der Name Lenovo sollte zum Inbegriff
günstiger Qualitätscomputer werden. „Nun also mussten sich
die Chinesen an einen neuen Namen gewöhnen. In einem
Markt mit sehr schwacher Käuferloyalität war das ein großes
Risiko. Vor allem in einer Zeit, in der große ausländische Namen
mit aller Macht an die Türen Chinas klopften, weil nirgend-
wo anders in der Welt höhere Wachstumsraten im IT-Markt
erzielt wurden. Die Marke Legend hatte nur ein kurzes Leben
in China.

Die amerikanischen Branchenriesen, die sich im Kampf
um Prozente auf den westlichen Märkten ineinander verkeilt
hatten, ließen sich nicht einfach abwimmeln, schon gar nicht,
nachdem China als Mitglied der Welthandelsorganisation WTO

seine Märkte zum Teil öffnen hatte müssen. Mit überlegener Technik und prallen Kriegskassen machten sie Jagd auf den Lokalmatador. Der „altehrwürdige" chinesische Hersteller mit dem neuen Namen musste sich über den Preis wehren.

Derweil geriet der chinesische Markt unter Preisdruck. Die Hersteller unterboten sich gegenseitig. Das machte Lenovo schwer zu schaffen.

Die Aktie knickte ein. Es musste etwas passieren. Lenovo stand an einem Scheideweg. Nun war die Frage: Klein, aber fein bleiben oder durch Zukäufe wachsen, auf die große Gefahr hin, dass man sich international übernimmt? Jahrelang hatte Yang sich nach einem geeigneten Übernahmeobjekt umgeschaut.

Anfang 2005 gelang Yang der Coup. Nach mehrjährigen Verhandlungen übernahm Lenovo überraschend die traditionsreiche PC-Sparte von einem amerikanischen Unternehmen namens International Business Machines, besser bekannt unter dem Kürzel IBM. 1,25 Milliarden US-Dollar legten die Chinesen dafür hin und katapultierten sich damit über Nacht zum damals weltweit drittgrößten PC-Hersteller hinter den beiden amerikanischen Unternehmen Dell und Hewlett-Packard. Dies war die bis dahin größte Auslandsübernahme, die ein Unternehmen aus der Volksrepublik China getätigt hatte. Am Ende ausschlaggebend war, dass Lenovo den Namen der erfolgreichen Laptop-Marke ThinkPad beibehalten durfte, das Vertriebsnetz bekam und eine große Anzahl gut ausgebildeter amerikanischer Manager übernehmen konnte, von denen die Chinesen viel über die Globalisierung zu lernen hofften. Den Namen IBM sollten sie allerdings nur bis 2010 behalten dürfen.

Die Übernahme ging wie ein Fanal durch die Medien. „Mit dem Geschäft endet eine Ära für International Business Machines (IBM), die als Pioniere in der Computerentwicklung groß geworden waren", stand im *Manager Magazin*. Und *The Guardian:* „Die Akquisition ... ist die jüngste in einer Serie von Einkäufen im Ausland durch chinesische Unternehmen. Es wird geschätzt, dass sich damit Lenovos Verkäufe vervierfachen." Vom „Ende einer Ära", berichtete auch die BBC.

Kein anderes chinesisches Unternehmen hatte sich seit der Öffnungspolitik Chinas so radikal auf den internationalen

Markt eingestellt. Und Yang verstärkte den Kurs noch. Nach der Akquisition von IBM machte das Unternehmen eine bisher in China noch nie da gewesene Metamorphose durch. Yang ernannte den IBM-Chef der Sparte, Stephen Ward, zum CEO. Es war bis dahin nicht üblich, ein chinesisches Vorzeigeunternehmen von einem Ausländer führen zu lassen. Sah dies doch wie ein Eingeständnis aus, dass man mit eigenen Kräften den Weg zur globalen Marke nicht schaffen würde. Und das entsprach wohl auch der Realität. Den chinesischen Managern war nicht klar, wie die westlichen Märkte ticken.

Lenovo bekam eine amerikanische Zentrale. Yang selbst zog nach Raleigh, der Hauptstadt des US-Staates North Carolina, bis dahin Sitz der IBM-Sparte. Dies sollte das deutlichste Zeichen sein, dass man bei Lenovo lernen wollte, global zu denken. Doch es stellte sich nach wenigen Monaten heraus, dass Ward zu wenig von China und Asien verstand. Er konnte die beiden Unternehmenskulturen nicht zusammenführen. Yang löste Ward umgehend ab, behielt seine Strategie jedoch bei. Er suchte wiederum einen Manager aus dem Westen. Ende des Jahres 2005 engagierte er William Amelio, zuvor Vizepräsident des Konkurrenten Dell in Singapur und dort für den asiatischen Raum zuständig. Amelio hatte außerdem insgesamt 18 Jahre für IBM gearbeitet. Er führte nun einen Vorstand an, der aus fünf Amerikanern, drei Chinesen aus Hongkong und vier Chinesen vom Festland bestand. Es stand also kulturell sieben zu fünf.

Amelio hatte eine schwierige Aufgabe. Zwar kam er selbst in beiden Kulturen zurecht, aber wie konnte es gelingen, die beiden unterschiedlichen Unternehmenskulturen und die Produkte zu fusionieren? Wie DaimlerChrysler gezeigt hatte, ist es schon unter Herstellern des gleichen Kulturkreises manchmal nicht möglich, auf eine Linie zu kommen. Auch bei Lenovo sah es lange so aus, als ob sich die Chinesen übernommen hätten. Sie bekamen die Kosten nicht in den Griff. Die Zuliefererketten ließen sich nicht so einfach kombinieren. Die Risikobereitschaft war sehr unterschiedlich ausgeprägt. Das Image der Marken war nicht zu vergleichen.

Zwar sah es auf dem Papier aus, als würden die beiden Unternehmen zusammenpassen wie zwei Puzzleteile. Doch wie auch DaimlerChryslers Traum von der Welt-AG zeigte der

Lenovo-Fall: Nur auf PowerPoint-Präsentationen lassen sich globale Unternehmen einfach zusammenführen, Gewinne addieren und Vertriebskanäle übersichtlich koordinieren. Yang ließ sich nicht beirren. „Anders als bei HP und Compaq sind unsere beiden Unternehmen völlig komplementär", wiederholte er immer wieder. „Das PC-Geschäft von IBM hatte eine weltweite Ausrichtung mit Schwerpunkt Europa und Amerika, während Lenovo sich primär auf China konzentrierte. IBM war stark bei Notebooks, Lenovo bei stationären Computern. Die Kunden von IBM sind primär Konzerne, Lenovo spricht vor allem kleine Unternehmen oder Privatkunden an. In fast jedem Punkt ergänzen wir uns." Man kann aber auch sagen: In fast jedem Punkt passten sie nicht zusammen. Und Gegensätze sind nicht immer gut – zumal wenn der Managementalltag von Unternehmenskulturen bestimmt wird, die regional geprägt sind und sich nicht von heute auf morgen abschaffen lassen wie ein Logo.

Auch die Kunden hatten lange nichts von der Fusion. Die Services blieben getrennt: „Der Lenovo-Shop nimmt keine IBM-Computer an und umgekehrt", war die Devise des Unternehmens. Dies stiftete Verwirrung. Als eine Befragung ergab, dass es den amerikanischen Kunden nicht gefiel, dass nun ein chinesisches Unternehmen seine IBM-Computer herstellte und vertrieb, hatte Yang schwarz auf weiß, was er schon geahnt hatte. Mit dem Image seiner Heimat, mochte sie noch so boomen und faszinieren, konnte er nicht punkten.

Es war ein eigenartiger Zwitter erstanden: ein amerikanischer CEO, ein chinesischer Präsident, zwei Zentralen. Die größte Neuinvestition machte Lenovo in den USA, doch die Mehrheit der Investoren stammte aus China. Auch der größte Teil der Profite kam aus China. Lenovo war in China der führende PC-Verkäufer mit einem Marktanteil von 35 Prozent. Gleichzeitig stammten drei Viertel des Umsatzes aus dem ehemaligen IBM-Geschäft mit seinem Schwerpunkt in den USA. Alles Baustellen, um die sich Yang noch kümmern musste und die viel Ärger versprachen. Um verunsicherte IBM-Kunden zu halten, ließ er sie in einer aufwendigen Marketingkampagne wissen, dass Lenovo die vertrauten Qualitäts- und Servicestandards halten wolle.

Die Geschäftsergebnisse spiegelten die Schwierigkeiten
wider. Zwar war Lenovos Umsatz nach der Akquisition um
417 Prozent auf 13 Milliarden US-Dollar gestiegen. Die Gewinne
brachen im darauffolgenden Geschäftsjahr aber um 85 Prozent
ein. Die politischen Implikationen der ersten großen Übernahme eines amerikanischen Unternehmens durch ein chinesisches trugen das Ihrige dazu bei.

Die amerikanische Regierung setzte Lenovo Grenzen. Das
US-Außenministerium gab im Mai 2006, also ein gutes Jahr
nach der Übernahme bekannt, dass Computer von Lenovo
nicht für geheime Verschlusssachen benutzt werden könnten, da sie mit chinesischer Spionagesoftware gespickt sein
könnten – so zumindest die offizielle Begründung. Yang war
entrüstet: „Diese Entscheidung wird einen großen Einfluss auf
die Entwicklung unserer Marke und auf unsere internationale
Strategie haben." Allerdings war seine Verteidigungsposition
recht schwach: „Fünf unserer zwölf Vorstände sind Amerikaner – wie kann man da behaupten, dass wir ein Unternehmen
sind, das von der chinesischen Regierung kontrolliert wird?"
Das kann man nicht, aber man kann durchaus feststellen,
dass Lenovo ein chinesisches Unternehmen ist, in dem knapp
zwei Drittel des Topmanagements Chinesen sind, die meisten
Investoren aus China kommen und der größte Einzelinves-
tor mit einem 27-Prozent-Anteil die staatliche Akademie der
Wissenschaften ist. Dass die Amerikaner dies im Dauerstreit
mit dem erstarkenden China politisch nutzen würden, wäre
auch schon vor der Übernahme abzusehen gewesen. Die drei
größten ausländischen Investoren – die Private-Equity-Firmen
Texas Pacific Group (200 Millionen US-Dollar), General Atlantic
(100 Millionen) und Newbridge Capital (50 Millionen) – halten
zusammen nur einen Anteil von 12,4 Prozent.

„Wenn die amerikanische Regierung sich Sorgen um ihre Sicherheit macht, weil chinesische Unternehmen sich um Regierungsaufträge bewerben, dann sollte die chinesische Regierung
das Gleiche in Bezug auf amerikanische Unternehmen tun",
drohte Yang. Als ob das nicht längst der Fall wäre. In fast allen
Branchen werden trotz der WTO-Mitgliedschaft ausländische
Unternehmen gegenüber einheimischen benachteiligt. Yang
weiß, dass er zumindest im chinesischen Markt einen Heimvor-

teil hat. Die chinesische Regierung ist insofern geschickter, als sie bei Einschränkungen nicht politisch, sondern wirtschaftlich argumentiert: Sie müsse alles tun, um Arbeitsplätze für die stark wachsende Bevölkerung zu schaffen.

Yang merkte, dass es keinen Sinn hatte, den Konflikt weiter zuzuspitzen. Um die Wogen zu glätten und sein Image in den USA zu verbessern, bestellte Lenovo im April 2007 bei Microsoft Windows-Betriebssysteme im Wert von 1,2 Milliarden US-Dollar – das sind immerhin rund zehn Prozent des Jahresumsatzes der Softwareschmiede. Doch Larry Woertzel, den Vorsitzenden der US China Economic & Security Review Commission, interessierte das nicht. Er hatte den politischen Auftrag, unangenehme Fragen zu stellen und möglichst ausführlich zu untersuchen. Man werde doch wohl fragen dürfen, „ob ein Land wie China mit bedeutenden Spionageaktivitäten allerlei Geräte in die Computer einbauen könne", formulierte er deshalb. Woertzel, ein Offizier der Aufklärungsabteilung der US-Streitkräfte, war in der zweiten Hälfte der 90er-Jahre in Peking stationiert gewesen. „Sind die chinesischen Arbeiter, die die Computer zusammenbauen, sicherheitsüberprüft?", bohrte er weiter. Yang antwortete darauf, dass alle an den amerikanischen Staat gelieferten Computer entweder in den USA oder in Mexiko hergestellt wurden. Doch mit diesen nüchternen Argumenten wird er das politische Spiel nicht beenden können.

Ärgerlich für Yang, denn bei dem Fall, der für seine Riesenakquisition ein großes Problem geworden war, ging es nicht in erster Linie um Lenovo. Zwar machten die Regierungsaufträge nur ein Prozent des Geschäfts aus, doch für das Image war die Kampagne der US-Regierung nicht gut. Solche Schlagzeilen waren kontraproduktiv, wenn es darum ging, neue Kunden von Lenovo zu überzeugen. Und Yang brauchte dringend neue Kunden, um in den IBM-Märkten langfristig überleben zu können. Bis dato wurden 88 Prozent der Profite in China erwirtschaftet, während sich in den IBM-Vertriebskanälen allmählich Verluste anhäuften – genau der Grund übrigens, weswegen die Amerikaner ihre PC-Sparte seinerzeit bereitwillig verkauft hatten. Der harte Wettbewerb mit Dell, Toshiba und Sony ließ die Margen weiter schmelzen. Und der Abstand zu den beiden größeren Weltkonkurrenten Dell und HP war groß.

Während Lenovo einen Weltmarktanteil von rund acht Prozent hatte, kamen Dell und HP auf 18 beziehungsweise 16 Prozent. Immerhin war Lenovo mit einem Anteil von etwa 20 Prozent Marktführer im Wachstumsmarkt Asien-Pazifik. Allerdings mit einer großen Schwäche in Indien. Auch in diesem Markt lief Lenovo ähnlich wie im Westen seinen Konkurrenten hinterher. HP hatte 2007 bereits einen Marktanteil bei Notebooks und Desktops von 18 Prozent, gefolgt vom lokalen Hersteller Hindustan Computers Ltd. (HCL) mit 14 Prozent. Erst an dritter Stelle folgte Lenovo mit zehn Prozent „Wir können in Indien wiederholen, was wir in China aufgebaut haben", hofft Yang dennoch und rechnet bis Ende 2010 mit einem Marktanteil von mindestens 20 Prozent.

Tatsächlich jedoch geriet Yang mit seiner Weltstrategie langsam unter Druck. Bereits 2004 hatte er 65 Millionen US-Dollar bezahlt, um 2006 bei den Olympischen Winterspielen im italienischen Turin und bei den Sommerspielen 2008 in Peking als Sponsor aufzutreten – in Augenhöhe mit Coca-Cola, General Electric, McDonald's, Visa und Volkswagen. Sollte es ihm nicht gelingen, bis Sommer 2008 neue Produkte auf dem Markt zu haben, wettbewerbsfähige Vertriebsstrukturen und eine durchschlagende Marketingstrategie zu etablieren, würde wie schon in Turin die Sponsorinvestition verpuffen.

Yang erhöhte den Druck auf Amelio. Der konsolidierte die Zulieferer und die Fabriken, reduzierte die Produktpalette, bis Lenovo schließlich immerhin in jeder Weltregion, in der es aktiv war, schwarze Zahlen schrieb. Doch Probleme gab es immer noch genug: In China war Lenovo bei den Privatkunden etabliert. Im Rest der Welt nur bei den Geschäftskunden – und nur als Ex-IBM. Lenovo hatte noch immer ein Imageproblem im Westen. Der Lösungsansatz der Lenovo-Manager: Sie setzten auf Umweltschutz, ein Thema, das Kunden in China noch kaum interessierte. Bei der Herstellung der Computer versuchten sie toxische Stoffe zu vermeiden und bauten ein Recyclingsystem für alte Produkte auf. Das Konzept ging auf. 2007 kürte Greenpeace Lenovo zum umweltfreundlichsten Elektronikunternehmen – vor Nokia, Sony Ericsson, Dell und Samsung.

Auch diese Auszeichnung machte wieder deutlich, dass Lenovo es nur mit zwei klar getrennten Marketingstrategien

schaffen würde. In China würde Lenovo weiterhin als chinesisches „Traditionsunternehmen" des größten Aufschwungs der
Weltwirtschaftsgeschichte vermarktet. Als Musterschüler des
Reiches der Mitte, der einstigen Weltmacht, die dabei ist, sich
ihren alten Status zurückzuholen. Einer von Lenovos chinesischen Fernsehspots im Sommer 2008 begann mit gigantischen,
wehenden roten Fahnen mit den gelben Sternchen. Es folgte
eine Szene mit neuen Pekinger Wolkenkratzern. In einem anderen Spot ritten alte chinesische Kämpfer zu Pferd am Eiffelturm
und an der Golden Gate Bridge in San Francisco vorbei in die
moderne Olympiastadt Peking.

Weltweit hingegen vermied Lenovo den chinesischen Auftritt – und den nationalistischen erst recht. „Wir wollen global
neutral sein", fasste Yang zusammen. Auf der Website hieß es
dann: „Wir sind ein globales Unternehmen mit Zentralen in
North Carolina, Peking und Singapur." Auch das ist China:
Wenn Nationalstolz zu zeigen taktisch nicht klug ist, wird er
ausgeblendet.

Doch das allein reichte nicht: Lenovo brauchte Spitzen-
produkte. Amelio wollte die Strategie von Apple kopieren. Er
versprach Yang, mit spektakulären Produkten international
zu punkten. „Wir werden die Leute im Westen in Aufregung
versetzen." Die Branche war skeptisch. Yang auch.

Meinte Amelio Produkte wie den 5 000 US-Dollar teuren
Luxus-Laptop mit wertvollem Ledergehäuse und einem VIP-
Concierge für alle Probleme? Oder den PC für den indischen
Markt, der Gesichtserkennung statt Passwörter benutzt? Nein.
Während sich die Unternehmensergebnisse im Jahr 2007 lang-
sam, aber stetig verbesserten, konnte Amelio schließlich spät,
aber nicht zu spät mit einer Überraschung aufwarten. Anfang
2008 brachte er den ThinkPad X300 auf den Markt, die Antwort
der Chinesen auf Apples „dünnstes Notebook der Welt", das
MacBook Air.

Mit dem kleinsten Akku wiegt das Lenovo-Gerät nur 1,4 Kilo-
gramm, hat ein Display mit 13,3 Zoll und ist kaum größer als ein
DIN-A4-Blatt. Das Design kann nicht ganz mit dem von Apple
mithalten, dafür ist die Ausstattung besser. Die gleiche Anzeige-
fläche bietet beim X300 mehr Auflösung, und es ist ein optisches
Laufwerk mit DVD-Brenner eingebaut, das dem Air fehlt. Ferner

ist der Akku austauschbar, gibt es drei USB-Anschlüsse und bis
zu vier Gigabyte Hauptspeicher. Wie in der teureren Variante
des Air-Modells läuft eine Flash-Festplatte mit 64 Gigabyte,
Bluetooth ist vorhanden. Das Gerät wird angetrieben von einem
Intel-Core-2-Duo-Prozessor mit 1,2 Gigahertz. Dazu gibt es den
Fingerabdruck-Scanner als Zugangskontrolle. Der X300 kostet
inklusive integrierter UMTS-Lösung rund 2 500 Euro, mehr als
der Air mit herkömmlicher Festplatte (1 700 Euro), aber weniger
als der mit Flash-Laufwerk (2 900 Euro). Das hatte die Branche
nicht erwartet. Aber wie würde das Produkt ankommen? Kauft
man einen Mercedes von Hyundai?

Um gerüstet zu sein, hatten die Lenovo-Manager ihren Vertrieb ausgebaut – auch in Deutschland. Hier setzen sie vor allem
auf den deutschen Mittelstand, Unternehmen mit 50 bis zu 250
Mitarbeitern. Zunächst sollten zwölf Mitarbeiter den Markt
ankurbeln, später sollen es 50 bis 60 werden. „Europa war lange
schwierig für uns", sagte Amelio. „Inzwischen hebt das Geschäft
dort aber richtig ab." Dank hoher zweistelliger Zuwachsraten
sei Lenovos Anteil am deutschen Markt in kurzer Zeit auf fünf
Prozent gestiegen. „Wir suchen weiter nach Kaufgelegenheiten.
Und Europa hat Priorität", fügte Amelio hinzu. Ende 2007 hatte
Lenovo auch einen Anteil von fünf Prozent am französischen
PC-Markt. Das ist in beiden Ländern noch zu wenig. Doch die
Aussichten waren vielversprechend. Anfang 2008 verkündete
Lenovo die Zusammenarbeit mit der Kaufhauskette Auchan,
die allein in Frankreich über 121 Supermärkte „im amerikani-
schen Stil" verfügt. „2008 ist ein Schlüsseljahr für uns", sagte
Amelio Ende 2007. „Es wird das erste Jahr ohne IBM-Logo auf
den Geräten. Ich hoffe, es wird das Jahr des Durchbruchs auf
den Weltmarkt."

Doch war es Lenovo 2007 nicht gelungen, Platz drei der
weltgrößten Computerhersteller zu halten und Acer wieder
schnell genug von ihrem Platz zu vertreiben. Der Kampf um
den dritten Platz war ein Wettbewerb unter Chinesen. Die
Taiwanesen hatten auch nicht geschlafen. Im Oktober 2007
hatten sie den amerikanischen Hersteller Gateway für 710 Millionen US-Dollar gekauft. Ein weiterer Schritt zur Verlagerung
des wirtschaftlichen Schwergewichts in Richtung Asien. Damit
hatte Acer Ende 2007 einen Weltmarktanteil von 9,5 Prozent,

während Lenovo nur auf 7,5 Prozent kam. Damit saßen kurzerhand die Taiwanesen auf dem dritten Platz und Lenovo musste wieder aufholen.

Amelio setzte nun auch auf die nicht so hart umkämpften Märkte der Entwicklungs- und Schwellenländer. Anfang 2008 saß Lenovo auf Barreserven von über 2,2 Milliarden US-Dollar. Die sollten genutzt werden, um sich in den BRIC-Staaten, aber auch im Mittleren Osten und in der Türkei zu etablieren. Märkte, die von westlichen Herstellern wegen ihrer sehr schwankenden Käufergruppen und komplexer Vertriebsstrukturen gern vernachlässigt werden. Doch damit haben die Manager von Lenovo Erfahrung. Sie kennen sich im chinesischen Markt aus, in dem sie immerhin einen Marktanteil von 30 Prozent halten können. „Wir können größere Akquisitionen durch Barmittel, durch Aktienverkäufe oder die Ausgabe von Anleihen bewerkstelligen", erklärte Lenovo-Finanzchef Wong Wai Ming.

Im vierten Quartal 2007 zeigte sich bereits, dass die Strategie aufgehen könnte. Besonders stark konnte die EMEA-Region (Europa, Naher Osten, Afrika) zulegen – mit 564 Millionen Euro Umsatz um 30 Prozent. In China wuchs der Umsatz um 18 Prozent auf 827 Millionen Euro. Nur in den USA blieb Lenovo vergleichsweise schwach mit einer Steigerung um nur neun Prozent auf 641 Millionen Euro. Über 40 Prozent des Gesamtumsatzes von 16,4 Milliarden US-Dollar kamen aus China.

Die ersten Monate des Jahres 2008 sollten eine Art „tipping point" werden. Vor allem das neue flache Notebook fand große Aufmerksamkeit. Das Gerät überzeugte selbst die konservative *FAZ* in Konkurrenz zum Apple: „Beide stehen sich in nichts nach." Zum ersten Mal stellte sich ein chinesisches Hightech-Produkt im Computerbereich an die Spitze der technologischen Entwicklung und bekam gute Noten. Mehr noch: Während dem Apple immer noch das Image eines Spielzeugs für Kreative anhaftet, gilt der ThinkPad als ein ebenso schickes wie stabiles Arbeitsgerät. Ein deutscher Mittelständler würde sich eher mit Lenovo ausstatten als mit Apple, hofften die Manager. Dafür, dass die Marke auch in Deutschland bekannter würde, hatte man schon gesorgt. Seit Herbst 2007 hat Lenovo einen Ausstattervertrag mit dem Fußball-Bundesligisten VfB Stuttgart – damals amtierender Deutscher Meister –, der bis Sommer 2009 gilt.

Außerdem ist Lenovo Sponsor des Williams-Teams der Formel 1 und sponserte im Sommer 2008 15 Teilnehmer der Olympiade in Peking, darunter den wegen Verletzung ausgeschiedenen chinesischen Leichtathletik-Superstark Liu Xiang sowie die deutschen Schwimmer Markus und Steffen Deibler.

Lenovo globalisierte auch seine Produktion in Richtung Europa. In der polnischen Sonderwirtschaftszone Legnica wurde im Februar 2008 mit dem Bau eines Produktionswerks begonnen, das bereits im Sommer 2008 in Betrieb genommen wurde. Im ersten Jahr sollen zwei Millionen Lenovo-Computer hergestellt werden, später fünf Millionen pro Jahr. Das chinesische Unternehmen hat Polen ausgewählt, da seine wichtigsten Kunden ihren Sitz in Deutschland, Frankreich, Großbritannien und in Russland haben. Lenovo investierte 20 Millionen Euro in die Produktionsstätte für 1 000 Beschäftigte. Um die Kunden in Europa besser betreuen zu können, ist ein Callcenter in Bratislava, der Hauptstadt der Slowakischen Republik, in Planung. 600 Personen sollen dort eingestellt werden.

Die Zahlen im ersten Quartal 2008 sahen vielversprechend aus. Lenovo hatte seinen Gewinn verdoppelt, konnte Amelio vermelden. Der Nettogewinn in den drei Monaten bis Ende März 2008 belief sich auf 120,5 Millionen US-Dollar (76,5 Millionen Euro). Die Zahlen täuschen jedoch insofern, als sie Sondereinnahmen beinhalten: Um sich besser auf das Kerngeschäft konzentrieren zu können, hatte Amelio die Mobilfunksparte verkauft. Das Geschäft in den USA hatte noch nicht so angezogen wie erwartet. Dafür sollten die Olympischen Spiele sorgen.

Im März 2008 kam dann rechtzeitig vor den Olympischen Spielen der nächste Schritt des jungen Global Players. Lenovo verzichtete auf den Schriftzug IBM. Die Marke „Think", von IBM für seine Notebooks aufgebaut, wurde für die Business-Anwender weitergeführt. Für die Privatkunden wurde die neue Marke „Idea" eingeführt. Die Notebooks heißen „IdeaPad", die Desktopgeräte „IdeaCentre".

„Alles wird zusammen kommen, wenn Olympia kommt. Es wird ein Crescendo für uns", versprach Amelio. Das Olympiajahr begann jedoch mit einer bösen Überraschung. Lenovo hatte gegen 300 Konkurrenten den Wettbewerb zum Design der olympischen Fackel gewonnen und wollte dies aufwendig vermarkten. Doch die Aufstände in Tibet und die Attacken auf den weltweiten Fackellauf machten dies unmöglich. In London wurden Eier geworfen, in Paris die Fackelläufer angerempelt. Und in San Francisco protestierte der Schauspieler Richard Gere. In zahlreichen anderen Ländern konnte die Fackel nur unter großen Sicherheitsvorkehrungen weitergetragen werden. Die von Lenovo gestaltete Fackel wurde in den westlichen Medien zum Symbol der Unterdrückung der Menschenrechte. „Die Intensität und die Art der Proteste waren sehr enttäuschend", sagte Deepak Advani, Lenovos Marketingchef. „Jeder hat das Recht auf freie Meinungsäußerung. Aber wenn man gewalttätig wird und die Demonstranten einen Fackelträger im Rollstuhl angreifen, kann ich das nicht für gut heißen."

Doch die Sorge der Lenovo-Manager um die Folgen des umstrittenen Fackellaufs für ihr Geschäft war unbegründet. Zwischen März und Juni 2008 wuchs Lenovos Gewinn gegenüber dem Vorjahreszeitraum um 65 Prozent auf 110,49 Millionen US-Dollar. Und das, obwohl der Umsatz „nur" um 10,5 Prozent auf 4,21 Milliarden gestiegen war. Die Verkäufe in China legten um 22 Prozent auf 1,7 Milliarden US-Dollar zu. In Amerika verkaufte Lenovo 26 Prozent mehr, während die Einnahmen aus Europa, dem Nahen Osten und Afrika um 21 Prozent auf 904 Millionen US-Dollar gesteigert werden konnten. Einen Wermutstropfen gab es allerdings: Im chinesischen Markt sank die Gewinnmarge von 7,3 auf 6,8 Prozent, in den USA aufgrund der Wirtschaftskrise sogar von 3,4 auf 0,3 Prozent. Nun zahlte sich aus, was vorher ein Nachteil war: Lenovo ist im US-Markt nicht so stark engagiert wie die Konkurrenz.

Auch die Querelen um die Lenovo-Fackel verblassten, nachdem der Sportunternehmer Li Ning im Anschluss an einen spektakulären „fliegenden Lauf" am oberen Rand des „Vogelnests", wie das Pekinger Olympiastadion im Volksmund heißt, die 29. Olympischen Spiele eröffnet hatte. Die riesige Fackel erinnert an ein zusammengerolltes Blatt Papier, da Papier zu den wichtigsten Erfindungen Chinas gehört. Die Wolken als Grafik darauf gaben der Fackel ihren Namen: Die „Cloud of Promise" ist zu einem der bekanntesten Symbole der Pekinger Spiele geworden.

Lenovo stellte 12 000 Computer; 600 Ingenieure und Techniker des Unternehmens arbeiteten für die Spiele. Lenovo tat alles, um die Probleme, die IBM 1996 in Atlanta gehabt hatte, zu verhindern. Ein Crash vor Millionen von Fernsehzuschauern wäre fatal gewesen. Monate zuvor wurde der Ablauf der Spiele daher simuliert. Und es klappte alles vorzüglich. Der Aufwand hatte sich gelohnt. „Alles ist wirklich gut gelaufen und wir sind zufrieden. Die PCs und die Techniker von Lenovo haben erfolgreich die Eröffnungsfeier unterstützt, die die Aufmerksamkeit der Welt auf sich gezogen hat", sagte Yang. Nun hofft er auf den endgültigen Durchbruch im Weltmarkt. Doch erst im Lauf des Jahres 2009 wird er wissen, ob der Plan aufgegangen ist. Das war jedenfalls erst einmal die letzte Chance für Lenovo, in diesem globalen Rahmen zu werben. Die Spiele 2010 wird ausgerechnet Acer sponsern, der Chinese aus Taiwan und die härteste Konkurrenz von Lenovo im Kampf um Platz drei der Weltrangliste.

Auf und Nieder
immer wieder

Wie China den Unternehmer
Eginhard Vietz in die Knie zwang
und er wieder auferstand

調
虎
離
山 „Den Tiger vom Berg in die Ebene locken"

Wenn Eginhard Vietz frühmorgens mit knapp 300 Sachen
in seinem AMG-getunten Mercedes „wie auf Schienen" vom
Frankfurter Flughafen nach Hannover in die Firmenzentrale
donnert, bekommt er den Kopf frei. In lang gezogenen Kurven
ist er ganz bei sich. Dann wird der Schweißingenieur philoso-
phisch und Sätze wie diese gehen ihm durch den Kopf: „Die
Listigkeit der Chinesen, die in ihrer Mentalität liegt, ist weltweit
unübertroffen. Darin lauert die Gefahr für jeden Ausländer, der
Geschäfte in China machen will." Leider jedoch stellte sich
diese Erkenntnis erst ein, nachdem die Chinesen diese Fähigkeit
wiederholt an Vietz zur Schau gestellt hatten.

Der Mittelständler hat in China eine Odyssee hinter sich.
Er ist ein Opfer der Konkubinenwirtschaft. Seit über zwei Jahrzehnten ist er in China aktiv und hat alle Höhen und Tiefen
des Marktes kennengelernt – wobei die Enttäuschungen deutlich überwiegen. Vietz wurde von Partnern betrogen, von den
Behörden verraten, seine Maschinen wurden kopiert, und nun
machen chinesische Hersteller ihm sogar auf den internationalen Märkten Konkurrenz.

Angefangen hat alles im Jahr 1984, als der Pipelinespezialist
erstmals gebeten wurde, in China Vorträge zu halten. Vietz war
den Chinesen vom „Verband für Schweißtechnik" empfohlen
worden, um ihnen unter anderem „das Biegen der Pipeline
auf der Baustelle" und andere Feinheiten seines Geschäftes zu
erklären: „Ahnungslos zeigte ich ihnen, was wir alles Tolles
können", sagt er heute. Er ahnte damals noch nicht, dass fleißig
mitgeschrieben wurde. Er reiste durch fast alle Provinzen, plagte
sich mit stammelnden Übersetzern ab und sprach nicht selten
vor 2 000 Leuten, von denen nur zehn wussten, worum es ging.
Die anderen waren als Zuhörer abkommandiert worden, um
dem Gast Gesicht zu geben. Er schlief angezogen in schmudd-
ligen Hotelbetten. In der westchinesischen Provinzhauptstadt
Urumqi, nahe der kasachischen Grenze, war das Maß dann
voll. Auf die Frage, wie es ihm gehe, sagte Vietz, ohne lange
zu überlegen: „Schlecht." Der Übersetzer brauchte Minuten,
um das zu übersetzen. Doch die Beschwerde half. Vietz durfte
im Sommersitz des Ministers einziehen, einem Haus an einem
Waldsee. „So etwas hatte ich in China nicht vermutet. Es sah
dort aus wie am Wolfgangsee – bis auf das chinesische Teehaus

in der Mitte des Sees." Zwei Tage durfte er sich von den Strapazen erholen. Es war „der Himmel auf Erden, wenn auch mit chinesischem Essen".

Vietz war dennoch überzeugt, dass er trotz der noch widrigen Umstände in China gute Geschäfte machen würde. Schon ein kleiner Marktanteil in China würde sein Unternehmen in ungeahnte Umsatzsphären katapultieren. Er lud chinesische Delegationen nach Deutschland ein, um ihnen seine Produkte vorzustellen. Er fuhr mit seinen Gästen drei Tage lang in einem Kleinbus über 14 Baustellen in ganz Deutschland. Sie mussten trotz Jetlag früh aus den Federn, und zum Essen war erst abends Zeit. Vietz dachte, die Chinesen wären zum Arbeiten gekommen und wollten ihre kostbare Zeit möglichst effizient nutzen. Doch damit schloss er von sich auf andere – und lag völlig falsch. Solange sie auf fremdem Terrain waren, blieben sie artig. Doch kaum zu Hause, beschwerten sie sich bitterlich. Sie wollen nie wieder „zu dem Vietz", sie seien unter „extremem Stress" gesetzt worden und „fast verhungert", da der ungehobelte Gastgeber ihnen nicht einmal ein Mittagessen gegeben hätte. Vietz war baff – und vollends sprachlos, als er erfuhr, dass von den sechs Delegationsteilnehmern nur zwei Schweißfachleute waren, die vier anderen, also zwei Drittel der Delegation, jedoch Kader, die Heidelberg, das Hofbräuhaus und den Hamburger Hafen kennenlernen hatten wollen – und stattdessen hungrig über lehmige Baustellen geschleppt worden waren. Es war ihm eine Lehre: „Seitdem gibt es bei mir immer leckeres Mittagessen und ein Damenprogramm für die Herren."

Doch die künftig satten Chinesen nutzen ihre Schaffenskraft für ganz eigene Zwecke. Sie hatten nunmehr genug Energie, um Vietz zu betrügen: Schon in die zweite Delegation hatten die chinesischen Behörden zwei Spione aus Konkurrenzunternehmen eingeschleust, die offiziell als Kunden firmierten. Vietz wunderte sich noch, warum die so viel fotografierten, und dachte, dass sie Spaß daran hätten, ihre neuen Kameras auszuprobieren. Später ging ihm ein Licht auf: „Die Fotos dürften ihnen den Nachbau unserer Maschinen erheblich erleichtert haben."

Dennoch kaufte die Delegation auch Maschinen. Die Nachfrage stieg. Der Vertrieb musste professionalisiert werden. Chinesen können Chinesen am besten etwas verkaufen, dachte Vietz pragmatisch und gab 1991 den Vertrieb an ein chinesisches Partnerunternehmen. Das funktionierte in den ersten Jahren recht gut. Vietz fuhr den größten Auftrag seiner Unternehmensgeschichte ein: 70 Prozent der benötigten Maschinen zum Bau einer 4 200 Kilometer langen Pipeline von Kasachstan nach Schanghai. „Westgas nach Osten", lautete die offizielle Parole. Dabei hatte Vietz nicht nur gute Maschinen, sondern auch Glück. Just als im Frühjahr 2001 die Vertragsvergabe anstand, um die sich auch amerikanische Unternehmen bewarben, drang ein amerikanisches Spionageflugzeug in den chinesischen Luftraum ein und kollidierte mit einem Abfangjäger, dessen Piloten ums Leben kamen, während die US-Amerikaner auf der Insel Hainan notlanden konnten. Die amerikanisch-chinesischen Beziehungen waren nahe dem Nullpunkt und Vietz bekam den Auftrag: 60 Schweißraupen des Typs Arcotrac mit integrierter intelligenter Schweißtechnik – sie sehen aus wie Bagger ohne Baggerarm – wurde Vietz beim größten Pipelineprojekt der chinesischen Geschichte los.

Seine Maschinen bewährten sich in den dreieinhalb Jahren Bauzeit so gut, dass seine Technologie als „Schlüsselindustrie" eingestuft wurde. Das klang gut – „Mit Speck fängt man Mäuse", sagt Vietz, „und ich kann mich noch gut erinnern, wie lecker der Speck roch" –, bedeutete für Vietz jedoch genau das Gegenteil. In der ersten Stufe sollte Vietz gezwungen werden, seine Produkte in China herzustellen, und in der zweiten Stufe würden die Chinesen die Maschinen selbst produzieren.

Stufe eins wurde im Januar 2002 gezündet. Vietz wurde von Su Shi Feng, dem Generaldirektor der China National Petroleum Corporation (CNPC), der in New York gelisteten größten Öl-firma Chinas, nach Langfang, südlich von Peking, bestellt. Dort erfuhr er, dass keine Maschinen mehr in Deutschland gekauft würden, sondern nur noch lokal hergestellte. Vietz müsse in China produzieren, und er stimmte im Erfolgsrausch sofort zu. „Ich dachte, in China gute Freunde zu haben." Empfänge von „unvorstellbarer Dimension" waren zu seinen Ehren veranstaltet worden. Er hatte die chinesischen Delegationen stets zu sich nach Hause eingeladen, „weil ich wusste, dass man den Chinesen keine größere Freude machen kann". Die revanchierten sich bei gutem deutschen Bier mit einem ihrer schönsten Trinksprüche: „Auf eine lange Freundschaft und gute Geschäfte." Erst später fand er heraus, dass die Luxuskarosse und das protzige Büro eines Geschäftspartners nur gemietet waren, um den schönen Schein zu wahren. Heute noch läuft Vietz ein Schauer über den Rücken, wenn er daran denkt, wie „kaltschnäuzig" die Chinesen ihre Strategie verfolgten. „Sie wollten eine völlige Vertrauensbasis aufbauen und sich so den Weg zu unserer Technologie öffnen."

Doch Vietz ahnte davon zunächst nichts. Er war damit beschäftigt, die Wachstumszahlen hochzurechnen, das Joint Venture zu kalkulieren und zu verhandeln. Dabei war er sehr erfolgreich: Vietz bekam 51 Prozent an dem neuen Unternehmen und durfte den Geschäftsführer stellen. 15 Prozent hielt die chinesische Vertriebsfirma BGK, und die restlichen 34 gingen an den ehemaligen Kunden, eine Tochterfirma der CNPC. Am 1. Januar 2004 fing die Produktion in einer Sonderwirtschaftszone bei Peking mit 150 Mitarbeitern an. Als Geschäftsführer hatte sich Vietz einen Deutschen ausgesucht, den er vorher vier Monate lang in Hannover auf China vorbereitet hatte. „Der Mann war mit China völlig überfordert. Wenn er gleich Kontakte zu den Behörden geknüpft hätte, wäre ihm viel Ärger erspart geblieben."

Deshalb übernahm Vietz die Geschäftsführung selbst und stellte jedoch bald Unregelmäßigkeiten fest. Die chinesischen Mitarbeiter in Führungspositionen, die der Joint-Venture-Partner stellte, wechselten ständig. Bald bekam Vietz spitz, dass sie alle fünf Kilometer weiter wieder in einem Unternehmen auftauchten, das Kopien seiner Maschinen produzierte. „Ich war sprachlos", gesteht Vietz. Er zog die Notbremse. Er schloss das Unternehmen und zahlte die Partner aus.

Von nun an war er wieder sein eigener Herr – glaubte er zumindest. Er setzte mehrere deutsche Kontrolleure ein und suchte nun gründlicher als zuvor einen neuen Geschäftsführer. Er fand einen Englisch sprechenden Chinesen mit Fachkenntnissen, der in Belgien studiert hatte und auf ihn einen vertrauenerweckenden Eindruck machte. Das änderte jedoch nichts daran, dass seine Maschinen von den ehemaligen Joint-Venture-Partnern nachgebaut wurden. Vietz bat schließlich

Bundeskanzler Gerhard Schröder, den er aus Hannover kannte, um Hilfe. Der versprach ihm, den Produktklau bei seinem
nächsten Besuch im Dezember 2004 gegenüber Premierminister Wen Jiabao anzusprechen. Das tat er auch – mit eindeuti-
gem Ergebnis: Wen wies den anwesenden stellvertretenden
Wirtschaftsminister an, den Machenschaften ein Ende zu
bereiten. Vietz jubelte. Er schien auf ganzer Linie gewonnen zu
haben. Auf einem gemeinsamen Foto von Schröder, Wen und
Vietz sind lachende, erleichterte Gesichter zu sehen. Vietz hielt
es für ausreichend, nur noch einmal im Monat nach China zu
kommen.

Was er nicht wusste: Er hatte nur einen von vielen Maulwür-
fen ausgeschaltet. Aufgrund mehrerer Tipps von Mitarbeitern
vermutete er bald, dass der neue Geschäftsführer von CNPC eingeschleust worden war. CNCP hatte ein Tochterunternehmen,
das ähnliche Maschinen herstellte wie Vietz, „aber der Entwicklung gut 20 Jahre hinterherhinkte". Ein Verhör bestätigte den
Verdacht: „Danach war ich sicher: Der Mann hatte nicht nur
die Gunst der Stunde genutzt, sondern war ganz gezielt einge-
setzt worden." Vietz wollte ihn zwingen, ein Schriftstück zu
unterschreiben, in dem er bestätigen sollte, keine Daten, Pläne
oder Teile an sich genommen zu haben. Der Spion weigerte sich
nicht nur, sondern versuchte auch noch, weitere Daten vom
Zentralcomputer auf sein Notebook zu laden. Vietz erwischte
ihn. „Es kam zu einem Handgemenge, und wir mussten die
Polizei holen." Die chinesischen Polizisten hatte jedoch keine
große Lust, in eine Auseinandersetzung zwischen einem Chinesen und einem Ausländer verwickelt zu werden. Erst als Vietz
das Bild mit Schröder und Wen zeigte, rief einer der Polizisten
seinen Vorgesetzten an und bat um Rat. Das Ergebnis: Der
Computer wurde konfisziert und sollte am folgenden Tag in
Anwesenheit des Delinquenten und des Anklägers überprüft
werden. Termin: 14 Uhr.

Leider war der folgende Tag ein Freitag. Als Vietz in Beglei-
tung eines Botschaftsangehörigen erschien, stellte sich heraus,
dass die maßgeblichen Polizisten schon ins Wochenende ver-
schwunden waren. Vietz und der Diplomat wurden auf Montag
vertröstet. Am Montag gab es dann eine böse Überraschung:
Wie aufgeblasen vor Selbstgefälligkeit erschien der chinesische

Geschäftsführer um neun Uhr im Büro – den Laptop unter dem Arm. „Sie sind alle Idioten hier", musste sich Vietz anhören. Der Spion protzte mit seinen guten Beziehungen und wollte allen Ernstes seine Arbeit wieder aufnehmen. Vietz erteilte ihm Hausverbot und beschwerte sich bei der Polizei. Die lehnte sich aber gelassen zurück und war froh, aus dem Schneider zu sein: „Das ist von höherer Stelle so entschieden worden." Vietz ist heute davon überzeugt, dass es ein „Riesenfehler war, auf die Polizei zu vertrauen".

Der spionierende Geschäftsführer hatte genug Material gesammelt, dass die CNPC-Tochter die Vietz-Maschinen nun in Eigenregie herstellen konnte. „Das haben sie gut hinbekommen. Der einzige Unterschied war: Es fehlte das Vietz-Schild." Doch Vietz gab nicht auf. Ein zäher deutscher Mittelständler lässt sich so leicht nicht unterkriegen, zumal wenn er große Geschäfte wittert. Und die witterte Vietz weiterhin. „Ich glaube an das Gute im Menschen", meint er dazu. Er stellte einen chinesischen Geschäftsführer mit deutscher Staatsbürgerschaft ein, der an der Technischen Universität Aachen studiert und promoviert hatte und einen grundsoliden Eindruck machte. „Er wusste, dass von ihm Zuverlässigkeit erwartet wurde", sagt Vietz und fügt rückblickend hinzu: „Vielleicht habe ich das etwas zu sehr betont."

Dem neuen Geschäftsführer schien es auch nichts auszumachen, dass die Herausforderungen immens waren. Die CNPC, einer der großen Ölkonzerne in China, würde sicher nicht mehr bei Vietz kaufen, nachdem sie mit ihren kriminellen Machenschaften das Gesicht verloren hatte. Der zweite Ölkonzern, Sinopec, signalisierte aber, dass er Maschinen von Vietz wolle, und so zeigte die Auftragskurve bald nach oben. Doch zur Sicherheit opferte der Unternehmer weiter monatlich eine Woche seiner kostbaren Zeit für den Standort Peking.

Inzwischen glaubte Vietz, das Risiko realistischer einschätzen zu können: „Wer in China investieren will, muss sich überlegen, ob er auf eine Million Euro verzichten kann, ohne dass sein Betrieb in Mitleidenschaft gezogen wird. Und die Gefahr ist groß, dass die Million in kurzer Zeit weggeschmolzen ist." Einige Monate war es erstaunlich ruhig. Bis Vietz auf einer seiner Reisen plötzlich die Buchhalterin vermisste, die er

selbst eingestellt hatte. Sein Geschäftsführer antwortete ihm
einsilbig, sie habe gekündigt. Vietz wurde hellhörig und fragte
bei den Mitarbeitern nach. Die kannten eine andere Version
der Geschichte. Die Buchhalterin hatte sich geweigert, größere
Summen Geldes auf das Privatkonto des Geschäftsführers zu
überweisen, und war daraufhin entlassen worden. Dieser hatte
die Buchhaltung kurzerhand an eine externe Firma ausgelagert – zu zehnfachen Kosten und an eine Firma, an der seine
Frau beteiligt war. Die Firma wollte die Unterlagen erst gegen
ein maßloses Ausfallhonorar aushändigen. Nun war Vietz mit
seinem Latein am Ende. Er hatte keine Lust mehr. Er war fertig
mit China, und China war fertig mit ihm.

Vietz stellte den Produktionsbetrieb ein und ließ die deutsche Fahne einholen. Von nun an wollte er sich auf das zweite
große Land in Asien konzentrieren: auf Indien. „Wir wussten,
dass in Indien 5 500 Kilometer Pipeline gebaut werden. Ich
fuhr also mit einer Delegation aus Niedersachsen nach Indien."
Vietz führte mit den Verantwortlichen des halbstaatlichen
Unternehmens Reliance Gespräche. Zunächst hieß es, dass die
Maschinen von indischen Firmen gebaut würden. Doch Vietz
gab nicht auf. Im Frühjahr 2006 gelang es ihm zu arrangieren,
dass Bundeskanzlerin Angela Merkel und der indische Premierminister bei ihrem Rundgang über die Hannover Messe an
seinem Stand Station machten. Er fragte den Premierminister,
welche Chancen er habe, worauf der salomonisch antwortete:
„Es wird große Neuerungen geben." Vietz ließ recherchieren
und traute seinen Ohren nicht: Die Chinesen würden in das
indische Projekt einsteigen. „Das konnten wir gar nicht fassen,
weil Indien und China in starkem Wettbewerb stehen." Doch
dann fand er heraus, warum: Die Chinesen konnten den Auftrag
einholen, weil sie die Finanzierung für eine 1 200 Kilometer
lange 48-Zoll-Pipeline zugesagt hatten – ein kompliziertes und
teures Projekt, bei dem mehrere Bergketten durchstoßen werden
müssen. Vietz hielt das für keine gute Nachricht. War er jetzt
auch in Indien aus dem Geschäft?

Er brauchte eine Strategie. Bei seinen langen rauschenden
Fahrten über die Autobahn gingen ihm allerhand Fragen durch
den Kopf: Wie kann man den Spieß umdrehen? Wie die Konkubinenwirtschaft austricksen? Ihm fiel zunächst keine Antwort

ein. Er vertagte das Problem und wartete auf eine Chance. Und die sollte prompt kommen: Auf einer Reise nach Indien lernte Vietz einen der Auftraggeber der Chinesen kennen, Mukesh Ambani, der reichste Inder. Vietz konnte ihn überzeugen, auf Nummer sicher zu gehen und darauf zu bestehen, dass beim Bau der Pipeline nur original deutsche Maschinen verwendet würden und nicht chinesische Kopien. Vietz wartete ab. Würden die Chinesen wieder tricksen und die kopierten Maschinen als vermeintliche Originale nach Indien liefern? Würden sie, wenn sie aufflögen, behaupten, sie könnten nunmehr aus Zeitgründen keine anderen Maschinen bekommen? Würde Ambani dann unter dem politischen Druck einknicken? Vietz wartete. Und bekam dann eines Morgens Mitte Juli einen Anruf aus China.

Er wurde aufgefordert, sich an einer internationalen Ausschreibung für Spezialhebegeräte zu beteiligen. Vietz fuhr sofort, wenn auch widerwillig nach China. „Ich war erstaunt. Zum ersten Mal verhandelten Techniker mit mir und nicht Kaufleute." Von den drei Pipeline-Baugesellschaften in Langfang, von denen mindestens eine seine Technologie geklaut hatte, waren die drei führenden Techniker gekommen. Vietz befürchtete Ärger. Die Stimmung war kühl. Hin und wieder lachten sie überheblich, nach dem Motto, den haben wir schön aufs Kreuz gelegt. Doch sie wussten nicht, was Vietz schon wusste. Sie signalisierten, dass die Chancen für den Deutschen gut standen, obwohl eine chinesische Firma weit günstiger angeboten hatte und selbst eine kanadische billiger war. Er müsse sich nur noch etwas bewegen.

Und sie bezahlten das Abendessen. Vietz ließ es sich schmecken. Offensichtlich war seine Strategie aufgegangen: „Sie brauchten nun schnell verlässliche Maschinen, um sich in Indien nicht zu blamieren und den Zeitplan einhalten zu können." Vietz war wieder einmal fassungslos – nun vor Freude. Nachdem er jahrelang ausgenommen worden war, war er plötzlich wieder im Spiel.

Aber es ging noch weiter. Einer der Techniker telefonierte in seiner Gegenwart mit dem Präsidenten von CNPC, und der Name Vietz fiel immer wieder. „Ich wurde gefragt, ob ich 36 Spezialgeräte kurzfristig liefern könnte. Ich telefonierte mit

Deutschland, fand heraus, dass das in acht Wochen möglich war, und nannte meinen Preis, nachdem ich unserem Mitarbeiter signalisiert hatte, dass er satt kalkulieren soll." 3,5 Millionen Euro – und es gab keinen Nachlass. Die Chinesen kauften sofort. „Jetzt habe ich den Spieß umgedreht", stellt Vietz fest. Während der Schweißingenieur jahrelang gegen die politische Linie hatte schwimmen müssen, trieb er nun plötzlich mit der Strömung und konnte sogar bequem den Kopf aus dem Wasser strecken. Der politische Auftrag, den die chinesischen Unternehmen von ihrer Regierung erhalten hatten, lautete nun nicht mehr: Wir brauchen die Technologie, egal wie, sondern: Es darf nichts schiefgehen. „Das Geld spielte keine Rolle mehr. Vorher war es wochenlang hin und her gegangen. Der Preis muss noch einmal herunter, und dies und das wollen wir noch extra. Jetzt keine Rede mehr davon. Nichts, null." Und die Vietz GmbH war nicht das einzige Unternehmen, das profitierte: Die Chinesen kauften Tunnelbohrmaschinen von dem baden-württembergischen Unternehmen Herrenknecht AG, das auch in China produziert. Weitere Aufträge sind in Arbeit.

In anderen Weltregionen spürt Vietz allerdings weithin den Gegenwind der Chinesen, wenn die politischen Absichten andere sind. In Libyen zum Beispiel war die Konstellation anders. Bei einem Pipelineprojekt für Tripolis kalkulierte MAN 125 Millionen Euro, die Inder lagen bei 70 Millionen, und die Chinesen boten dasselbe Projekt für 35 Millionen an. „Das war ein Politikum, dort reinzukommen. Das war der Bau der ersten Pipeline für die Chinesen in Libyen." Weil sie Bodenschätze brauchen, bieten die Chinesen den afrikanischen Regierungen an, gegen billige Kredite Infrastruktur zu bauen. Dabei sind sie bereit, Infrastrukturpakete zu Dumpingpreisen anzubieten. In Indien geht es weniger um Bodenschätze als um eine politische Allianz gegen die Interessen des Westens. Ähnliches gilt für Russland. Wenn sich China und Indien oder China und Russland einig sind, können die westlichen Regierungen sich kaum noch querstellen.

In Gesprächen auf einer Energiekonferenz im russischen St. Petersburg erfuhr Vietz von einem engen Mitarbeiter Premier Putins, dass CNPC die nächste größere Pipeline in Russland bauen wird. Russland will 20 000 Kilometer Pipeline errichten. „Es ist ein Wahnsinn, was da abläuft. Die Chinesen gehen ganz gezielt vor, ohne großen Wind zu machen. Das ist der Kern ihrer Listigkeit." Einstweilen spielt die Situation ihm in die Vorderhand. Und das läuft so gut, dass Vietz nun darüber nachdenkt, doch wieder in China zu produzieren, jedoch nur Teile, nie wieder komplette Maschinen. Die Deutschlandfahne liegt noch dort im Schrank.

Aber diesmal wird er nicht übermütig. Diesmal macht er es geschickter. Er stellt zusammen mit den Shenli Raketenfabriken Präzisionsteile mit deutschen Maschinen her. Andere Teile werden in Kroatien gebaut. Und die Maschinen selbst entstehen hinter verschlossenen Türen in Hannover. Der niedersächsische Verfassungsschutz hilft ihm dabei, dass er nicht über das Internet ausspioniert werden kann. Denn Vietz entwickelte gerade die nächste Generation von Schweißrobotern. Bisher brauchte man 300 Mann, um 1,2 Kilometer Pipeline pro Tag fertigzustellen. Sein neues Pipeline-Laser-System VPL schafft fünf Kilometer mit zehn Leuten. Und Vietz weiß, dass diese Technologie ganz oben auf dem Wunschzettel der Chinesen steht. Denn in Australien wollen sie bis 2010 eine 2 900 Kilometer lange Pipeline bauen. Eine neue, rund 2 500 Kilometer lange Parallelgasleitung zwischen Kasachstan und Schanghai entsteht. In Turkmenistan werden 2 900 Kilometer errichtet. Dubai. Pakistan. Iran. Alle brauchen neue Röhren. Und überall sind die Chinesen im Spiel. Doch bei denen andienen muss sich Vietz nicht mehr. Er stellt sicher, dass die Auftraggeber Vietz-Maschinen wollen, und wartet auf einen Anruf aus Peking.

Doch plötzlich hat Vietz wieder Schwierigkeiten in China. Diesmal ist die Bundesregierung daran Schuld. Bundeskanzlerin Angela Merkel ist der Eröffnungsfeier der Olympischen Spiele am 8. August 2008 fern geblieben und hat auch keinen ihrer Minister geschickt. Der höchste Vertreter war der deutsche Botschafter. Der chinesische Fernsehsender CCTV schwenkte deshalb nicht auf die Ehrentribüne, als die deutschen Athleten einmarschierten. Als Vietz eine Woche später bei einer Unterorganisation der China National Petroleum Corporation (CNPC), einem der drei größten chinesischen Ölkonzerne einen Vertrag unterschreiben wollte, stellten sich die Partner stur. Sie hatten für 3,8 Millionen Euro Geräte gekauft und brauchten nun Ersatzteile. Für Vietz eigentlich eine sichere Sache. Bei den Verhandlungen kamen sie sofort auf Olympia zu sprechen und zeigten sich maßlos verärgert, dass Merkel nicht nach Peking gekommen war. Gleichzeitig eröffneten sie Vietz, dass sie von der CNPC-Zentrale die Anweisung bekommen hatten, bis auf weiteres keine Geschäfte mehr mit Deutschen zu machen, sondern in Frankreich und den USA zu kaufen. Vietz flog ohne den Auftrag nach Hause. Er kann das Verhalten der Bundesregierung nicht verstehen. „Die Menschen, mit denen ich in Peking zu tun habe, sind maßlos enttäuscht, weil gerade Deutschland für viele Chinesen ein Traumland ist, mit seinen exzellenten Ingenieuren, schönen alten Städten und Autobahnen ohne Geschwindigkeitsbegrenzung", sagt er. Viele Chinesen träumten davon, ein Mal im Leben nach Deutschland zu kommen. „Sie sind stolz, dass Olympia in Peking stattgefunden hat, und deswegen sehr enttäuscht, dass die Bundeskanzlerin nicht erschienen ist."

Vietz glaubt nicht, dass die Menschen Opfer chinesischer Propaganda sind. „Man hat nicht den Eindruck, dass die Freude politisch initiiert wurde. Und das, obwohl sie wegen der Olympiade auf einiges verzichten mussten." Sie konnten ihre Autos nicht jeden Tag benutzen und die Sicherheitsvorkehrungen waren streng. Die Menschen waren jedoch „mit vollen Herzen dabei", sagt Vietz fasziniert. „Dazu muss sie das Politbüro nicht zwingen. Und die Menschen, die er getroffen habe, seien verwundert gewesen, warum Bundeskanzlerin Merkel nicht mit ihnen feiern wollte. Besonders eigenartig ist dies für Vietz deshalb, weil sogar der Vertreter von Chinas größtem Wettbewerber, US-Präsident George W. Bush, mit der ganzen Familie gekommen war. „Das ist ein Riesenvorteil für die amerikanische Wirtschaft und ein erheblicher Nachteil für uns." Dass er als Unternehmer jetzt auch noch den Druck aus Deutschland zu spüren bekommt, ärgert ihn sehr. Wie schon im Fall der Kopien glaubt er auch nun nicht, dass er ein Einzelfall ist. „Ich bin mir sicher, dass es nicht nur mir so ergeht, sondern auch anderen Unternehmern. Eine solche Entscheidung wird in China nicht von einem Konzern im Alleingang getroffen. Man hört sehr viel in dieser Hinsicht, ohne dass ich jetzt Namen nennen will."

Eigenartigerweise empfindet Vietz dies nicht als unver-
schämt von den Chinesen. Immerhin haben sie ihn erst ausspioniert, dann seine Produkte kopiert und jetzt machen sie
ihn auch noch zu politischem Kanonenfutter der deutsch-
chinesischen Beziehungen. „So skrupellos sie auch mit mir
umgesprungen sind", sagt er. „In diesem Fall würde ich genauso
handeln. Warum einem Land einen Auftrag geben, das mich
beleidigt. Der schwarze Peter liegt bei Merkel." Aber sollte nicht
gerade Vietz dafür Verständnis haben, dass die Wirtschaft auch
mal Nachteile in Kauf nehmen muss, um die eigene moralische
Position klarzumachen, angesichts der Piraterie und der Men-
schenrechtsverletzungen in China? Vietz ist überzeugt, dass
das nichts bringt. „Ich bin 1961 aus der DDR in den Westen gekommen. Ich weiß, was es bedeutet, in einem Unrechtsregime
zu leben. Aber glaubt Frau Merkel wirklich, dass die chinesische Führung ihre Politik ändert, wenn sie zu Hause bleibt?"
So naiv könne man nicht sein. Vietz ist überzeugt, dass sie
vielmehr versucht in Deutschland Stimmen als „Jeanne d'Arc
der Menschenrechte" zu sammeln. „Ich bin gespannt, ob ihre
Strategie aufgeht in einer Zeit, in der das Wirtschaftswachstum
zurückgeht und wir auf jeden Auftrag angewiesen sind, um Arbeitsplätze zu halten", fügt der Unternehmer hinzu. Er ist seit
25 Jahren CDU-Mitglied. Von Merkel ist er sehr enttäuscht „Wo
ich auch hinkomme, legt sie mir als einfachem Mittelständler
Steine in den Weg."
    Zum Beispiel im Iran. Da sah Merkel tatenlos und mit
heimlicher Freude zu, wie deutsche Banken von den Amerikanern gezwungen wurden, sich aus dem Land zurückzuziehen,
während die Amerikaner weiter über Drittländer wie Dubai
oder Kuwait liefern. „Ich verstehe nicht, warum sich Merkel
vor den Karren dieser Doppelmoral spannen lässt", sinniert
Vietz. Drei Wochen vor den Olympischen Spielen war er in
Venezuela gewesen und hatte dem Ölminister Felix Rodriguez
vorgeschlagen, ein Ausbildungsinstitut zum Pipelineschweißen
einzurichten. Der Minister hatte bei der Powerpointpräsenta-
tion glänzende Augen bekommen. Doch hinterher beim Essen
sagte er, es gäbe noch nicht einmal ein Handelsabkommen
zwischen Deutschland und Venezuela. Vietz war sehr erstaunt
und schlug sofort vor, den Staatssekretär im Wirtschaftsminis-

terium, Bernd Pfaffenbach, anzurufen, den er sehr gut kennt. Er erreichte ihn mitten in der Nacht in Indien. Pfaffenbach war schnell hellwach und sagte ihm, dass der Wirtschaftsminister Michael Glos und auch Außenminister Frank Walter Steinmeier für die Abkommen sind. Nur die Bundeskanzlerin sei auf Anweisung der Amerikaner dagegen und deswegen werde gebremst. Dass die Chinesen ihn und andere westliche Unternehmen torpedieren, kann Vietz noch einigermaßen verstehen. Dass die Bundesregierung ihren eigenen Unternehmen das Leben schwermacht, ist für ihn nicht zu akzeptieren: „So entsteht ein Vakuum, das die Italiener und die Franzosen füllen. Auch in Russland behindert Merkel übrigens die deutsche Wirtschaft." Während Vietz es schließlich geschafft hat, sich gegen die Chinesen zu behaupten, scheint gegen die Zumutungen der Bundeskanzlerin kaum ein Kraut gewachsen.

Immer flüssig

Wie aus ICBC,
einem Endlager für faule Kredite,
die größte Bank der Welt wurde

 „Die Zikade entschlüpft
ihrer goldglänzenden Hülle"

Auf ihn sind mittlerweile alle Augen gerichtet, sein Name ist berühmt-berüchtigt, wenn auch nicht leicht auszusprechen: Jiang Jianqing, Chef der Industrial and Commercial Bank of China (ICBC) und der neue Star der internationalen Finanzwelt, die elektrisiert den kometenhaften Aufstieg der chinesischen Staatsbank an die Weltspitze mitverfolgte. „Eine umfassende Revolution" – das ist es, was die Bank laut Jiang in den letzten Jahren erlebt hat. Nicht mehr und nicht weniger. Kein Wirtschaftswunder – sondern geschickte Strategien, Umstürze und Reformen zur richtigen Zeit. Und am richtigen Ort.

Das heutige Finanzunternehmen ICBC hat eine unglaubliche Metamorphose durchgemacht. Es ähnelt kaum noch der Bank, die 1984 mit einem Kapital von 20,8 Milliarden Yuan (nach heutigem Kurs etwa 2,1 Milliarden Euro) und Aktiva von 333,3 Milliarden Yuan (ca. 33,6 Milliarden Euro) als behäbiger kommunistischer Staatsbetrieb ihren unglaublichen Aufstieg begonnen hatte. Eine revolutionäre Entwicklung, die im Oktober 2006 im weltweit größten Börsengang der Geschichte gipfelte. Die Publikumsöffnung an den Börsen in Hongkong und Schanghai brachte dem Finanzinstitut knapp 17,5 Milliarden Euro ein. Im Frühjahr 2008 hatte die ICBC einen Börsenwert von knapp 180 Milliarden Euro und ist, nachdem zahlreiche westliche Banken im Zuge der amerikanischen Wirtschaftskrise abgestürzt sind, auf Platz eins der Weltrangliste gelandet. Und es sieht nicht so aus, als ob sie noch einmal von den Spitzenplätzen der Weltliga ins Mittelfeld abrutschen könnte.

Bis dahin war es ein langer und kurvenreicher Weg, der jedoch viel schneller zurückgelegt werden konnte, als die westlichen Branchenkenner vermutet hatten. Spätestens in der zweiten Hälfte der 90er-Jahre ging es los. Der chinesische Boom trat in seine bis dato beste Phase, weil die Regierung es erstmals verstand, die Wirtschaft makroökonomisch effizient zu steuern. Nun drängte mit den westlichen Banken die Serviceindustrie in das Chinageschäft, wie schon vor ihnen in den 80ern die produzierende Industrie. Doch es war zunächst fast unmöglich, an die interessanten chinesischen Kunden heranzukommen. Repräsentanzen waren erlaubt, die chinesische Führung hielt jedoch die Türen zu ihren Finanzmärkten geschlossen. Sie fürchtete in Abhängigkeit zu geraten und die Kontrolle zu verlieren, wenn sie in großem Stil ausländisches Geld ins Land lassen würde. Und sie hatte es nicht wirklich nötig, angesichts der hohen Auslandsinvestitionen und Gewinne aus den Handelsgeschäften.

Die nimmersatten chinesischen Investmenthäuser in den boomenden Provinzen waren mit dieser Politik überhaupt nicht einverstanden. Sie hatten wenig Verständnis für makroökonomische Behutsamkeit, sondern hielten die Regierung für zu vorsichtig. Sie wollten noch mehr an dem Boom verdienen und suchten Schlupflöcher, um an preiswertes ausländisches Geld zu kommen. Eines dieser Investmenthäuser war die Guangdong International Trust and Investment Corporation (Gitic). Es kümmerte sich um die Finanzierung des Aufschwungs im südlichen Kanton, der reichsten chinesischen Provinz, die sich, vor allem weil sie an die ehemalige britische Kronkolonie Hongkong grenzt, besonders schnell entwickelt. Die Kader und Finanzmanager wurden immer ungeduldiger mit dem sich langsamer entwickelnden Rest Chinas. Banken wie die ICBC waren aus ihrer Sicht erratische Staatsbetriebe, die niemals in der Lage sein würden, pfiffige Geschäfte abzuschließen. Die Gitic-Manager hingegen hebelten kurzerhand die Kontrollmechanismen der Zentrale aus, nachdem immer wieder westliche Kreditinstitute mit lukrativen Angeboten an ihre Tür geklopft hatten. Warum nicht das Geld nehmen und den chinesischen Boom noch mehr anheizen? Wie Thailand und Indonesien liehen sie sich kurzfristig viel Geld mit hohen Zinsversprechungen, ohne dass die Zentralregierung in Peking offiziell darüber informiert wurde – und gingen wie selbstverständlich davon aus, dass die Führung in Peking sie schon herausboxen würde, wenn das ein oder andere Kreditgeschäft schiefgehen sollte. Das war immer so gewesen. Denn Eltern haften für ihre Kinder.

Die internationalen Banken wiederum hatten die Erfahrung gemacht, dass Peking aus Rücksicht auf die Stabilität des Landes alle Provinzschulden deckte, und waren deshalb risikobereiter. Sie hatten sich an China als verlässlichen Schuldner gewöhnt und ließen sich ebenfalls auf das Geschäft ein, ohne schriftliche Garantien aus Peking zu verlangen. Es genügte ihnen, dass es „mit einem Nicken kommentiert wurde", so ein deutscher Banker, wenn sie bei Gesprächen mit der Pekinger Zentrale ihre Provinzgeschäfte erwähnten. Nicken bedeutet jedoch im Chinesischen nicht Zustimmung, sondern nur: Ich habe verstanden.

Zwischen 1986 und 1998 legte allein Gitic so knapp 20 verschiedene Anleihen in Japan, Hongkong, den USA und Europa auf, die jedoch meist in zweifelhaften Investitionen versackten. Vor allem ab Mitte der 90er-Jahre holte es sich immer mehr solcher Geschäfte ins Portfolio. Und es versilberte das wackelige Gebilde ein zweites Mal: Ein Tochterunternehmen, ein sogenannter Red Chip, wurde an die Hongkonger Börse gebracht (Red Chips = chinesische Unternehmen, die im Ausland – was Hongkong zum damaligen Zeitpunkt war – an der Börse notiert waren). Die Aktien waren 892-fach überzeichnet und spülten umgerechnet 8,5 Milliarden Euro in die Kassen. Es ging zu wie in einem Kasino.

Während Banken wie die ICBC in Filialen umständlich das Geld der Kleinsparer einsammelten und im Auftrag der Regierung Kredite an Staatsbetriebe verteilten, ohne dass eine Risikoabschätzung gemacht wurde, fühlten sich die Finanzmanager in Kanton den Investmentbankern an der Wall Street nah. Sie wollten sich nun noch weniger von der Pekinger Zentrale sagen lassen. Doch ihre Überheblichkeit dezimierte Pekings Macht, und es war absehbar, dass es irgendwann ein Donnerwetter geben würde. Zu Beginn des Jahres 1997 kontrollierte allein Gitic, also ein Finanzinstitut aus der Provinz, bereits 4,5 Prozent aller Vermögenswerte des chinesischen Banken- und Finanzsektors. Auch andere Provinzen, vor allem die Tropeninsel Hainan, hatten internationalen Spekulanten Tür und Tor geöffnet. Allein Kanton besaß bereits eine kritische Masse, um das ganze Land zu erschüttern, und auf jeden Fall genug, um die Kopplung des Yuan an den US-Dollar ins Wanken zu bringen. Denn Peking garantierte einen bestimmten US-Dollarpreis für den Yuan.

In Peking wurde man zusehends unruhig. Inzwischen warnten auch die liberaleren Kräfte davor, dass die Geschäfte der südchinesischen Glücksritter ein Einfallstor für ausländische Interessen sein und die Stabilität und die Handlungsfähigkeit der Regierung einschränken könnten. Denn die westlichen Gläubiger konnten sich nun zusammenschließen und die Kantoner Regierung unter Druck setzen, das geliehene Geld kurzfristig zurückzuzahlen. China sah sich plötzlich in einer ähnlichen Situation wie manche nimmersatten Tigerstaaten. Die Finanzwelt schaute besorgt auf das Reich der Mitte.

Dann kam kurz nach der Rückgabe der bis dahin britischen Kronkolonie Hongkong an China die Asienkrise 1997. Thailand schwankte als Erstes. Als die westlichen Investoren von einem auf den anderen Tag ihr Geld zurückforderten, fiel der thailändische Baht in den Keller. Das zwang diejenigen Investoren in die Knie, die Einnahmen in Baht und Schulden in US-Dollar hatten. Und auch die Regierung war nicht mehr in der Lage, für ihre Schulden geradezustehen. Innerhalb weniger Wochen war Thailand pleite und riss aufgrund der interasiatischen Finanzverflechtungen einen Großteil Asiens mit sich.

Die chinesische Regierung, deren bestes Kapital – nämlich seine Stabilität – auf dem Spiel stand, handelte spät, aber dann schnell und entschlossen. Im Juli wurden die beiden größten Institute auf der Insel Hainan geschlossen. In einer Sitzung des Zentralkomitees erläuterte Premierminister Zhu Rongji, dass die größten Probleme durch Risiken entstehen, die Kader leichtfertig eingehen. Die Schließung war auch als Warnung für andere Provinzen gedacht, vor allem für Guangdong (Kanton). „Die Mutter hat keine Milch mehr, auch wenn die Kinder weiter saugen", schrieb die *Jinrong Ribao*, Chinas nationale Finanzzeitung. Die Botschaft war klar: Peking würde den Provinzen nicht aus der Misere helfen. Hatten die ICBC-Manager lange neidisch in den Süden geschaut, waren sie nun froh, auf dem Tanker ICBC zu sitzen.

Ende September dann, zweieinhalb Monate, nachdem Thailand die Asienkrise losgetreten hatte, verbot die Zentralbank den Provinzen „die Genehmigung von Finanzinstitutionen ohne Erlaubnis und das illegale Betreiben von Finanzierungsgeschäften". Premier Zhu schickte einen verlässlichen Controller als Vizegouverneur in die eigenwillige Provinz Kanton, um den Schuldenberg in Augenschein zu nehmen. Sein Bericht war verheerend. Die Kantonesen hatten mehr faule Kredite, als Peking erwartet hatte: Gitic im Wert von zwei Milliarden US-Dollar, das Staatsunternehmen Guangdong Enterprise im Wert von 4,1 Milliarden US-Dollar. Zhu nutzte die Hiobsbotschaft, um hart durchzugreifen. Allerdings hätte die plötzliche

Schließung von Gitic mitten in der Asienkrise einen enormen
Vertrauensverlust für China als Investitionsstandort bedeutet
und die Aufmerksamkeit erst recht auf seine Schwächen gelenkt.
Deshalb spielte Zhu zunächst auf Zeit. Doch am 6. Oktober 1998
ließ er die Geschäfte von Gitic sowie Guangdong Enterprise
wegen Überschuldung einfrieren.

Das Geld der westlichen Banken war weg. Die Betroffenen,
darunter auch die Dresdner Bank und die Commerzbank, star-
teten einen Gegenangriff und bezeichneten die Schließung
als „illegal". Sie äußerten öffentlich Zweifel an der Stabilität
der chinesischen Finanzinstitute und drohten, weitere zehn
Milliarden US-Dollar sofort zurückzuverlangen. Als das nichts
brachte, reiste eine Delegation aus Bankern und Botschaftern,
angeführt von Vertretern der amerikanischen Investmentbank Morgan Stanley, nach Kanton. Die Forderung nun klang
wesentlich kleinlauter als die vorangegangene Drohung: Das
Geld, das noch übrig sei, müsse dazu benutzt werden, zuerst
die ausländischen Verbindlichkeiten zu bedienen. Die westlichen Bankrepräsentanten in Hongkong und Peking wollten
wenigstens nach Hause melden können, dass die Schuldner
erster Klasse seien. Den Gefallen taten ihnen die Chinesen
jedoch nicht. Der Chef des chinesischen Liquidationskomi-
tees sagte knapp: „Das chinesische Insolvenzgesetz behandelt
Ausländer nicht vorrangig. Die chinesische Regierung wird
nicht für Schulden von Finanzinstitutionen geradestehen, die
nicht auf den verschiedenen Ebenen garantiert wurden. Die
ausländischen Banken müssen ihr Risiko selbst absichern. Dies
entspricht internationalen Standards."

Schon bald zeigte sich, dass Zhu Rongji richtig gepokert
hatte. Die Banken wollten nicht riskieren, es sich dauerhaft
mit China zu verscherzen. Die öffentlichen Drohungen aus
dem Westen verhallten ohne große Folgen. Von den 5,6 Milliarden US-Dollar Schulden wurden nur 2,4 Milliarden von
chinesischen Gerichten als rechtlich mängelfrei eingestuft.
110 ausländische Banken verloren rund 75 Prozent ihrer Einlagen. Kanton blieben faule Kredite in Höhe von 20 Milliarden
US-Dollar. Die chinesische Regierung war mit einem blauen
Auge davongekommen. Dieses Erlebnis war prägend für die
chinesische Bankenindustrie. Von nun an war Zurückhaltung

das erste Gebot. Auch die ICBC sollte davon gezeichnet sein. Und es sollte sich zeigen, dass man in China auch mit diesem Weg sehr erfolgreich sein würde.

Nachdem sie ihre Wunden ausführlich geleckt hatten, waren die westlichen Banken nicht nachtragend. Sie drängten schneller als allgemein erwartet wieder in den chinesischen Markt. Die Regierung musste sich eine Strategie überlegen. Man konnte und wollte das Geschäft nie mehr irgendwelchen Provinzkadern überlassen. Nun kamen die vier großen staatlichen Banken ins Spiel. Eine davon ist die ICBC. Aber wie sanieren? Es ist eine alte chinesische Tradition, die Errungenschaften anderer Länder, die einem nützlich erscheinen, mit der größten Selbstverständlichkeit zu übernehmen. Der Buddhismus ist auf diese Weise nach China gekommen, der Kommunismus ebenfalls und nicht zuletzt Adidas-Streifen auf gefälschten Schuhen. Um Chinas Finanzsystem zu sanieren, mussten die chinesischen Banken ausländische Partner ins Boot holen und sie rudern lassen, ohne sich jedoch das Steuer aus der Hand nehmen zu lassen. Die Pekinger Führung ließ sich Zeit, der Druck von außen wurde immer größer.

Die Spitzenkräfte der ICBC, die schon eine Weile vor sich her reformiert hatten, witterten nun Morgenluft. Und machten ihrem Ärger selbst gegenüber westlichen Medien Luft: „Täglich beschweren sich Unternehmer, dass sie von uns kein Geld bekommen", klagte ein ranghoher Mitarbeiter der Industrial and Commercial Bank of China in der deutschen *WirtschaftsWoche*. „Aber in den meisten chinesischen Firmen herrscht heilloses Durcheinander – wie sollen wir da ordentliche Risikoeinschätzungen vornehmen?" Ein marktwirtschaftliches Finanzsystem konnte unter diesen Umständen nicht entstehen. „Eine Bank kann halt immer nur so gut sein wie ihre Kunden", erklärte der ICBC-Manager, „kein Geschäft ist für uns häufig besser als ein schlechtes Geschäft."

Gleichzeitig mussten die Staatsbanken mit ihrem Geld auf Anweisung der Regierung marode Staatsbetriebe mit Cash-Injektionen über Wasser halten. Denn soziale Stabilität war und ist Peking wichtiger als makellose Bilanzbücher. Da selbst gesunde Unternehmen in diesem Chaos nur sehr schwierig an die nötige Finanzierung kamen, drohte das staatliche Bankensystem die boomende Wirtschaft zu erdrosseln. Zwar machte der Privatsektor Anfang dieses Jahrzehnts ein Drittel der chinesischen Wirtschaft aus, aber weniger als ein Prozent der Kredite kam von den Staatsbanken, errechnete Kellee Tsai, Professor an der renommierten Johns Hopkins University in den USA. Ein ungesunder Spagat: Während Chinas Arbeits- und Warenmärkte inzwischen liberaler waren als in vielen kapitalistischen Ländern, hingen die Staatsbanken nach wie vor am Gängelband der Regierung. So konnte es nicht weitergehen. In der ICBC regte sich immer mehr Unmut. Und die ausländischen Banken umkreisten immer enger den Markt auf der Suche nach einem Loch im Zaun.

Hinzu kam, dass China sich nach dem Beitritt zur WTO 2001 verpflichtet hatte, auch seine Finanzmärkte zu öffnen. Die chinesische Führung konnte trotz der Vereinbarung zwar nicht gezwungen werden, dies zu tun, aber es war, allein schon um internationalen Ärger zu vermeiden, geboten, sich ein wenig zu bewegen. Zentralbankchef Zhou Xiaochuan und Banksektorregulator Liu Mingkang entwickelten eine Strategie. Anders als in der Autoindustrie, wo man Gemeinschaftsunternehmen mit knapper Mehrheit der Chinesen aufgebaut hatte, sollten die westlichen Banken sich mit einer kleinen Beteiligung einkaufen, ihr Know-how transferieren und die chinesischen Banken fit für die internationalen Börsen machen, wo wieder nur ein kleiner Teil Aktien in den Handel kommen sollte. Das war für China ein völlig neuer Weg, der maximalen Return bei minimalem Risiko versprach. Die internationalen Banker nahmen das Angebot zähneknirschend an. „Chinas erste erfolgreiche Bank", meinte der Hongkonger Banker Victor Sun, „wird eine chinesische Bank mit ausländischer Beteiligung sein."

Wenig Geschäft in China ist besser als gar kein Geschäft, sagten sich die Investoren. Und wenn man am Anfang dabei ist, dann ist man auch dabei, wenn es mehr zu verteilen gibt. Allerdings machte man sich über die eigene Position keine Illusionen: „In anderen Branchen sieht man ja, wie die Chinesen mit den Ausländern Katz und Maus spielen", meinte der Chinachef einer großen europäischen Bank. „Aber wir müssen einsehen: In China kann man nur mit den Chinesen gewinnen, nicht gegen sie." 2003 hatten die 181 mit Repräsentanzen in China ansässigen internationalen Banken nur einen Marktanteil von 1,5 Prozent; auch langfristig rechnen sie nicht mit mehr als drei Prozent.

Die Zentralbanker experimentierten vorsichtig. Zunächst sollten Chinas kleine, halbstaatliche Banken die Zusammenarbeit mit den Ausländern testen dürfen, dann die vier Großbanken eine nach der anderen an den internationalen Börsen platziert werden – die schwächeren zuerst, die ICBC als dritte. In der Probephase des Modells durfte die amerikanische Citigroup im Januar 2003 knapp fünf Prozent der in Schanghai ansässigen Pudong Development Bank erwerben, für damals umgerechnet 73 Millionen US-Dollar. Die britische Hongkong and Shanghai Banking Corporation (HSBC) hatte ein Jahr zuvor acht Prozent der Bank of Shanghai gekauft.

„China wächst so schnell und die Weltwirtschaft so langsam, dass China eine unserer Topprioritäten sein muss", meinte HSBC-Chef Stephen Green. Ein wenig mehr als acht Prozent sollte noch drin sein. Die Zentralbanker einigten sich auf einen Maximalanteil von 15 Prozent, den eine westliche Bank an einer chinesischen halten dürfe. Insgesamt dürfen bei jeder Bank nur 24,9 Prozent an Ausländer gehen. Ab fünf Prozent Beteiligung dürfen die Ausländer ein Vorstandsmitglied benennen, das bestenfalls und wahrscheinlich in nur seltenen Fällen als Zünglein an der Waage fungieren kann.

Kurz zuvor hatte man eine Ausnahme gemacht. Die US-amerikanische Newbridge Capital Group bekam 2004 die Erlaubnis, einen 18-Prozent-Anteil an der Shenzhen Development Bank (SDB) zu kaufen und bezahlte dafür nur 120 Millionen Euro. Die Shenzhener Stadtregierung beschritt in Personalfragen einen völlig neuen Weg. Der liberale und experimentierfreudige Bürgermeister Xu Zongheng wollte nicht nur das ausländische Kapital, sondern auch das Know-how schneller als die Konkurrenz. Also ließ er sich in Peking ein bis dato einmaliges Geschäft genehmigen: Trotz ihres Minderheitsanteils stellten die Amerikaner das Management. 2005 wurde Jeffrey Williams, ein Mitarbeiter von Newbridge, sogar der neue Chef der Bank – allerdings kontrolliert von einem Aufsichtsrat, in dem die Chinesen die absolute Mehrheit hatten. Sie hielten sich gewissermaßen einen Ausländer als CEO. Und der spurte: „Die

Bank ist schon immer sehr innovativ und modern gewesen", so Williams, der fließend Chinesisch spricht, „aber jetzt machen wir sie noch effizienter."

Es gab aber auch eine andere experimentelle Seitenbewegung. Noch vor der Asienkrise hatten die Pekinger Bankenaufseher 1996 die erste chinesische Privatbank genehmigt: Minsheng. „Staatsbanker verstehen die privaten Kunden nicht", erklärt Bankvorstand und Unternehmensgründer Jing Shuping, „wir dagegen versuchen unsere Kunden auch noch zu besseren Geschäftsleuten zu erziehen." Denn Kapital, das gute Anlagemöglichkeiten sucht, gibt es im Überfluss: Chinas Sparquote ist mit 40 Prozent die dritthöchste der Welt; umgerechnet 1,2 Billionen Euro Guthaben lagern auf schwach verzinsten Sparbüchern. Die Minsheng Bank profitiert davon. 2007 stieg ihr Profit um 68,6 Prozent auf etwa 650 Millionen Euro. Schon bald galt Jings marktwirtschaftliches Versuchskaninchen als modernste Bank Chinas. „Die Tradition, dass der staatliche Finanzsektor von Parteiorganisationen gemanagt wird, muss gebrochen werden", forderte bereits das einflussreiche chinesische Wirtschaftsmagazin *Caijing*. „Dem Staat weiterhin das Monopol für die Aufsichtsmechanismen zu geben führt in eine Sackgasse." Das große Rad zu drehen sollte der Minsheng Bank allerdings versagt bleiben. Es darf nicht jeder, wie er will, in China. Für diese Rollen waren die vier Großbanken auserkoren worden.

Der erste große Schritt dazu war bereits 1994 gemacht worden. In diesem Jahr hatte die Zentrale entschieden, vier Kreditinstitute zu den Säulen des staatlichen Finanzsystems zu machen: die Bank of China, die Agricultural Bank of China, die China Construction Bank und die ICBC. Die Planer hofften damals, dass der Konkurrenzdruck der Banken untereinander ausreichen würde. Es gelang den Geldhäusern immerhin, ihren gewaltigen Personalapparat abzuschmelzen. Außerdem sollten sie Kredite nicht mehr nach politischen Erwägungen vergeben. „Banken werden nur Unternehmen unterstützen, die Profite machen und die Rückzahlung ihrer Kredite garantieren können", kündigte Wang Zhongyu, der damalige Minister der Staatlichen Wirtschafts- und Handelskommission, an. Das war allerdings Wunschdenken. Denn der Staat brauchte die

Banken wie gesagt weiterhin als Subventionskanäle, um die
maroden Staatsbetriebe zu retten. Doch die Banken waren in der
zweiten Hälfte der 90er-Jahre und den ersten Jahren des neuen
Jahrtausends noch nicht stark genug, um die faulen Kredite
auch nur annähernd mit profitablem Geschäft auszugleichen.
Laut offiziellen Statistiken konnten 25,4 Prozent aller Schulden
nicht bedient werden. Diesen Zahlen traute allerdings kaum
einer. Die Investmentbank Goldman Sachs schätzte 2003 den
Schuldenberg auf 44 bis 68 Prozent des Bruttosozialprodukts:
530 Milliarden bis 800 Milliarden Euro. Zuerst musste also die
Entschuldungsfrage geklärt werden. 1999 hatte die Regierung
noch gehofft, sie könne das Problem mit einer Finanzspritze
von 170 Milliarden Euro ein für alle Mal aus der Welt schaffen.
„Eigentlich sollte das die letzte freie Mahlzeit für die Banken
sein", bekannte Finanzminister Xiang Huaicheng später kleinlaut. „Aber um ehrlich zu sein – es wird noch einige weitere
geben müssen."

Die Regierung hätte die faulen Kredite der Staatsbetriebe
einfach abschreiben können. Denn Kredite, die von maroden
Staatsunternehmen nicht zurückgezahlt werden, sind nichts
anderes als Subventionen. Und davon gibt es auch in Deutschland genug: Allein die Deutsche Bahn erhält 18 Milliarden
Euro im Jahr. Die Regierung hätte also nur die faulen Kredite
zu Subventionen erklären müssen. Finanziell hätte sie sich das
leisten können. Bei den meisten Krediten hatte die Führung
von Anfang an nicht mit einer Rückzahlung gerechnet. Doch
das chinesische System hat gegenüber dem westlichen zwei
Vorteile: Die faulen Kredite akkumulieren sich in den Büchern
der Banken und setzen diese unter Druck. Und sie lassen sich
noch zu zehn bis 30 Prozent des Nennwerts verkaufen. Subventionen sind hingegen schlicht weg. Und genau das machte
die Bankenaufsicht. Sie ließ einen Großteil der Schulden in
staatliche Asset-Management-Gesellschaften umschichten
und engagierte die westlichen Banken als Müllschlucker. Ende
November 2001 durfte erstmals ein ausländisches Konsortium
unter der Leitung des Investmentbankers von Morgan Stanley,
Dean Witter Reynolds, ein Paket fauler Assets kaufen und erhielt
dafür Anteile an chinesischen Firmen: 100 Millionen US-Dollar
für einen Schuldenberg mit einem Papierwert von 1,2 Milliar-

den. Seitdem ist das Merger and Acquisition Business (Fusionen
und Übernahmen) in China zu einem blühenden Geschäft
geworden. Auch die Deutsche Bank übernahm Anfang 2003
ein Paket im Wert von gut 300 Millionen Euro. Doch alles dies
war eher Flickwerk. Es verhalf der chinesischen Bankenindustrie
nicht wirklich zu einem befreienden Schritt.

Nur internationale Börsengänge konnten den Befreiungsschlag bringen. Das Risiko dabei war, dass sie hinter den Erwartungen blieben. Doch dem ohnehin schlechten Ruf der
chinesischen Bankenindustrie konnte dies nicht schaden. Die
Pekinger Finanzspezialisten setzen darauf, dass das Interesse,
im chinesischen Markt präsent zu sein, bei internationalen
Finanzinstituten eher noch größer geworden war. Die Rechnung sollte aufgehen. Chinas fünftgrößtes Geldhaus, die Bank
of Communications (BoCom), legte im Juni 2005 einen der
erfolgreichsten Börsengänge des Jahres aufs Parkett und verdiente damit immerhin 1,55 Milliarden Euro. Im folgenden
Jahr waren die ersten großen Banken dran. Der Börsengang
der Bank of China in Hongkong im Sommer 2006 wurde ein
voller Erfolg. 10,5 Prozent der Unternehmensanteile spielten
knapp neun Milliarden Euro ein. Die China Construction
Bank (CCB) folgte wenige Monate später; ihr Gang aufs Parkett
spülte 7,4 Milliarden in die Kasse. Die beiden Banken waren die
Versuchskaninchen.

ICBC sollte nunmehr der große Coup werden. Der Börsengang wurde länger und gründlicher vorbereitet. Die chinesische
Regierung war bereit, einen günstigen Zeitpunkt abzuwarten,
und ließ sich nicht von den kurzfristigen Aggregatzuständen
der internationalen Märkte unter Druck setzen. Der erste Schritt
war bereits im April 2005 gemacht worden. Die Bilanzstruktur
der ICBC wurde verändert. Schulden wurden ausgelagert, und
die Bank brauchte frisches Geld, um neue Geschäfte machen
zu können. Sie bekam eine staatliche Finanzspritze von zwölf
Milliarden Euro. Nächster Schritt zur Börse war die offizielle
Umwandlung der ICBC von einem reinen Staatsbetrieb in
eine Aktiengesellschaft Ende Oktober 2005, als die anderen
beiden Großbanken schon tief in den Vorbereitungen für den
Börsengang steckten. An der neuen privaten Industrial and
Commercial Bank of China Ltd., die über ein eingetragenes

Kapital von 25 Milliarden Euro verfügte, wurden zu gleichen Teilen das Finanzministerium und die zentralstaatliche Behörde SAFE beteiligt.

Die ICBC machte es der China Construction Bank nach. Die hatte sich im Juni 2005 die Bank of America ins Boot genommen. Die amerikanische Bank war das erste ausländische Finanzinstitut, das bei einer der vier großen Staatsbanken einstieg. Drei Milliarden US-Dollar bezahlte sie für neun Prozent an der CCB. Im August des gleichen Jahres verkaufte die CCB sieben Prozent an das singapurische Investmenthaus Temasek für 2,4 Milliarden US-Dollar. Im selben Monat vereinbarten die Singapurer, auch bei CCBs schärfstem Konkurrenten, der Bank of China (BOC), einzusteigen. Der Preis für einen Zehn-Prozent-Anteil lag bei 3,1 Milliarden US-Dollar. Anfang August hatte die Bank of China bereits eine Zehn-Prozent-Beteiligung an ein von der Royal Bank of Scotland geführtes Konsortium verkauft, ebenfalls für 3,1 Milliarden US-Dollar. Nun, im Sommer und Herbst 2005, kam endlich internationales Leben in die chinesische Bankenwelt.

Anfang Februar 2006, also lange vor dem Börsengang, verkaufte die ICBC Anteile an die Investmentbank Goldman Sachs, die Allianz Gruppe und American Express. Die engagierten sich als strategische Investoren und Kooperationspartner mit einer Anlage von 3,78 Milliarden US-Dollar. Damit sicherten sie sich etwa zehn Prozent an der chinesischen Bank. Goldman Sachs allein bekam 5,75 Prozent der ICBC-Anteile weit unter dem angepeilten Börsenwert. Die Allianz zahlte für ihren Anteil von rund 2,5 Prozent gut eine Milliarde US-Dollar.

Der Allianz-Chef Michael Diekmann hatte eine Vision. Er wollte mit der ICBC, die einen gewaltigen Kundenstamm und ein weitverzweigtes Filialnetz hat, Finanzdienstleistungen für den chinesischen Markt entwickeln. Zuvor war die Allianz mit einem Joint Venture in Schanghai und Guangzhou, der Allianz Dazhong Life Insurance, gescheitert. Der chinesische Partner Dazhong versuchte schon seit Mitte des Jahres 2005, seinen 49-Prozent-Anteil abzustoßen. Nach Angaben der staatlichen Regulierungsbehörde für die Versicherungsbranche hatte Allianz Dazhong im Juli 2005 Versicherungspolicen für knapp zwölf Millionen Euro verkauft – wenig, gemessen an den Verträgen über insgesamt 2,67 Milliarden Euro, die im gleichen Zeitraum von den 21 in China agierenden Versicherungsfirmen mit ausländischer Beteiligung unterschrieben wurden.

Die Buchwerte der ausländischen Anteilswerte sind deutlich gestiegen. Die Anteile an der ICBC von Goldman Sachs sind mittlerweile schon 12,35 Milliarden US-Dollar und damit das Fünffache wert. Der Anteilswert der Allianz hat sich auf 2,9 Milliarden US-Dollar nahezu verdreifacht. Alle ausländischen Investoren aber haben ein Verkaufsverbot über drei Jahre unterzeichnet. Die glücklichste Hand bei einer chinesischen Investition verbucht bislang die Royal Bank of Scotland: Ihre Beteiligung von 1,55 Milliarden US-Dollar an der BOC ist inzwischen rund 9,2 Milliarden wert.

Für die ICBC-Manager war dieser Einstieg wie eine Frischzellenkur. Die westlichen Partner würde nun alles tun, um andere westliche Investoren in den Stall zu treiben. Denn sie würden fürstlich daran verdienen. Konkubinenwirtschaft par excellence. Sie mussten Erfahrung und Wissen nicht vor dem Börsengang teuer einkaufen, sondern bekamen es gewissermaßen frei Haus. Die westlichen Banken hätten natürlich lieber das Land mit eigenen Filialen überzogen, um Privat- und Firmenkunden ihre Dienste anzubieten. Doch obwohl die mühsam ausgehandelten Finanzsektorparagrafen im chinesischen WTO-Beitrittsvertrag eine weitgehende Marktöffnung in Aussicht stellten, hatten die chinesischen Branchenregulatoren die internationalen Ausbreitungsbestrebungen mit „Untertarifbarrieren" bisher vereiteln können. Es war zwar nicht verboten, eigene Filialen zu eröffnen, aber marktwirtschaftlich nicht sinnvoll. Die Banken mussten einerseits so hohe Garantien pro Filiale hinterlegen, dass ihnen der Spaß am Geschäft allein schon deswegen verging, und schlimmer noch, sie mussten sich das Kreditgeld zu einem bestimmten Preis leihen und durften es auch nur zu einem bestimmten Preis verkaufen. Die Margen waren so eng bemessen, dass die westlichen Banken nicht übermütig wurden. Deswegen konzentrierte sich alles auf die Börsengänge.

Der Sozialstaat, ebenfalls eine Neuerung bei ICBCs Börsengang, sollte an dem lukrativen Geschäft beteiligt werden. Im Juni 2006 kaufte sich der chinesische Sozialversicherungsfonds mit 1,8 Milliarden Euro in die Bank ein. Damit hatte die Lage sich im Vergleich zu Ende 2005 schon erheblich verbessert, wies doch die ICBC damit Einlagen im Gesamtbetrag von 6 695 Milliarden Renminbi (umgerechnet etwa 651 Milliarden Euro) aus. Das Kreditvolumen belief sich auf knapp 332 Milliarden Euro. Der Nettogewinn lag 2006 bei einer Steigerung von 31 Prozent bei etwa fünf Milliarden Euro; das Kreditportfolio war um 64 Milliarden Euro fauler Kredite bereinigt. Die Problemkredite beliefen sich nur noch auf 15,6 Milliarden Euro, was einer Quote von 4,69 Prozent am totalen Kreditvolumen entsprach und damit in einem erträglichen Rahmen war.

Die Bank verfügte nun über 2,5 Millionen Unternehmenskunden und über 150 Millionen Privatkunden – mehr, als Russland Einwohner hat. Damit war sie die größte Bank Chinas, mit knapp 24 000 Filialen und rund 400 000 Mitarbeitern. Die Ausgangsposition für einen Börsengang in New York und Hongkong war also insgesamt noch günstiger als bei den beiden Vorgängern.

Koordiniert wurde der Börsengang allerdings nicht von Goldman Sachs, sondern von den Konkurrenten Merrill Lynch sowie zwei chinesischen Finanzinstituten: ICEA, der hauseigenen Investmentbanksparte der ICBC, und China International Capital Corp. (CICC). Auch die Credit Suisse und die Deutsche Bank durften Jiang beraten und dafür einen Anteil der Gebühren kassieren, die insgesamt auf bis zu 280 Millionen Euro geschätzt werden. Das wäre die höchste Summe, die jemals bei einem Börsengang eines chinesischen Unternehmens an Investmentbanken ausgezahlt wurde. Noch nie zuvor war eine chinesische Bank mit so viel westlichem Know-how versorgt worden wie die ICBC.

Am 27. Oktober 2006 war es so weit. Die ICBC ging als dritte der vier großen Banken an die Hongkonger und die Schanghaier Börse. Die Aktie war 78-fach überzeichnet und wurde mit 0,39 US-Dollar (3,12 Yuan) am obersten Rand der Zeichnungsspanne ausgegeben. Die Eröffnungspreise lagen in Schanghai um 8,97 Prozent, in Hongkong etwa 17 Prozent über dem Ausgabepreis. Insgesamt wurden 5,77 Milliarden A-Aktien an strategische Investoren, 2,35 Milliarden an institutionelle Anleger und 6,83 Milliarden an Privatinvestoren ausgegeben.

Dabei wurden nur 14,8 Prozent der ICBC-Papiere in den Handel gebracht. Ein Meilenstein für Chinas Marktwirtschaftsreformen und – so wollen es zumindest die Pekinger Wirtschaftsplaner verstanden wissen – ein Symbol dafür, dass Chinas Finanzsektor seine schwere Krise überwunden hat und nun international mitspielen kann.

In Hongkong gingen, ohne die für die 13 Schlüsselinvestoren reservierten Aktien, Order im Wert von 280 Milliarden Euro ein – angeboten waren Papiere für 13 Milliarden. Kleinanleger bestellten Aktien für insgesamt 54,3 Milliarden US-Dollar. Während institutionelle Investoren nur für die Papiere bezahlten, die sie auch tatsächlich bekamen, mussten die Kleinanleger in Hongkong für ihre gesamte Order im Voraus zahlen. Zu viel bezahltes Geld erhielten sie erst nach der Zuteilung zurück. Die Chancen, ein kleines Aktienpaket zu bekommen, waren nicht besser als beim Pferdelotto.

Das Gleiche in Schanghai. Dort konnten nur chinesische Anleger das ICBC-Papier zeichnen. Dennoch gingen Bestellungen im Wert von 80 Milliarden US-Dollar ein. Für die ICBC-Aktie in Schanghai galt ebenfalls ein Preis von umgerechnet 0,315 Euro, aber der gleichzeitige Börsengang sollte dafür sorgen, dass „die Aktien auf dem Heimatmarkt erschwinglich bleiben", hieß es aus dem Umfeld der ICBC. Immerhin gelang es ihr, auf ihrem Heimatmarkt 4,6 Milliarden Euro einzuheimsen – doppelt so viel wie der bisherige Spitzenwert im Heimatmarkt, den die Bank of China im selben Jahr mit knapp zwei Milliarden Euro aufgestellt hatte. Damit betrug das Emissionsvolumen bei der Erstnotiz am Ende der ersten Emissionswoche 17,5 Milliarden Euro, womit die ICBC – immer noch ein Staatsbetrieb der Volksrepublik China – auf der Liste der größten Börsengänge der Geschichte den bisherigen Spitzenreiter NTT Mobile Communications aus Japan, dessen Börsengang 1998 ein Volumen von 14,7 Milliarden Euro vorweisen konnte, auf den zweiten Platz verwies. Durch die Erstausgabe stieg die ICBC mit einem Wert von knapp 103 Milliarden Euro und wurde die siebtgrößte Bank der Welt. In der Weltrangliste der größten Banken befand sie sich damit in der Nachbarschaft von Instituten wie der Schweizer UBS, der internationalen Nummer fünf, und der Nummer sechs, Wells Fargo aus den USA.

Der noch vor Kurzem unbekannte Jiang hielt am Tag des Börsenganges triumphierend einen Chart mit dem steil aufwärts zeigenden Aktienkurs in die Höhe. Die Augen des 1,85 Meter großen Mannes leuchteten selbstbewusst hinter seiner wuchtigen Brille. Er feierte nicht nur den Erfolg seiner Bank, sondern auch seinen persönlichen Aufstieg. 1953 geboren, hat er die Tiefen und die Höhen Chinas miterlebt. Er war gerade 13, als die Kulturrevolution begann und China im Chaos versank. Nichts war sicher. An eine höhere Schulausbildung war nicht mehr zu denken. Später gab es kaum noch etwas zu essen. Familien wurden unter den Stürmen der Roten Garden auseinandergerissen. Zum Schluss hatte selbst Mao Zedong die Kontrolle über die Entwicklung verloren. Mit 17 wurde Jiang, wie Millionen andere, zur Umerziehung aufs Land geschickt. Danach schlug er sich als Bauer und als Arbeiter in einer der gefährlichen chinesischen Kohleminen durch, die immer wieder in Brand gerieten und die Arbeiter unter sich begruben.

Erst 1979, im Alter von 26 Jahren, konnte Jiang zurück in seine Heimatstadt Schanghai. Er hatte Glück. Über Beziehungen bekam er eine Stelle als Bankangestellter. Tagsüber saß er im Backoffice der Bank, abends büffelte er über zwei Jahre in der Abendschule, um sein Abitur nachzumachen. Nun endlich konnte er Wirtschaft studieren. Jiang promovierte an der Shanghai University of Finance and Economics. Und erfüllte sich dann einen Lebenstraum. Er ging nach New York an die Columbia University und studierte dort weiter. Inzwischen war er ein respektabler Kenner der chinesischen Finanzmärkte. 1986 heuerte er bei der gerade gegründeten Schanghaier Filiale der ICBC an und machte eine steile Karriere. 2000 wurde Jiang Vorstandsvorsitzender.

Zu diesem Zeitpunkt war die ICBC bereits die größte Bank Chinas und zählte nach Kernkapital zu den zehn größten Geldinstituten der Welt. In der internationalen Bankenwelt nahm allerdings kaum jemand Notiz von ihr. Jiangs wichtigste Aufgabe bestand darin, dies zu ändern. Er gilt als zielstrebige, führungsstarke, besonnene und intelligente Persönlichkeit und bezeichnet sich eher als Manager denn als Banker. Doch seinen Erfolg verdankt er nicht nur seinen Eigenschaften, sondern auch seinen Beziehungen zur Führung Chinas. Er

sitzt im Finanz- und Bankenausschuss des Zentralkomitees des
Politbüros. Gleichzeitig ist der Banker einer von 24 Wirtschafts-
managern im erweiterten Zentralkomitee der Kommunistischen Partei. Und er berät Zentralbankchef Zhou Xiaochuan.
Inzwischen ist Jiang auch international vernetzt. Er hat zum
Beispiel enge Beziehungen zu US-Finanzminister Henry Paul-
son. Der ehemalige Goldman-Sachs-Chef hatte Jiangs Tochter
eine Praktikantenstelle bei der amerikanischen Investmentbank vermittelt. Ein Praktikum, das sich nicht nur für Jiangs
Tochter auszahlte. Die daraus entstandenen Kontakte hatten
dazu geführt, dass Goldman Sachs schon vor dem Börsengang
bei der ICBC einsteigen konnte.

Nur neun Monate nach dem sensationellen Börsengang im
Oktober 2006 stellte Jiang einen Rekord auf, mit dem selbst er
so schnell nicht gerechnet hätte. Die ICBC wurde die teuerste
und damit die größte Bank der Welt. Sie war nun 184 Milliarden
Euro wert. Diese Zahl wird anhand der Börsenkapitalisierung
ermittelt. Man addiert alle Aktien und multipliziert sie mit
dem Börsenwert. Auf Platz zwei stand die Citigroup mit einem
Börsenwert von 181 Milliarden Euro. Branchendritter war mit
155 Milliarden Euro Europas größte Bank kolonialchinesischen
Ursprungs, die Hongkong and Shanghai Banking Corporation
(HSBC). Sechs Monate später, im März 2008, hatte sich das
Bild noch zugunsten Chinas verfestigt: Von den fünf größten
Banken der Welt sind drei chinesisch. Und eine weitere, die
HSBC, hat eine starke chinesische Tradition. Die Reihenfolge
nach Marktkapitalisierung lautete nun: ICBC, HSBC, China
Construction Bank, Bank of America und Bank of China. Zur
Hälfte ist es Jiangs Verdienst, zur anderen Hälfte die Schwäche
der amerikanischen Banken, vor allem der Verfall der Citigroup,
der Bank, die Jiang stets als sein Vorbild bezeichnet hat. Auf
dem Spitzenplatz ist Jiang nun dabei, sich weiter zu internatio-
nalisieren.

Nach Beteiligungen in Indonesien, Macau und Thailand
überraschte Jiang die Branche im Oktober 2007. Er kaufte
20 Prozent der größten Bank Afrikas, der Standard Bank. Es
war das bisher größte Bankinvestment außerhalb Chinas. „Wir
versuchen unser internationales Geschäft strategisch geschickt
auszubauen", sagte Jiang. „Viele unserer großen Kunden wollen

in Afrika investieren." Damit ist Jiang Teil einer umfassenden
Strategie. Es war in den letzten Jahren eines der Hauptziele der
chinesischen Regierung, China und Afrika enger zu verbinden.
China baut den Afrikanern moderne Infrastruktur auf und bekommt dafür Bodenschätze. Inzwischen ist China der größte
Investor in Afrika. Und hat weiterhin mit großem Abstand das
höchste Wachstum. Das wirtschaftliche Engagement beginnt
sich auch in politischem Kapital niederzuschlagen. Die Afrika-
nische Union und China arbeiten auf internationaler Bühne
immer enger zusammen, um ihre Interessen gegen den Westen
durchzusetzen. Nur wenige Monate nach dem Kauf legten die
beiden Banken einen Rohstofffonds in Höhe von einer Milliarde US-Dollar auf, der eine Laufzeit von zehn Jahren haben
soll. Einer der stellvertretenden Präsidenten der Standard Bank
ist nun ein Chinese. Die erste Auslandsfiliale hatte sie bereits
1993 in Singapur aufgemacht. 2007 hatte sie 112 Filialen in den
wichtigsten Ländern der Welt. Und Jiangs Einkaufstour wird
weitergehen. Er kann noch eine Menge Geld ausgeben.
    Dabei darf Jiang die Entwicklung des chinesischen Marktes
nicht vergessen. Die Einnahmen der ICBC sind noch nicht auf
dem Niveau der Citibank. Die ICBC erzielte 2006 Einnahmen
von 24 Milliarden US-Dollar, die Citigroup brachte es auf knapp
90 Milliarden. Jiang möchte auf diese Summe kommen, möglichst ohne genauso viele faule Kredite aufzuhäufen wie die
Citibank. Viel bedenklicher ist jedoch bei der ICBC, dass die
Einnahmen zu einseitig verteilt sind. Knapp 90 Prozent seines
Geldes verdiente Jiang 2007 mit Zinsen. Bei internationalen
Banken liegt das Geschäft höchstens bei 55 Prozent. Um langfristig international wettbewerbsfähig zu sein, hat sich Jiang ein
ehrgeiziges Ziel gesteckt. Er will die Erträge aus Kommissionen
und Gebühren, aus Versicherungs- und Leasinggeschäften, aber
auch aus dem Private-Equity- und dem Fondsgeschäft in den
nächsten Jahren verdreifachen.
    Er sieht auch bei seiner Bank die Zukunft im Internet-
banking und im elektronischen Zahlungsverkehr. „E-Banking
soll eine der wichtigsten Antriebskräfte für unser zukünftiges
Wachstum werden", lautet sein Plan. Damit angefangen hatte
er bereits lange vor dem Börsengang. Im Februar 2003 schloss
der Chinese einen Deal mit Microsoft, das der ICBC helfen

sollte, Online-Banking-Service zu entwickeln, die Plattform
einzurichten und sicherzustellen, dass die Sicherheit hoch
war. „Die Zusammenarbeit mit Microsoft wird uns helfen, den
Informationsaufbau der ICBC voranzubringen, sein E-Banking-
System zu entwickeln und die globale Wettbewerbsfähigkeit
anzukurbeln", sagte Jiang Ende Februar 2003. Schon Ende
desselben Jahres konnte die ICBC tatsächlich Personal Online
Banking Service anbieten. 2005 begann die ICBC mit dem On-
line-Fonds-Geschäft. Im Oktober 2006 wurde bereits ein Viertel
der Transaktionen über das Internet abgewickelt. Vor allem die
jungen Kunden, für die das Internet zum täglichen Leben gehört und die noch keine traditionell eingespielte Beziehung zu
einer Bank haben, gewöhnen sich schnell an Telefonbanking,
Self Service Banking, Mobile Banking und Internetbanking. Das
ist in China einfacher als im Westen, wo sich die Kunden über
Generationen hinweg an die Betreuung in der Filiale gewöhnt
haben. Insofern kann es gut sein, dass schon in naher Zukunft
die chinesische Bank nicht nur den Vorteil eines großen Marktes hat, sondern die Geschäfte auch noch billiger als bisher
abgewickelt werden können.

Mit jedem neuen Kunden, der nicht in der Filiale betreut
werden muss, spart Jiang Geld. Die Kosten für Internetbanking
liegen bei nur 0,49 Yuan pro Transaktion, während dasselbe
Geschäft in der Bank 3,06 Yuan kostet. Jiang hat sich vorgenommen, innerhalb der nächsten vier bis fünf Jahre auf einen
E-Banking-Anteil von 40, besser noch 50 Prozent zu kommen.
In zehn Jahren sollen es bereits 70 Prozent sein. Schon jetzt ist
die ICBC die größte E-Bank Chinas. Im Dezember 2006 betrug
der Durchschnitt des täglichen Geschäftsvolumens 40 Millionen Geschäfte und Transaktionen, wovon 30 Prozent per
E-Banking getätigt wurden. Ende November 2006 hatte ICBCs
E-Bank bereits 23,25 Millionen Privatkunden und 587 000
Geschäftskunden. Ende 2007 waren es schon 39,08 Millionen
Privatkunden und 980 000 Geschäftskunden, die Internetban-
king benutzten. Das E-Banking-Volumen der ICBC betrug 2007
rund 103 Billionen Renminbi (14,2 Billionen US-Dollar), eine
Steigerung um 127 Prozent. Die Qualität des Service leidet nicht
darunter, da alle Vorgänge und Informationen der einzelnen
Kunden gespeichert sind und der jeweilige Kundenbetreuer sie

nur aufrufen muss. Trotz positiver Zahlen müssen Jiang und seine Manager noch immer Überzeugungsarbeit leisten. Einer Umfrage zufolge hielten noch 2006 61 Prozent der Kunden Internetgeschäfte für unsicher.

Als Ende 2007 die Immobilienkrise begann, blickte die Bankenwelt auch besorgt in Richtung China. Doch die ICBC konnte Anfang 2008 Entwarnung geben. Sie hatte ihren Nettogewinn im vierten Quartal 2007 um satte 64 Prozent auf umgerechnet 7,5 Milliarden Euro steigern können; die Einlagen waren immerhin um 13,9 Prozent auf 703 Milliarden Euro gestiegen. Ein ICBC-Sprecher sagte, das von der amerikanischen Hypothekenkrise betroffene Engagement liege bei 1,23 Milliarden US-Dollar. Auch im ersten Quartal 2008, als die großen internationalen Banken schon in die Knie gegangen waren, spürte Jiang die Krise nicht wirklich. Die Bank steigerte ihren Gewinn noch einmal um 77 Prozent seit dem letzten Quartal. Wieder einmal überraschte Jiang die Analysten. Es wird nicht das letzte Mal gewesen sein.

Wahaha

Wie Danone in China
das Lachen verging

„[Ohne Veränderung der Fassade eines Hauses
in dessen Innerem] die Tragbalken stehlen und
die Stützpfosten austauschen"

Angefangen hat es wie ein Wirtschaftsmärchen: ein vielverspre-
chender Deal, keine langwierigen Verhandlungen, keine immer
wieder aufgewärmten Vorverträge, wie man es aus anderen Branchen kannte. Danone, der französische Lebensmittel- und Ge-
tränkemulti und Marktführer bei Milchprodukten, und Wahaha
wollten zusammen den chinesischen Markt erobern. Wahaha
– dessen Name dem Lachen eines Kindes nachempfunden ist –
ist unter anderem Chinas größter Softdrinkhersteller.

1996 übernahm Danone zusammen mit der Hongkonger
Investmentbank Peregrine 51 Prozent von Wahaha. Nach dem
spektakulären Kollaps Peregrines 1998 infolge der Asienkrise
gingen deren Anteile dann auf Danone über. Die Franzosen
waren überzeugt, dass sie mit ihrem Mehrheitsanteil am Steuer
des vielversprechenden Gemeinschaftsunternehmens stünden.
Unter diesen Bedingungen waren die Danone-Manager auch
bereit, das schon klassische Zuständigkeitsverhältnis in Joint
Ventures mit chinesischen Partnern einzugehen: Die Franzosen stellten Kapital, den Zugang zum internationalen Markt
und die Technologie beziehungsweise ihre Produkte. Dafür
bekamen sie Zugang zum damals noch relativ unbedeutenden,
aber wachsenden chinesischen Markt, billige Arbeitskräfte,
Vertriebsstrukturen, Beziehungen und Kenntnisse der lokalen
Regularien. Danone gab recht wenig Input, was das Management anging. Es konzentrierte sich auf das Kontrollieren und
überließ das Alltagsgeschäft dem Chinesen, der schon bewiesen
hatte, dass er sich mit dem Markt auskannte: Wahaha-Chef und
Selfmademan Zong Qinghou.

Und tatsächlich: Das Geschäft boomte, das Gemeinschaftsunternehmen wuchs sich zu einem ganzen Netz von Joint
Ventures aus, Danone strich satte Gewinne ein, es schien die
richtige Entscheidung gewesen zu sein. Das amerikanische
Wirtschaftsmagazin *Forbes* kürte das gemeinsame Unternehmen sogar zum Vorzeige-Joint-Venture. Doch vom Erfolg ein-
gelullt, registrierten die Franzosen zu spät, dass der Chinese
immer mehr eigene Interessen verfolgte. Sie mussten feststellen, dass man seine Funktion als Mehrheitsanteilseigner nur
ausfüllen kann, wenn man akkurate Informationen bekommt.
Aber damit haperte es. Als sie aufwachten, hatte Zong bereits
eine übermächtige Position im Unternehmen. Sich im Recht

wähnend, beschlossen sie, sich gegen den dreisten Chinesen zu wehren.

Dabei hatte Danone zunächst alles richtig gemacht. Recht schnell, aber bedacht hatte es begonnen, sich in den chinesischen Lebensmittel- und Getränkemarkt einzukaufen. Die Franzosen akquirierten ab 1991 etablierte und gut gemanagte chinesische Unternehmen. Bereits 2000 besaß Danone Mehrheitsanteile an den zwei größten chinesischen Flaschenwasserherstellern sowie den zwei führenden Joghurtproduzenten. Auch in den Milchmarkt hatte es sich den Weg gebahnt, indem es sich in die Shanghai Guang Ming Milk Company eingekauft hatte, den größten Milchprodukthersteller Chinas.

Anders als andere ausländische Unternehmen war Danone bereit, auch höhere Preise zu zahlen, wenn es dadurch die üblicherweise langwierigen Joint-Venture-Verhandlungen verkürzen konnte. Dabei akzeptierten die Franzosen auch immer wieder bereitwillig Forderungen der lokalen Hersteller, auf die sie sich in anderen Märkten nicht eingelassen hätten: das lokale Managementteam und die Mitarbeiter zu übernehmen, für die Rentner der vergangenen 20 Jahre zu sorgen und veraltete Marken am Leben zu halten.

Dennoch zahlte sich die Strategie aus: Mehr als einmal konnte Danone so Konkurrenten wie Nestlé einen Deal wegschnappen und einen Vorsprung erzielen, der die Nachteile des schnellen Geschäfts wieder aufwog. Die chinesischen Partner wurden mit Danone immer stärker im Markt und erwirtschafteten die erwünschten Profite. So auch Joint-Venture-Partner Wahaha.

Für Zong Qinghou, einen der erfolgreichsten Selfmade-Männer Chinas, war die Gründung des Gemeinschaftsunternehmens mit Danone ein Höhepunkt seiner ungewöhnlichen Karriere. Nach 15 Jahren Arbeit auf einer Tee- und Salzfarm kehrte Zong 1979 zurück in seine Heimatstadt Hangzhou, südlich von Schanghai. Da er ohne Ausbildung keine andere Arbeit fand, verkaufte er vom Fahrrad aus Eis am Stiel. Bald jedoch schon entschied er sich, es den Großhändlern nachzumachen, von denen er sein Eis bezog. Ab 1987 belieferte er erst einen, dann mehrere Schulkioske – nicht nur mit Eis und Milch, sondern auch mit Schulbedarf und Getränken. Ab 1990 begann er dann die Produkte unter eigener Marke herzustellen. Zusammen mit zwei pensionierten Lehrern hatte er sich dafür 140 000 Renminbi geliehen, die Wahaha Nutritional Food Factory für Produktion und Vertrieb gegründet und 1991 mithilfe der Regierung das alte Staatsunternehmen Hangzhou Canned Food Product Co. übernommen. Neben Softdrinks und Eis stellte er nun Snacks wie geröstete Sonnenblumenkerne, Gesundheitsdrinks sowie Acht-Köstlichkeiten-Reisbrei und seit 2002 sogar Kinderkleidung her.

Den Wahaha-Werbeslogan „Sauer und süß macht glücklich" kennt in China jedes Kind. Inzwischen ist aus dem kleinen Unternehmen ein Konzern mit 70 Filialen, 40 Produktionsstätten und 1,5 Milliarden Euro Jahresumsatz geworden. Auf der *Forbes*-Liste der weltweit Reichsten rangierte Zong 2007 mit 1,1 Milliarden US-Dollar Nettovermögen auf Rang 840, unter Chinas Reichsten auf Platz 23.

Viel davon verdankt er Danone. Durch den Deal mit den Franzosen konnte der geschäftstüchtige Chinese den Umsatz von Wahaha bereits innerhalb des ersten Jahres verdoppeln. Sein Geschäftssinn einerseits und das Kapital und das internationale Know-how von Danone andererseits erwiesen sich zunächst als fruchtbare Kombination. Und dass Danone Zong die lange Leine ließ, schien jahrelang die perfekte Lösung zu sein, da beide voneinander profitierten. Wahaha wurde Marktführer in China und machte 2000 bereits 550 Millionen Euro Umsatz, 130 Millionen Euro Gewinn und produzierte 15 Prozent der chinesischen Exporte.

Doch je erfolgreicher Wahaha wurde, desto übermütiger wurde Zong. Er wähnte sich stark genug, um ohne die Franzosen auszukommen. Dass sie ihm die Führung überließen, obwohl sie drei von fünf Sitzen im Vorstand des Unternehmens hatten, legte er ihnen als Schwäche aus. Warum die Hälfte abgeben, wenn man auch alles allein haben kann, fragte sich Zong. Er begann Konkurrenz-Joint-Ventures mit Unternehmen aufzubauen, an denen er eine viel größere Mehrheit hielt oder gar allein beteiligt war und die die gleichen Produkte wie die Danone-Wahaha-Joint-Ventures herstellten. Die Danone-Manager sprachen ihn auf das Thema an. Schließlich hatte Zong 1996 unterschrieben, dass die Marke Wahaha nur von den Danone-Wahaha-Joint-

Ventures benutzt werden dürfe. Für die Markenrechte hatte er von Danone 100 Millionen Renminbi (etwa neun Millionen Euro) bekommen.

Zunächst versuchten die Franzosen es im Guten. Franck Riboud, Vorstandsvorsitzender der Danone Group, flog Anfang Dezember 2006 nach Hangzhou, um die externen Joint Ventures einzugliedern. Riboud bot an, für einen 51-Prozent-Anteil 517 Millionen US-Dollar zu zahlen. Zong unterschrieb den Vertrag, doch schon einen Monat später erklärte er den Deal für ungültig. In der Öffentlichkeit behauptete er, Danone habe ihn zum Unterzeichnen gezwungen, das Angebot sei zu niedrig und die externen Joint-Venture-Partner seien nicht einverstanden mit der Übernahme durch Danone. Also ein weiterer Vertrag, den Zong nicht einhalten wollte.

Die Franzosen kritisierten, drohten – vergeblich. Damit war im Frühjahr 2007 das Maß voll. Das Verhältnis war so vergiftet, dass auch Danones Asienchef Emmanuel Faber an die Öffentlichkeit ging, obwohl das chinesische Gemeinschaftsunternehmen inzwischen etwa sechs Prozent des weltweiten Gewinns von Danone einspielte. Eine Schlammschlacht begann, wie sie es bei einem chinesisch-westlichen Joint Venture noch nicht gegeben hatte. Danone beschuldigte Wahaha-Chef Zong, unabhängige Unternehmen zu errichten und damit gegen den Partnerschaftsvertrag von 1996 zu verstoßen. Schlimmer noch, er verkaufe Danone-Produkte über andere Unternehmen und habe auf diese Weise hohe Profite eingesteckt, von denen Danone nichts abbekam.

Zong konterte, dass Danone den chinesischen Markt nicht verstünde und zu risikoscheu sei. Deshalb müsse er das ein oder andere auf eigene Faust machen. „Wann immer wir expandieren wollten, lehnten sie ab. Sie wollten nicht mehr investieren. Aber sie ließen uns das Geld ausgeben, und wenn die Geschäfte profitabel waren, dann wollten sie plötzlich auch dabei sein", sagte er. Die Franzosen sollten sich nicht so anstellen: Die gemeinsamen Unternehmen würden schließlich unter seiner Leitung wachsen und Profit abwerfen. Und dafür sollten ihm die Franzosen dankbar sein. Zong warf den Franzosen zudem vor, mit heimischen Wettbewerbern gegen ihn zu paktieren. Er zeigte sich erstaunt, dass er als Betrüger hingestellt wurde.

Die Danone-Manager hatten von den anderen Unternehmen gewusst und sich sogar deren Bücher angeschaut, weil sie einige dieser Unternehmen kaufen wollten. Doch der geforderte Preis sei ihnen zu hoch gewesen. Erst danach hätten sie sich an die Öffentlichkeit gewandt.

Bei Danone musste man eingestehen, dass man lange von den Machenschaften Zongs gewusst hatte, und blieb die Antwort schuldig, warum man erst 2007 Alarm schlug. Danone hatte schließlich genug. Der öffentliche Druck hatte nichts genutzt. Sie waren keinen Schritt weiter gekommen. Also setzte Faber ein Ultimatum. Ab dem 9. April hatte Wahaha genau einen Monat Zeit, einzulenken, dann würde Danone offizielle rechtliche Schritte einleiten. Zur Überraschung der Franzosen begann der Aktienkurs von Danone sofort zu sinken. Analysten befürchteten, dass dieser Streit die Expansionspläne in China gefährden würde. Auch Zong war offensichtlich davon überzeugt: Die Hebel der Konkubinenwirtschaft würden dafür sorgen, dass das westliche Unternehmen den Kürzeren ziehen würde.

Bereits im April 2007 hatte Zong davon gesprochen, dass er seine Entscheidung bereue, die Rechte auf die Marke Wahaha aufgegeben zu haben. „Es war ein Fehler, mit Danone einen Vertrag zu unterschreiben, der mich am wettbewerbsfähigen Geschäft hinderte, ohne im Gegenzug dasselbe von Danone zu verlangen." Dieser Fehler, so Zong, erlaubte Danone mit vielen seiner Konkurrenten anzubändeln, wie dem größten Milchproduktproduzenten China Mengniu Dairy, der Beijing Huiyuan Beverage & Food Group und Schanghais Bright Dairy, während ihm selbst die Hände gebunden seien. „Das ist wirklich ungerecht." Damit hatte er immerhin öffentlich eingeräumt, dass er einen Vertrag unterschrieben hatte.

Zong bezog jedoch den Standpunkt, dass eine solche Vereinbarung sittenwidrig sei. Und türmte große historische Vergleiche auf. Er bezeichnete den Vertrag als einen „ungleichen Vertrag" – und verwies mit diesem Ausdruck immer wieder auf die Kolonialmächte und deren Verträge mit China am Ende der Qing-Dynastie im 19. Jahrhundert. Damals waren die westlichen Mächte mit ihren Kanonenbooten über Chinas Flüsse ins Landesinnere eingedrungen und hatten die Chinesen gezwungen, Verträge zu unterschreiben, die sie verpflichteten, zu unfairen Bedingungen ihre Märkte zu öffnen. In China brachte Zong diese Argumentation viel Zustimmung ein. Die Strategie von Danone erinnere ihn an die Kanonenbootpolitik des Westens, provozierte Zong und ließ das Ultimatum verstreichen.

Kurz nach Ablauf der Frist reichte Danone Klage ein. Immerhin waren die Franzosen so klug, dies zunächst nicht in China zu tun. Sie klagten im Mai 2007 in Stockholm. Kurz darauf zogen sie in Los Angeles gegen zwei der unabhängigen Wahaha-Unternehmen vor Gericht. Die Unternehmen Ever Maple Trading und Hangzhou Hongsheng Beverage Co. Ltd. werden von Zongs Frau und der Tochter geleitet, die in Kalifornien gemeldet sind. Die Anklage: Verluste in Höhe von mindestens 100 Millionen US-Dollar und die Verletzung der Partnerschaftsvereinbarung von 1996. Mit diesem Schritt löste Danone einen Erdrutsch aus, den es nicht hatte absehen können. Zong stellte sich auf den Standpunkt, zwar sei die Vereinbarung von beiden Seiten unterschrieben worden, doch sie sei nicht rechtskräftig, da sie nie von Chinas Amt für Handelsmarken bestätigt und genehmigt worden war.

Der Prozess erzürnte Zong. Er fühle sich von Danone schikaniert: „Danone versucht mich zu dominieren in einer Art, wie es die westlichen Kolonialmächte und die Japaner im Jahrhundert zuvor mit China gemacht haben." Die Franzosen hätten ohnehin nicht viel zur Partnerschaft beigetragen. „Sie wollen keine Risiken eingehen und für Folgen keine Verantwortung übernehmen. Und sie wollen immer Benefits von anderen, ohne dass sie etwas getan hätten, um dem Joint Venture zu helfen", sagte Zong und eröffnete eine neue Phase der verbalen Schlammschlacht. Der Disput mit Danone schade seinem Ruf. „Ich kann die Beschimpfungen und Verleumdungen der zwei Direktoren Ihres Unternehmens nicht länger ertragen", schrieb Zong in einem langen Brief. „Daher muss ich als Vorsitzender der 29 Joint Ventures zwischen Wahaha und Danone und den zehn Zweigstellen zurücktreten."

Die Kurse von Danone gaben weiter nach. Zongs Rücktritt war ein kluger Schachzug in dem Gefecht. Zunächst glaubten die Danone-Manager, sie hätten ihr Ziel erreicht und nun die Kontrolle über das Gemeinschaftsunternehmen. Emmanuel

Faber übernahm Zongs Position. Doch die Franzosen hatten
einen Pyrrhussieg errungen. Faber wollte Wahahas Manager
und Arbeiter beruhigen, indem er ihnen versicherte, dass sie
ihre Jobs behalten könnten. Doch das interessierte die Mitarbeiter nur wenig. Sie trauten dem Westler nicht und forderten
Zong zurück.

Bereits einen Tag nach Zongs Rücktritt veröffentlichte
Wahaha Briefe von Angestellten, in denen sie den französischen
Konzern als „von Schurken geführt" bezeichneten, die „teufli-
sche Handlungen" begingen. Briefe voller boshafter Bemerkun-
gen und kommunistischer Polemik. Wahaha wurde faktisch
weiterhin von Zong und dem ihm loyal ergebenen Management
geführt. Die Belegschaft stand hinter ihm. Sie verteidigte Zong
und schwor, niemals einen anderen Vorstand als ihn zu akzeptieren. In einem Schreiben gar, von dem es hieß, es repräsentiere
die gesamte Verkaufskraft von Wahaha, bezeichneten sich die
Verfasser als „die Armee des einzigen Vorsitzenden Zong". „Wie
kann unser respektierter Steuermann verdrängt werden von
Verrätern und schurkenhaften Direktoren", polemisiert eine
Passage. „Wir wollen nur Vorstand Zong und lehnen Danone
entschlossen ab!" Und Vertriebshändler von Wahaha schrieben
am 8. Juni in einem Brief: „Ab heute weigern wir uns, irgend-
welche Produkte von Danone auszuliefern. Danones Produkte
sollen vom chinesischen Markt verschwinden."

Der Streit eskalierte immer mehr. Es gab sogar Protestmär-
sche. Chinesische Demonstranten zogen im Sommer 2007 vor
das Schanghaier Hotel Portman Ritz-Carlton am Volksplatz.
Dort hielt Danone eine Pressekonferenz ab. Gekleidet in gelbe
T-Shirts, trugen sie riesige Banner. „Verräter und Kettenhunde
werden kein gutes Ende finden", warnten sie und forderten:
„Wir wollen den Vorsitzenden Zong. Unter keinen Umständen wollen wir Danone." Schon nach kurzer Zeit wurden die
Demonstranten von der Polizei verhaftet. Die Lage wurde für
Danone immer unübersichtlicher. Zong gab sich kämpferisch
und siegessicher, Faber verunsichert, aber voller Prinzipien.

Angestellte und Händler wollten sich immer weniger für
Danone einsetzen. Die Getränke blieben in den Lagern. Zong,
der sie über Aktien an Wahaha beteiligte, bewundern sie. Er hat
sich hochgearbeitet und bringt mit seinem Unternehmen das

Land voran, daher vergleichen sie ihn mit Mao, dem großen Vorsitzenden und Chinas Steuermann. Die empörten chinesischen Konsumenten griffen zu den Konkurrenzprodukten. Bereits in den ersten sechs Monaten des Jahres 2007 war Danones Gewinn um sieben Prozent gesunken. Und Danone machte immer mehr Verlust. Wegen der öffentlich ausgetragenen Auseinandersetzungen schrumpfte das Wachstum der Joint Ventures mit Wahaha, im zweiten Halbjahr 2007 war der Umsatz etwa ein Drittel niedriger als während der vorangegangenen Jahre in guter Zusammenarbeit. Im Durchschnitt verlor Danone 2007 jeden Monat etwa 25 Millionen US-Dollar aufgrund der Schlammschlacht. Auch die Börsen reagierten empfindlich auf die Härte und die Endlosigkeit des Streits: Zwischen Februar und September 2007 gab die Aktie um 15 Prozent nach. Vor allem das Image des sonst so erfolgreichen französischen Nahrungsmittel- und Getränkemultis litt gewaltig.

Gespräche, Beleidigungen und Drohungen zeigten nicht die gewünschte Wirkung, und das Ganze entwickelte sich immer mehr zur Farce. Inzwischen klagten die Franzosen auch in China. Und die Chinesen zogen ebenfalls vor Gericht. Die Franzosen verloren eine Verhandlung nach der anderen. Und Zong gelang es deutlich zu machen, dass ohne ihn gar nichts ging. „Fan Yimou", wie Danones Asienchef Emmanuel Faber sich in China nennt, verstehe rein gar nichts von chinesischer Kultur, verspottete er den französischen Manager immer wieder.

Ende November 2007 schaltete sich Frankreichs Präsident Nicolas Sarkozy ein und besprach die Angelegenheit mit Präsident Hu Jintao beim Dinner zu Beginn seines dreitägigen Staatsbesuchs. „Präsident Hu hat davon Kenntnis genommen", redete ein französischer Offizieller danach um den heißen Brei herum. Die Diskussion mit ihm sei „nicht endgültig", aber auch nicht „negativ" gewesen. Auch der Appell an die höchste Stelle nützte nichts. Wahrscheinlich hatte Hu geantwortet, was chinesische Politiker an dieser Stelle immer antworten: China habe eine unabhängige Rechtsprechung, auf die die Politik keinen Einfluss nehmen dürfe. Der Streit vor Gericht ging weiter, mit den Joint Ventures ging es abwärts, und Zong führte weiterhin unbehelligt seine Parallelunternehmen.

Am 10. Dezember 2007 schließlich teilte das Schiedsgericht Hangzhou mit, dass die Zeit, in der Danone den Fall gegen Wahaha hätte einreichen können, abgelaufen sei. Ein Markenausschuss urteilte, dass die Marke Wahaha nicht dem Joint Venture zwischen Danone und Wahaha gehöre, und begründete das damit, dass die Einigung über den Markentransfer, die 1996 unterzeichnet worden war, bereits 1999 abgelaufen wäre. Die Franzosen zeigten sich „geschockt", wie der Fall vom Gericht abgehandelt worden war. Die Entscheidung sei „falsch, offenkundig illegal und nicht akzeptabel", so ein Anwalt der Franzosen. Die Entscheidung trete die chinesischen Gesetze mit Füßen und verletze Danones Interessen. Sie kündigten an, das Urteil anzufechten. Doch das nützte auch nichts mehr. Zong und der chinesische Rechtsstaat spielten längst Hand in Hand.

Ende Dezember 2007 war der Prozess um den Schaden, den Zong dem französischen Unternehmen durch die Gründung der Xinjiang Shihezi Wahaha Food Co. Ltd., eines potenziellen Konkurrenten der Danone-Wahaha-Joint-Ventures, zugefügt haben soll. Danone hatte auf „Schädigung der Interessen der Gemeinschaftsunternehmen" geklagt. Und war genauso gegen die Wand gefahren wie bei den anderen Versuchen. Der Intermediate Peoples Court im nordwestchinesischen Xinjiang schmetterte die Klage ab und legte fest, dass der Kläger eine Gebühr von gut 2 000 Euro zahlen sollte. „Zong hat keinen Vorteil aus seinem Posten als Vorsitzender der Danone-Wahaha-Joint-Ventures für sein eigenes Unternehmen gezogen, und es gibt keinen Wettkampf zwischen Danone-Wahaha-Joint-Ventures und Xinjiang Shihezi Wahaha Food Co. Ltd.", lautete die Urteilsbegründung. Außerdem habe Zong die Einwilligung des Danone-Wahaha-Direktoriums gehabt, das neue Unternehmen zu gründen." Es war die dritte Niederlage nach den Urteilen in Hangzhou und Guilin in einem Monat. Danone hatte unter anderem einen 51-Prozent-Anteil an den Wahaha-Unternehmen außerhalb der Joint Ventures gefordert – und Wahaha hatte natürlich abgelehnt.

Mittlerweile war auch Faber klar, dass er gegen die gerissenen Chinesen keine Chance hatte. Sie hatten Heimvorteil und die Gerichte auf ihrer Seite. Das ausländische Unternehmen war machtlos. Zu dieser Erkenntnis hatte es allerdings der Holzham-

mermethode bedurft – deren Einsatz Danone selbst heraufbe-
schwor. Nun verstand das Danone-Management, warum viele
westliche Rechtsanwälte von chinesischen Gerichtsverfahren
abraten. Die Auseinandersetzung brachte mehr Schaden als
Nutzen.

Wenige Tage später gab Danone zunächst klein bei. Die
beiden Unternehmen einigten sich auf einen Waffenstillstand
und darauf, auf weitere Gerichtsverfahren zu verzichten sowie
aggressive Äußerungen und Anschuldigungen zu unterlassen.
Nur: Wahaha verkaufte weiterhin parallel Danone-ähnliche
Produkte.

Im Januar 2008 trat schließlich Emmanuel Faber, der zum
Geschäftsführer von Danone Paris berufen wurde, als Präsident
von Danone Asia Pacific zurück, um die Wogen zu glätten. Er
blieb zwar stellvertretender Vorstandsvorsitzender des Gemeinschaftsunternehmens, der Sicherheitsabstand war aber groß
genug. Faber hatte alle Verhandlungen mitgeführt und war
eine der Schlüsselfiguren im Disput mit der Hangzhou Wahaha
Group. Danone versuche so „eine freundschaftliche Umgebung
für die Gespräche zu schaffen und das Image seiner Marke zu
wahren", folgerte Analyst Tang Zhiqing von Yi Yan Consulting.
„Der neue Vorstandsvorsitzende wird nach Gesprächen mit
den chinesischen Partnern ausgewählt", so Faber. Gleichzeitig
hielten beide Parteien eine Konferenz ab, um das leidige Thema
endlich zu beenden.

Im März lehnte Wahaha Danones Vorschlag ab, die Vermö-
gen der gemeinsamen Joint Ventures zugunsten eines neuen
Unternehmens einzuschmelzen, in dem die Partner jeweils
40 Prozent Anteile haben würden. Die restlichen 20 Prozent
sollten an der Börse gehandelt werden. Da musste Zong keine
Minute überlegen: nicht akzeptabel.

Es war zu spät, der Bruch war nicht mehr zu kitten. Danone
sagte, es suche nach einem „ehrenhaften" Weg aus der Partnerschaft – nach der vorangegangenen Schlammschlacht wirkt eine
solche Aussage jedoch eher verzweifelt als überzeugend. Denn
auch die Trennung ist nicht so einfach, wie die Franzosen es sich
vorgestellt hatten. Zur Auflösung eines Joint Ventures braucht
man in China die Zustimmung der Regierung. Ein Antrag muss
gestellt werden und beide Partner müssen sich über die Kondi-

tionen einig sein. Daher ist es taktisch unklug, es sich schon im Vorfeld mit dem chinesischen Partner zu verderben. In der Praxis jedoch werden Gemeinschaftsunternehmen vor allem dann aufgelöst, wenn die Partner sich nicht mehr verstehen.

Im April kochten die Gemüter wieder hoch, als Zong nun Danone beschuldigte, chinesische Steuerbeamte zu bestechen, weil es Steuern in Höhe von 300 Millionen Yuan (etwa 28 Millionen Euro) hinterzogen hätte. Zong gab zwar zu, dass er seinerseits Steuern hinterzogen habe, aber betonte, er habe mehr als 200 Millionen Yuan davon im Oktober gezahlt, bevor die Untersuchung begonnen hatte. Nachdem er den Verdacht geäußert hatte, Danone-Manager hätten ihn angezeigt, wurde in der chinesischen Presse nicht mehr über den Fall berichtet.

Ende Mai 2008 endlich bestätigte Wahaha Group das endgültige Aus der Joint Ventures mit Danone. Über die Bedingungen und den Preis diskutieren die scheidenden Partner noch. Danone hofft, eine Ablösesumme zwischen 1,63 Milliarden und 1,94 Milliarden Euro für seinen Anteil von 51 Prozent an den 39 Joint Ventures zu bekommen. Doch das ist Zong zu viel. Wahaha bewertet den Anteil mit 216 Millionen bis 303 Millionen Euro.

Im Juni 2008 kam der nächste „Skandal" an die Öffentlichkeit. Die Wirtschaftstageszeitung *21st Century Economy* berichtete, dass Zong eine amerikanische Greencard besitzt. Das Blatt mokierte sich darüber, dass Zong dennoch Mitglied des chinesischen Parlaments ist, in das er schon zweimal gewählt wurde. Es sei für viele Bürger erstaunlich, von einem „amerikanischen" Parlamentarier vertreten zu werden. Ein großer Skandal ist daraus ebenso wenig geworden wie aus seinem Steuerhinterziehungsfall.

Selbst die Konkurrenz ist von den Querelen im Wahaha-Danone-Joint-Venture und der Schlammschlacht zwischen Danone und Zong nicht erbaut – im Gegenteil: China Mengniu Dairy beispielsweise ließ 2007 ein neu geplantes 1,6 Milliarden schweres Joint Venture platzen.

So gut sich die Franzosen in anderen Teilen der Welt schlagen, im größten Wachstumsmarkt der Welt waren sie zwar im Recht, haben sich jedoch mehr geschadet als genutzt. Wahaha ist auch ohne Danone noch die Getränkemarke Nummer eins in China und expandiert international. Das Argument von Zong, Danone könne mit weiteren Partnern in China zusammenarbeiten, er jedoch nicht, war nicht ganz von der Hand zu weisen. Ein wenig mehr Flexibilität in dieser Frage hätte den Westlern gut getan.

Unabhängig von den Fakten hatte Zong wieder einmal bewiesen: In Zeiten der Konkubinenwirtschaft siegt Dreistigkeit. Der freche Chinese hatte sich vor einigen Jahren sogar mit Coca-Cola angelegt – und sich dabei Danone widersetzt. Die Franzosen hatten sich ausdrücklich dagegen ausgesprochen, das Geschäft aber letztlich aufgrund der Profite akzeptiert: Erst verkaufte Zong seine Coca-Cola-Kopie „Feichang Kele" oder „Future Cola" in China, ab 2004 dreist in den USA, wo er schon seit 2003 Milchprodukte vertrieb. 170 400 Flaschen verschiffte er. Sein Händler, Manpolo International Trading Corp. in New Yorks China Town, kümmerte sich um den Vertrieb. Im Juni 2004 waren die ersten Future Cola in den kleinen Läden in New York und Los Angeles. Coca-Cola war zunächst skeptisch, doch für Coca-Cola und Pepsi ist Future Cola im Heimatmarkt keine Konkurrenz – anders in China, wo gerade in den ländlichen Gegenden die Konsumenten mehr auf den Preis als auf die Marke achten und daher die billigere Future Cola kaufen. Jedenfalls kamen keine Klagen – trotz des ähnlichen Designs –, und für Zong war es ein Schritt in den amerikanischen Markt, in dem Wahaha zukünftig noch aktiver werden will.

Danone hingegen ist der große Verlierer. Zwar bleiben ihm noch andere Unternehmen, wie die Beteiligungen an der China Huiyuan Juice Group, der Shenzhen Health Food, der Guangdong Robust Group, an Bright Dairy & Food und ein 49-Prozent-Anteil an einem Joint Venture mit Mengniu, doch seine Präsenz in China ist gewaltig geschwächt.

Danone hat sein lukratives Standbein Wahaha leichtsinnig verspielt, weil es in einem Markt, in dem man als Ausländer die Spielregeln nicht bestimmen kann, genau darauf bestand.

Stets starkes Signal

Wie Huawei die Welt vernetzt

以
逸
待
劳

„Ausgeruht den erschöpften Feind erwarten"

Im April 2008 blickte der Westen nach China. Man diskutierte einen Boykott der Olympischen Spiele, weil die chinesische Regierung Unruhen in Tibet blutig niedergeschlagen hatte. Dabei blieb fast unbemerkt, dass der größte chinesische Tele-komausrüster, Huawei, sich weiter in den internationalen Markt vorarbeiten konnte – ohne von den politischen Spannungen zwischen dem Westen und China gebremst zu werden: Der spanische Hersteller Telefónica entschied sich just im April, sein O_2-Netz in Deutschland von den Chinesen auf UMTS-Standard ausbauen zu lassen. Huawei wird die existierenden Basisstatio-nen ersetzen und 8 000 neue aufstellen. Das Projekt wird Ende 2009 abgeschlossen sein. Dann ist das Übertragungsnetz von O_2 völlig unabhängig von der Infrastruktur des Konkurrenten Deutsche Telekom, an der O_2 heute noch hängt. Über den Umfang des O_2-Geschäftes wurde nichts bekannt. Insgesamt hat Telefónica drei Milliarden Euro für den Ausbau des Netzes veranschlagt. Für Huawei ist das ein Riesenschritt, auch wenn O_2 mit seinen 12,5 Millionen Kunden der kleinste der vier Mobilanbieter ist.

Fast gleichzeitig zog Huawei größere Aufträge in Saudi-Arabien, Singapur und Kasachstan an Land. Im Jahr zuvor hatten die Chinesen schon einen Großauftrag von der British Telecom und von Vodafone bekommen. Ebenfalls im April ent-schloss sich der größte europäische Konkurrent, Nokia Siemens Networks (NSN), mit Huawei zusammenzugehen, um in der zweiten Ausschreibungsrunde zum Ausbau des chinesischen Versuchsnetzwerkes TD-SCDMA das größte Stück vom Kuchen abzubekommen. Siemens und Nokia waren nicht zuletzt auf-grund des Konkurrenzdrucks aus China gezwungen gewesen, sich Anfang 2007 zusammenzuschließen. Um einen Fuß im chinesischen Markt zu behalten, hatten sie im selben Jahr auch schon ein Gemeinschaftsunternehmen mit Huawei gegründet. In der ersten Bieterrunde hatte sich NSN mit anderen Partnern zusammengeschlossen und nur einen 16-Prozent-Anteil be-kommen.

In nicht einmal zwanzig Jahren ist die Huawei Corporation aus dem südchinesischen Shenzhen, Chinas größter Hersteller von Telekommunikations- und Netzwerktechnik, ein weltwei-ter Player unter den Telekomausrüstern geworden und gräbt weiter an den Marktanteilen der etablierten Unternehmen wie Alcatel-Lucent, Cisco Systems, Nortel Networks und NSN. Über 70 Prozent des Geschäftes der Chinesen sind international. Huawei bedient inzwischen 35 der Top-50-Telekomunternehmen und ist die Nummer drei weltweit beim Verkauf von Hauptroutern. In 102 Ländern werden Telefongespräche von Huawei-Produkten gemanagt. Die wichtigsten Märkte sind derzeit: Deutschland, England, Russland, Spanien, Brasilien, Saudi-Arabien, Malaysia und Thailand. Die Datenleitungen von Moskau nach St. Petersburg kommen von Huawei. Ebenso das optische Zugangsnetz in Ägypten. Von den weltweit 75 000 Mitarbeitern ist die Hälfte in Forschung und Entwicklung tätig. Allein im Jahr 2007 verkaufte Huawei Produkte im Wert von 16,2 Milliarden US-Dollar, eine Steigerung von etwa 45 Prozent im Vergleich zum Vorjahr. 2004 machte Huawei erst einen Umsatz von 5,58 Milliarden US-Dollar; 60 Prozent davon wurden im Ausland erwirtschaftet. Damals hatte das Unternehmen nur knapp 30 000 Mitarbeiter.

Niemand in der Branche hätte sich noch Anfang des Jahrzehnts träumen lassen, dass es einem chinesischen Hersteller gelingen könnte, so schnell international erfolgreich zu werden. Die meisten Topmanager hatten geglaubt, dass Huawei vor allem über den Preis versuchen würde anzugreifen, die Nachteile jedoch überwiegen würden: Vor allem der Bereich der technologischen Innovationen und der Kontakt zum Kunden wurden als entscheidende Schwächen angesehen.

Doch die Chinesen machten sich über ihre Nachteile keine Illusionen und entwickelten ein Geschäftsmodell, das diese beiden Schwachpunkte austarierte. Dabei nutzten sie den Vorteil geringer Gehaltskosten für chinesische Ingenieure und stellten dem Kunden viel mehr Personal zur Verfügung. Dadurch gelang es ihnen, so maßgeschneiderte Lösungen anzubieten, dass der Kunde gar nicht mehr bemerkte, dass die Technologie, die Huawei anwendete, eine Stufe hinterherhinkte. Inzwischen holen die Südchinesen auf, was die Technologie betrifft. Huawei hat seit 1997 allein 70 Millionen US-Dollar ausgegeben, um sich von IBM, der Hay Group und PricewaterhouseCoopers auf den neuesten Stand bringen zu lassen. Die beiden Professoren Ming Zeng, der Strategie an der Cheung-Kong Business School in Pe-

king lehrt, und Peter J. Williamson, der internationales Management an der INSEAT Business School unterrichtet, haben die
neuen Hightech-Unternehmen untersucht und kamen dabei
zu dem Ergebnis, dass sich die chinesischen IT-Hersteller wie
Dawing und TechFaith, aber auch Huawei, nur „wenige Monate
hinter den internationalen Technologieführern befinden".

Der Unternehmensgründer Ren Zhengfei hatte auch erkannt, dass er allein gegen alle nicht vorankommt, sondern die
Stärken der Konkurrenz nutzen muss. Deshalb kooperierte der
chinesische Telekomausrüster mit internationalen Herstellern,
wo es möglich war: „Wir müssen die Kooperation mit unseren
Konkurrenten stärken und mehr Offenheit zeigen", forderte
Ren bei der Gründung eines Schanghaier 3G-Technik-Joint-
Ventures mit den japanischen Firmen NEC und Matsushita. Bei
der 3G-Technik, zum Beispiel UMTS, wollte er zum ersten Mal
von Anfang an mitspielen.

Ren Zhengfei, ein ehemaliger Offizier der Volksbefreiungsarmee, gründete Huawei 1988 als lokaler Importeur und Vertreiber
von Telefonanlagen. Schnell erkannte er das Marktpotenzial
für billige Kopien in dem damals noch völlig unterentwickelten chinesischen Markt. Mit einem Heer junger chinesischer
Ingenieure, Unterstützung aus Politik und Militär sowie einem
guten Stück Respektlosigkeit vor internationalen Patent- und
Copyrightgesetzen, baute er Huawei zum chinesischen Marken-
unternehmen auf. Doch Ren, heute einer der reichsten Männer
Chinas, hatte von Anfang an ein größeres Ziel: Aus dem Ramsch-
Label „Made in China" sollte ein Qualitätssiegel werden, Huawei
ein international anerkanntes Technologieunternehmen. In
einer Zeit, als die meisten chinesischen Firmen noch ihr eigenes sauerscharfes Süppchen kochten, ging Huawei bereits
internationale Know-how-Partnerschaften ein und ließ sich
von ausländischen Beratern moderne Unternehmensstrukturen
aufbauen. Die Buchprüfer PricewaterhouseCoopers kümmern
sich um die Finanzen. Die deutsche Fraunhofer-Gesellschaft
strukturierte den Bereich Anlagenkonstruktion, Produktions-
management und Qualitätskontrolle. Rund 1,5 Millionen Euro
bezahlte Huawei von 1998 bis 2000 für deutschen Wissenstrans-
fer. „Huawei hat sich die Denkweise der Deutschen zu eigen
gemacht", sagt Fraunhofers Pekinger Projektleiter Dr. Li heute

anerkennend. Statt Kisten von zahllosen Niedriglohnchinesen herumfahren zu lassen, hat er sich ein vollautomatisches, strahlend blaues Logistiksystem von Siemens geleistet, in dem kein Mensch mehr zu sehen ist.

Inzwischen beliefert IBM Huawei mit PowerNP-Netzwerkprozessoren und anderer High-Speed-Elektronik. Mit Intel, Fujitsu und Microsoft hat Ren sich zusammengetan und dabei gelernt, sich auf sein Kerngeschäft zu konzentrieren. Der Netzwerkstromversorgungszweig wurde 2001 flugs an den amerikanischen Hersteller Avansys Power Co. verkauft. Das 750-Millionen-US-Dollar-Geschäft war bis dato einer der größten Merger-and-Acquisition-Deals der chinesischen Geschichte. Schon jetzt gehört Huawei, einer Untersuchung der Buchprüfer von PricewaterhouseCoopers zufolge, zu den angesehensten fünf Unternehmen Chinas. Daraus möchte es so bald wie möglich zusätzlich Kapital schlagen.

Und dabei scheut sich Ren nicht, den Großen auf den Pelz zu rücken. So baute Huawei zum Beispiel in Stockholm ein Forschungs- und Entwicklungszentrum in derselben Straße auf, in der die Zentrale von Ericsson liegt.

Die zweite wichtige Erfolgsstrategie war, die Konkurrenten nicht frontal anzugreifen, solange das Unternehmen nicht stark genug ist. Huawei nahm einen Umweg und sammelte erst einmal in den unterentwickelten, schnell wachsenden Märkten der Dritten Welt Erfahrung im internationalen Geschäft. Mit Aufträgen, die von den Großen vernachlässigt wurden, weil sie zu klein waren und weil sie ein höheres Maß an Flexibilität verlangten. Da sahen die Chinesen zu Recht eine große Lücke. Die Manager von Huawei haben für diese Strategie sogar einen Namen: das „Druckpunktprinzip". Man muss die losen Ziegel in den Schutzmauern der Konkurrenz finden.

Die Manager suchten Unternehmen in Entwicklungsländern, die klein anfingen und mit denen gemeinsam sie wachsen konnten. Ein solches Unternehmen war 1999 die thailändische Telekomgesellschaft AIS, die dem inzwischen gestürzten und in Ungnade gefallenen ehemaligen Premierminister Thaksin Shinawatra gehört. Bevor er Premierminister wurde, hatte er es vom Polizeichef zu einem der wichtigsten Unternehmer des Landes geschafft. Und er wollte nunmehr ein Prepaidsystem

für Handys aufbauen. Denn anders als im Westen, in dem es
taktisch klüger war, die Kunden zunächst per Vertrag langfristig
an sich zu binden, ist es in einem weniger entwickelten Land
wie Thailand geschickter, den Kunden am Kiosk mit kleinen
Einzelsummen zu locken – um ihn so ans Telefonieren zu
gewöhnen – und damit für Massen von Menschen attraktiv
zu sein. Thaksin entschied sich für die preiswertere, flexiblere
Alternative – für Huawei. Bei Huawei war der neue Kunde AIS
König, bei Cisco hätte er sich hinten anstellen müssen. Vor
allem überzeugte Thaksin der Zeitplan der Chinesen. Ein paar
Monate früher oder später konnten in diesem schnelllebigen
Geschäft entscheidend sein. Mit großem Personalaufwand
schaffte es Huawei, in nur 60 Tagen einen Prepaidservice zu
installieren und auch noch zu testen. Damit war Thaksin einige
Monate früher auf dem Markt als der Marktführer DTAC und
hatte schon den ersten Schub Kunden an sich gewöhnt, bevor
die Konkurrenz überhaupt loslegen konnte. Das gemeinsame
Erfolgserlebnis verband Kunde und Lieferanten dermaßen,
dass Huawei den Aufstieg von AIS zum Marktführer im Mobil-
geschäft Thailands begleitete. In dieser Zeit entwickelten die
Chinesen mehr als 80 einzigartige Features, die es ermöglichten,
den Vorsprung immer weiter auszubauen.

Mit einer ähnlichen Strategie ging man bei Huawei vor, als
es zu beweisen galt, dass man auch in den fortschrittlichsten
Technologien wettbewerbsfähig war: dem 3G-Standard. Es war
zunächst unmöglich, ohne große Expertise in diesem Gebiet
Aufträge in westlichen hoch entwickelten Ländern zu bekommen. Also nahmen die Huawei-Manager wieder einen klugen
Umweg. Sie klopften bei reichen Ländern in den weniger entwickelten Märkten an. Eines davon biss an: die Vereinigten
Arabischen Emirate mit 2,4 Millionen Einwohnern. Huawei
musste zwar gegen Motorola und Ericsson antreten, doch die
hatten den Schwerpunkt ihrer Arbeit woanders. Die Vereinigten
Arabischen Emirate wurden allenfalls mitbedient. Bei Huawei
sah man darin die Chance und machte es ähnlich wie in Thailand. Man schickte über 200 Ingenieure vor Ort und sorgte
dafür, dass sie einen möglichst großen Rückhalt in der Zentrale
in Shenzhen hatten. Keine Frage, dass diese Strategie aufging.
Huawei gewann den Wettbewerb und hatte Ende 2003 den

ersten W-CDMA-Vertrag (Wideband Code Division Multiple Access) im Ausland in der Tasche. Damit konnten die Chinesen weitere Aufträge in Hongkong, Mauritius und Malaysia ergattern. Sie wurden der Spezialist, der aufstrebende, aber schwierige Märkte mit den neuesten Technologiestandards versorgen konnte. Sie hatten sich eine lukrative Marktnische gesichert. Bei seinem imposanten Aufstieg bekam Huawei zusätzlichen Rückenwind durch die weltweite IT-Krise. Um zwei Prozentpunkte brach das Wachstum ein, und selbst der Chinamarkt wuchs nur mehr um vier Prozent. „Die Krise ist die Chance. In schlechten Zeiten haben preiswerte und flexible Neulinge bessere Chancen im Markt", sagte ein Huawei-Manager damals.

Doch mit „Kleinvieh" wollte Ren sich auf Dauer nicht begnügen. Immer wieder stellte sich das Huawei-Management die Frage: Wie kommt man in die etablierten Märkte? Denn nur dann würde es gelingen, in die Topliga der Telekomausrüster aufzusteigen. Huawei hatte zu diesem Zeitpunkt vor allem ein Imageproblem: China und Telekom-Hightech passten in der Vorstellung vieler westlicher Kunden nicht zusammen. Es investierte allein zwölf Millionen US-Dollar, um mit großen Ständen auf den internationalen Telekommessen vertreten zu sein, zuerst auf kleineren, schließlich auf den großen. 2003 präsentierte sich Huawei zum ersten Mal auf der CeBIT in Hannover, der größten IT-Messe der Welt. „Die Chinesen kommen", raunte man in den Gängen der CeBIT über den pfiffigen Telekomausrüster. Hurra, wer? – Huawei. Die Neuen versteckten sich nicht. Ihr Stand in Halle 13 schräg gegenüber von Cisco war nicht zu übersehen. Wie heißen die noch? „Man spricht Huawei vorn wie Buch hinten", erklärten die Kundigen. „Sie dürfen uns nennen, wie sie wollen", lachte George Xia, der ehemalige Deutschlandchef von Huawei, „solange sie bei uns bestellen."

Lange hatten die Manager überlegt, wie sie den Vertrieb gestalten. Schließlich lag die Lösung auf der Hand. Statt sich mit einem der Großen der Branche zusammenzutun, wie es die westlichen Hersteller gern in China machen, suchten sie sich einen vergleichsweise kleinen Partner. Sie nutzten das Vertriebsnetz der mittelständischen Firmengruppe Vierling aus dem fränkischen Ebermannstadt, mit der sie eine Kooperation geschlossen hatten. „Beide haben etwas davon", erläuterte Xia, „unser Partner hat mehr Geschäft, während wir dicht an den Kunden sind und lernen, was sie wollen." Dabei lächelte er freundlich. Bei Siemens wäre man nicht mehr als ein Lieferant billiger Produkte gewesen.

Überzeugen jedoch konnte Huawei potenzielle Kunden nur auf einem Weg: Es lud sie nach China ein. Mit Erstaunen stellten die Gäste dort fest, wie weit entwickelt China schon war. Und es dauerte nicht lange, da luchsten die Chinesen Ericsson den ersten Kunden in Europa ab. Und wieder war es ein kleiner Markt, über den die Chinesen den europäischen Kontinent eroberten: Die niederländische Telfort B. V. gab Huawei einen 500-Millionen-US-Dollar-Auftrag. Das relativ kleine Unternehmen hatte die gleiche Grundeinstellung wie die Chinesen: Als Kleiner es den Großen zeigen. „Telfort will die Standards der Etablierten herausfordern", gab Theo von der Weil bei der Vertragsunterzeichnung zu Protokoll. „Und Huawei wird uns dabei helfen, innovative und preisgünstige Strukturen aufzubauen."

Ausschlaggebend für die Niederländer war letztlich, dass die Chinesen kurzerhand anboten, das Projekt langfristig nicht von Shenzhen aus zu managen, sondern vor der Haustür von Telfort ein eigenes Forschungs- und Entwicklungszentrum mit über 100 Ingenieuren aufzubauen. Das war für Huawei keine große Herausforderung. Seine Ingenieure lebten in Wohngemeinschaften und wurden von einem chinesischen Restaurant bekocht. Die Chance, das Doppelte zu verdienen, ohne große Kosten zu haben, wollten sich viele nicht entgehen lassen. Für die europäischen Telekomunternehmen hingegen, deren Ingenieurstamm sich aus hoch bezahlten, was die Lebensqualität betrifft anspruchsvolleren und weniger mobilen Mitarbeitern zusammensetzt, wäre diese Lösung unmöglich gewesen. Ganz abgesehen davon, dass ihre Forschungs- und Entwicklungsabteilungen längst aufgebaut und an bestimmten Orten etabliert waren. Huawei fand für seine Strategie den Slogan „Around the world close to you". Und wieder ging sie auf.

2007 verkaufte Huawei in Europa Leistungen und Produkte mit einem Umsatz von etwa 2,6 Milliarden US-Dollar und beschäftigte hier über 2 000 Menschen. Sie bauten das modernste Glasfasernetz in Berlin, das der Deutschen Telekom das Leben schwer macht. In England gelang es Huawei bereits 2005, sich gegen die Konkurrenten Motorola und das britische Unternehmen Marcolla durchzusetzen und einen Auftrag in dem 19-Milliarden-US-Dollar-Projekt der British Telecom mit dem Namen 21st Century Network zu bekommen.

Während die europäischen Kunden den schwierig auszusprechenden Namen halbwegs wiedergeben konnten, waren die kulturell weniger flexiblen Amerikaner damit überfordert. Als Huawei das erste Büro aufmachte – 2001 in Panto, Texas –, hatte es erst mit seinem Namen zu kämpfen, bevor es überhaupt dazu kam, den Kampf mit den Konkurrenten aufzunehmen. „Heyway" sprachen ihn die einen aus, „Hooway" die anderen, manche sogar „Highway". Also entschieden die Chinesen, Huawei in „Futureway" umzubenennen. Futureway war zwar gut auszusprechen, aber es kannte in den USA immer noch niemand.

Huawei musste außerdem etwas gegen seine technologische Rückständigkeit tun. Es hatte Geld genug, um amerikanische Technologie einzukaufen. Nach dem Zusammenbruch vieler Dotcom-Unternehmen war die Gelegenheit günstig. Für nur vier Millionen US-Dollar erwarb es OptiMight, ein Unternehmen mit Know-how im Bereich der optischen Netzwerktechnologie. In den folgenden Jahren kaufte Huawei unauffällig Anteile von Cognigine, einem weiteren Unternehmen in diesem Bereich, und LightPoint Communication Inc. Alle drei Unternehmen waren Schnäppchen. Sie verfügten über interessantes technologisches Wissen, und sie hatten sich übernommen. Und die Forschungsabteilungen waren nicht zimperlich, wenn es darum ging, die Produkte der Konkurrenz zu „adaptieren". Im Westen würde man dazu Produktpiraterie sagen.

Huawei war technologisch nun zwar besser gerüstet, aber noch immer nicht bekannt. Die Branche hielt das Auftauchen von Huawei für ein vorübergehendes Phänomen. Das änderte sich schlagartig durch die Hilfe des Konkurrenten Cisco. Der sorgte dafür, dass Huawei plötzlich in aller Munde war. Die Cisco-Manager machten einen taktischen Fehler: Nachdem Huawei sich entschlossen hatte, sich zunächst auf den Verkauf preiswerter Router zu konzentrieren, um darüber den Kontakt zu Kunden zu bekommen, zerrte Cisco-Chef John Chambers

die Chinesen vor Gericht. Er hatte wohl auf einen kurzen Prozess gehofft und war davon ausgegangen, dass die Chinesen
die Warnung verstehen, die Lust am amerikanischen Markt
verlieren und sich wieder stärker auf Entwicklungsländer konzentrieren würden.

Im Januar 2003 standen die Kontrahenten vor einem te-
xanischen Gericht. Es sollte ein Fall China gegen Amerika
werden. Die Anklage: Produktpiraterie. Die Datarouter, die den
Internetverkehr regeln, seien von Cisco geklaut. Nicht gut fürs
Image, oder doch? Jedenfalls horchten diejenigen Telefongesellschaften, die sich immer schon über die hohen Preise von
Cisco geärgert hatten, auf. Und bald stellte sich heraus: Die Chinesen hatten keinen Ruf zu verlieren, weil sie noch gar keinen
hatten. Je länger der Rechtsstreit dauerte, desto klarer wurde:
Chambers hatte sich und seinem Unternehmen keinen Gefallen getan. Denn der Prozess füllte ganze Zeitungsspalten, und
plötzlich sprach jeder über Huawei. Nicht nur verächtlich über
den chinesischen Fälscher, sondern auch anerkennend über
den flinken chinesischen David, der Goliath herausfordert. Mit
Huawei ist es ein wenig wie früher mit Aldi. Alle mokierten sich
über die Läden, keiner mochte dort beim Einkaufen ertappt
werden. Aber Aldi hat die höchsten Einzelhandelsumsätze.

Chambers hatte sich aber noch eine zweite Falle gebaut.
Cisco bekam Gegenwind aus einer Richtung, mit der er nicht
gerechnet hatte. Die Cisco-Manager in China befürchteten, der
Rechtsstreit könne Ciscos Perspektiven im chinesischen Markt
schaden. Chambers hatte bald mehr Ärger als Nutzen aus der
Geschichte. Seine PR-Abteilung wurde nicht müde zu betonen,
dass es sich um einen Streit zwischen zwei Unternehmen, nicht
zwischen zwei Ländern handle. Die Angriffslinie war nicht
zu halten. Bei Cisco wurden die Stimmen immer lauter, die
warnten, dass es sich nicht lohne, wegen eines Branchenflohs
die lukrative Entwicklung im chinesischen Markt aufs Spiel zu
setzen. Die großen chinesischen Kunden, China Telecom oder
Shanghai Telecom, sagten zwar noch nichts, aber hatten schon
Sorgenfalten im Gesicht.

Huawei hatte derweil höflich den Verkauf der Produkte
erst einmal gestoppt und sie von der Webseite genommen,
allerdings nicht ohne die Bemerkung, dass man dies nicht als

Schuldeingeständnis werten solle, sondern als Geste des guten Willens, um den Konflikt zu entschärfen. Auch sonst gab man sich wenig eingeschüchtert: „Es muss eine schwierige Entscheidung für Cisco gewesen sein", so Huaweis Pressesprecher Fu Jun schelmisch, „denn wir werden dadurch nicht unbekannter." Und die Huawei-Leute profitierten davon, dass sie die Amerikaner besser studiert hatten, als es umgekehrt der Fall war: „In den USA", so Fu, „werden wir gefragt, ob die Männer in China noch lange Zöpfe tragen."

Die Chinesen konnten auch deshalb gelassen bleiben, weil die Amerikaner sich ein Nischenprodukt für den Machtkampf ausgesucht hatten. Die Router machen gerade einmal drei Prozent der Verkäufe von Huawei aus. Selbst wenn sie den Prozess verlören, bliebe der Saldo positiv. Denn inzwischen war die amerikanische IT-Branche aufgewacht und schaute sich das kleine chinesische Unternehmen genauer an. Der Rechtsstreit feierte noch nicht einmal seinen ersten Geburtstag, da gelang es Huawei, ein Gemeinschaftsunternehmen mit dem Cisco-Konkurrenten 3Com unter Dach und Fach zu bringen. Die beiden hatten ein gemeinsames Ziel: dem Branchenriesen Cisco weltweit Marktanteile abluchsen. Ein herber Schlag für Chambers, der die Stärke Huaweis mit seiner Wendigkeit und dem großen Markt im Rücken maßlos unterschätzt hatte.

Während Cisco weiter Rechtsanwälte gegen Huawei hetzte, begannen die neuen Partner ihre komplementären Stärken zusammenzufügen. Huawei verfügte über eine kostengünstige Produktlinie und einen guten Marktanteil in Entwicklungsländern sowie eine effiziente und nicht teure Forschungs- und Entwicklungsabteilung. 3Com hatte einen weltweit bekannten Markennamen zu bieten, ein global aufgestelltes Vertriebsnetz mit engen Kundenbeziehungen vor allem in den USA. Offensichtlich war der Druck zur Zusammenarbeit bei den 3Com-Managern größer: Die Mehrheit mit 51 Prozent hielten die Chinesen – und das, obwohl die Amerikaner auch noch eine Finanzspritze von 165 Millionen US-Dollar in das Gemeinschaftsunternehmen einbrachten, damit das Geschäft überhaupt zustande kam. Die Struktur des Joint Ventures sagt viel über den Machtzuwachs aus, den Huawei in der westlichen Welt in nur wenigen Jahren erzielen konnte. Es konnte

Produkte kopieren, Fehler machen und blieb doch auf der Siegerstraße.

Schon Ende 2006 konnte das Joint Venture einen Gewinn von 30 Millionen US-Dollar verbuchen, und das bei einem Umsatz von nur 100 Millionen. Derweil machten die anderen Geschäfte von 3Com 20 Millionen Verlust. Der Gewinner auch dieses Gemeinschaftsunternehmens war wieder einmal der chinesische Partner, während die Amerikaner gezwungen waren, lukratives Geschäft einzubringen, um attraktiv genug zu sein.

Ciscos Festhalten am Rechtsstreit wurde immer alberner. Das Risiko, dass der Schaden größer sein würde als der Nutzen, wurde mit jedem Tag höher. Schließlich ließ Chambers die Anklage fallen, und man einigte sich im Juli 2004 außergerichtlich. Der chinesische Markt war zu wichtig. Die Konkubinenwirtschaft hatte wieder einmal gegriffen. Huawei stoppte zwar den Verkauf der Router, war aber nun bekannt und besser im Geschäft denn je. Es dauerte nur ein paar Wochen, dann hatte Huawei seinen ersten großen 3G-Netzwerk-Deal in den USA an Land gezogen: Es baute für den amerikanischen Hersteller NTCH Inc. und dessen Marke Clear Talk ein Netzwerk mit 358 Knotenpunkten, sogenannten Pops, in Kalifornien und Arizona auf. Nur ein Jahr später folgten Deals, um Netzwerke der New Yorker Unternehmen CTC und Intelecom Solutions zu modernisieren.

Nun war Huawei plötzlich eine ernsthafte Bedrohung auch für die Marktanteile von Cisco. Wenn die Chinesen kopieren können, dann können wir das auch, dachte man sich bei Cisco und kopierte Anfang 2005 die Strategie von Huawei: Chambers gründete ein Gemeinschaftsunternehmen mit Huaweis chinesischem Konkurrenten ZTE. Und ist damit bisher gut gefahren.

Nicht nur rüttelte der Vorstoß von Huawei Cisco wach, er formte außerdem die gesamte Branche um. Nun war auch die Netzwerksparte von Nokia gezwungen, nachzuziehen. Die Finnen gründeten im Oktober 2005 ein 110-Millionen-US-Dollar-Gemeinschaftsunternehmen mit China Putian, und wieder gelang es den Chinesen, mit 51 Prozent die Mehrheit zu übernehmen. Doch es reichte für Nokia nicht mehr. Nicht einmal ein Jahr später, im Juni 2006, fusionierten die Finnen

mit der Netzwerksparte von Siemens. Siemens hatte schon
2004 begonnen, im Bereich der 3G-Technologie mit Huawei
zusammenzuarbeiten. Nun waren die beiden europäischen
Telekomausrüster erst einmal damit beschäftigt, ihre beiden
Unternehmen zusammenzuführen.

Auch der französische Hersteller Alcatel hatte angesichts
der Veränderung der Geschäftslandschaft nicht mehr die Kraft,
allein durchzuhalten. Die Franzosen taten sich im April mit
dem amerikanischen Hersteller Lucent zusammen. Alcatel
hatte schon seit Längerem ein 50:50-Joint-Venture mit Shanghai Bell zur Herstellung von Telekomausrüstung. Das Gemeinschaftsunternehmen Alcatel Shanghai Bell (ASB) war bereits
verantwortlich für 20 Prozent der Forschung und Entwicklung
bei Alcatel. Das neue Gemeinschaftsunternehmen mit Siemens
Lucent sollte sogar noch eine stärkere Ausrichtung in diese Richtung haben, wie die Vorstandsvorsitzende von Alcatel-Lucent,
Patricia Russo, verkündete: „China wird eine strategische Basis
für unsere weltweite Forschung und Entwicklung. 40 Prozent
unserer Mitarbeiter sind Ingenieure." Die Branche hatte sich
zurechtgerüttelt. Die kleineren Unternehmen haben sich zu
größeren Einheiten zusammengeschlossen. Und alle haben
dabei China stärker ins Zentrum ihrer Aufmerksamkeit gerückt,
indem sie chinesische Partner gesucht hatten. China spielte in
dreifacher Weise eine größere Rolle in ihren Geschäften: als
Absatzmarkt, als Produktionsstandort und als Forschungs- und
Entwicklungszentrum.

Huawei musste einen Gang zulegen. Im Februar 2006 ging
man zusätzlich eine Partnerschaft mit dem amerikanischen
Hersteller Nortel Networks ein, um Hochgeschwindigkeitsaus-
rüstung für den Internetkommunikationsmarkt herzustellen.
Nun war man ausreichend mit westlichen Partnern vernetzt.
Huawei war so gut aufgestellt, dass es sich Ren sogar leisten
konnte, das Joint Venture mit 3Com für 882 Millionen US-
Dollar an 3Com zu verkaufen. Ren sah in dem Geschäft drei
Vorteile: Er kannte sich in dem Unternehmen gut aus, konnte
die Produkte weiterhin günstig einkaufen und hatte nun noch
knapp 900 Millionen US-Dollar mehr, um seine eigenen For-
schungs- und Entwicklungskapazitäten auszubauen. Damit
wollte er das Image des flinken Fälschers loswerden. Über dem

Expansionsdrang vergaß Ren also nicht, seine heimischen Stärken auszubauen. Huawei konnte in der Welt nur etwas werden,
wenn es den Mitarbeitern zu Hause gelang, die Außenposten
mit allem Nötigen zu versorgen.

Neben der Zentrale in der südchinesischen Boomstadt
Shenzhen vor den Toren Hongkongs wurde ein neues R&D-Cen-
ter (R&D steht für Research and Development = Forschung und
Entwicklung) fertiggestellt – ein parkartiger Forschungscampus,
der selbst die besten Komplexe an Amerikas Westküste alt aussehen lässt. 7 000 Ingenieure und Programmierer arbeiten dort
an neuen Produkten. Darunter 200 Inder, die selbstverständlich
eine eigene indische Kantine haben. Auch bei Huawei wandert
die Forschung mit der Sonne. Was Shenzhen bis abends nicht
geschafft hat, wird ins R&D-Center im indischen Bangalore
geschickt, wo noch einmal 500 Spezialisten arbeiten. Danach
wandern die Aufgaben ins Forschungszentrum für Mobil-
technologie in Stockholm oder nach Moskau und landen im
amerikanischen Dallas, bevor die Shenzhener Forscher wieder
aufstehen. Knapp die Hälfte der Mitarbeiter von Huawei sind
Forscher. Die westliche Konkurrenz kommt nur auf einen Anteil
von 20 Prozent und baut aus Kostengründen ab oder verlagert
nach China.

Für den amerikanischen Markt hatte Huawei einen Drei-
stufenplan. Zuerst einen Fuß in die Tür bekommen, dann ein
paar substanzielle Verträge abschließen und schließlich von
den vier Top-US-Telefongesellschaften akzeptiert werden. Das
sind AT&T, Verizon Wireless, Sprint Nextel und T-Mobile USA.
Derzeit befindet sich Huawei zwischen Stufe zwei und drei. Auf
der CTIA Wireless Industry Show in Las Vegas, eine der größten
Messen der Industrie in den USA, investierten die Chinesen hef-
tig in die Bekanntheit ihrer Marke. Huawei war einer der großen
Werbetreibenden. Das Logo war auf Riesenplakatwänden zu
sehen, und im Konferenzsaal ließen die Chinesen Videospots
einspielen. Auch in den Messepublikationen war Huawei nicht
zu übersehen.

Noch fehlt Huawei einer der großen amerikanischen Anbieter in der Auftragsliste. Dass sich keiner traut, hat auch politische Gründe. Als Huawei versuchte, Anfang 2007 einen Anteil
an 3Com zu erwerben, gab es Widerstand in der US-Regierung,

da 3Com auch das amerikanische Verteidigungsministerium beliefert. Huawei gehöre dem chinesischen Militär und habe enge Verbindungen zur Regierung in Peking, lautete der Vorwurf. Wenn, dann ist das nur informell der Fall. Denn Huawei gehört den Mitarbeitern. Die Aktienbeteilungsprogramme ähneln stark denen amerikanischer Unternehmen. Der Gründer Ren hält noch zwei Prozent Anteil.

Womöglich wird Huawei es über den Umweg Europa schaffen, den ersten der vier US-Großanbieter zu überzeugen, auf Huawei-Produkte zu setzen, denn mit der Deutschen Telekom, der das T-Mobile-Netz in den USA gehört, ist Huawei bereits gut im Geschäft. Im Dezember 2007 entschied sich T-Mobile, Netzwerksysteme für Deutschland und vier andere Länder von Huawei einrichten zu lassen. Huawei hatte sich bereits 2001 in Eschborn bei Frankfurt niedergelassen. Die Standorte München, Düsseldorf, Köln und Darmstadt kamen in den letzten Jahren hinzu. Das Startteam waren drei Leute, darunter der ehemalige Deutschlandchef George Xia. „Von Eschborn aus wird der europäische Markt gelenkt, und zu Hause in Shenzhen sind die europäischen Erfolge wichtig, nicht die in England oder Deutschland. Deutschland hatte die günstigsten Bedingungen. Anfang des Jahrzehnts haben wir gemerkt, dass Europa eine wichtige Region für weitere Investitionen ist. Viele der weltweit führenden Netzbetreiber stammen aus Europa, etwa die Deutsche Telekom, France Telecom, British Telecom, Telefónica, Vodafone und so weiter. Solch große Kunden können wir nicht ignorieren, sodass Europa seit 2004 zum Fokus unserer internationalen Entwicklung avanciert ist."

Inzwischen ist Huawei ein wichtiger Arbeitgeber in Deutschland. Allein in der Eschborner Deutschlandzentrale arbeiten 200 Mitarbeiter, in der Europazentrale in Düsseldorf in der Nähe von Vodafone noch einmal 200. Mit den Büros in Nürnberg, München, Bonn und Darmstadt kommt Huawei in Deutschland auf knapp 800 Mitarbeiter. Inzwischen ist das Unternehmen auch mit der Deutschen Telekom ins Geschäft gekommen. Es baut „Cyber to home"-Strecken in Berlin und Dresden.

Die Strategie von Huawei in Europa ist aufgegangen: Es hat vor gut sechs Jahren in der Kreisklasse mit einem Auftrag für das Stadtnetz in Bamberg angefangen und sich über Berlicom

(Regionalliga), QSC (2. Bundesliga), Arcor und O_2 (1. Bundesliga) inzwischen in die Champions League hochgearbeitet, wo es Vodafone und die Deutsche Telekom beliefert. In Europa will es 2008 rund 2,5 Milliarden US-Dollar Umsatz machen.

George Xia hatte sich nach einigen Jahren an Deutschland gewöhnt, auch wenn er 2006 nach Shenzhen zurückgegangen ist, um dort im Hauptquartier seinen neuen Posten als Chef der Führungskräfteentwicklung von Huawei anzutreten. Wenn er an seine Zeit in Deutschland denkt, beeindruckt ihn noch immer die Landschaft am meisten. „Es gibt viele Felder und Bäume sogar in der unmittelbaren Umgebung von großen Städten wie Frankfurt, wo wir unsere Deutschlandzentrale haben. Unsere chinesischen Angestellten genießen das sehr und machen häufig Ausflüge in die Umgebung." Die grüne Landschaft ist nicht unbedingt der stärkste Eindruck, den eine Wirtschaftsmacht wie Deutschland hinterlassen will. „Die Qualität von ,made in Germany' ist in China natürlich auch sehr bekannt, ebenso der deutsche Fußball", beeilt sich Xia hinzuzufügen. „Aber dann habe ich gemerkt, dass die Deutschen lieber italienisches Essen mögen, in Südeuropa Urlaub machen – und nicht besonders viel über das heutige China wissen."

Der Alltag in Deutschland ist für Chinesen nicht ganz einfach. „Einerseits profitieren wir von der wirklich sehr fortschrittlichen Logistik, dem klaren Rechtssystem, den vielen gut qualifizierten Arbeitskräften – und natürlich von den vielen Direktflügen nach China", erläutert Xia. „Andererseits gibt es aber auch einige Schwierigkeiten, zum Beispiel die Sprachbarriere. Die meisten unserer chinesischen Mitarbeiter sprechen kein Deutsch, nur Chinesisch und Englisch. Aber das Englischniveau in Deutschland ist nicht immer besonders hoch. Und es gibt hier viel zu wenig original chinesische Restaurants. Das ist zum Beispiel in Paris besser."

Und nach und nach rückten auch andere Nachteile von Deutschland ins Blickfeld. „Die Bearbeitung von Arbeitsvisa dauert in Deutschland ungefähr zwei Monate. Allein der Brieftransport von und nach China dauert schon auch einmal 18 Tage. In England benötigt ein solcher Antrag lediglich zwei Tage." Die chinesischen Mitarbeiter mussten gleichzeitig den europäischen Markt erobern und sich in ihrem Alltagsleben

einrichten. Die meisten waren noch nie im Ausland und können in Deutschland noch nicht auf eine eigene Infrastruktur
zugreifen, wie etwa die Deutschen in Peking mit eigener Schule,
abgeschlossenen Wohnvierteln, gutem Bäcker und deutschen
Restaurants und einem German Center, in dem man jederzeit
Hilfe bekommen kann.

„Es war nicht ganz einfach", rekapituliert Xia, wenn er auf
die Anfangszeit zurückblickt. „Die Suche nach Appartements
für unsere chinesischen Mitarbeiter war sogar wirklich schwierig. Einige Vermieter haben unsere Anfragen einfach abgelehnt,
mit dem Argument: ‚Wir möchten lieber keine chinesischen
Mieter, die kochen so viel, und es riecht so komisch.' Man kann
ihnen da nicht einmal einen Vorwurf machen – sie hatten
einfach keine Erfahrung mit Chinesen. Und dann hatten wir
Probleme mit den Betten. In China sind die meisten Betten
1,40 Meter breit, aber in Deutschland hat ein Standardbett
gerade 90 Zentimeter. Unsere chinesischen Mitarbeiter haben
sich beschwert, dass ihre Wohnungen so spärlich eingerichtet
waren. Dabei ist es ja eigentlich sehr komisch: Warum reicht
einem 1,90 Meter großen Deutschen ein 90 Zentimeter breites
Bett, während ein 1,70 Meter großer Chinese 1,40 braucht? Das
sind alles Dinge, die man in keinem Businessseminar lernen
kann." Und die nichts mit Routern und Netzwerken zu tun
haben. Aber es sind ernsthafte Probleme, die die Entwicklung
von chinesischen Unternehmen bremsen können.

Bei Huawei wächst der internationale Marktanteil schneller,
als es dem Unternehmen gelingt, Mitarbeiter für die internationale Aufgabe fit zu machen. Anders als bei westlichen Expatriots
sind viele ohne ihre Familie hier, da es keine chinesische Schule
gibt. Oder die Ehefrauen lukrative Jobs im boomenden China
haben, die sie nicht aufgeben wollen. „Meine Frau ist voll be-
rufstätig in China, und daher sind sie und mein Sohn in China
geblieben", erzählt Xia. „Wir haben uns lediglich in den Ferien
gesehen. Aber ich war froh, dass wir uns in dieser Zeit mittels
moderner Telekommunikation häufig unterhalten konnten."

Huawei will einen immer größeren Anteil an deutschen
Mitarbeitern einstellen, die diese Probleme nicht haben. Und
deutsche Kollegen sind einfacher zu bekommen, als Xia anfangs
dachte. „Wegen der vielen Entlassungen ist es in Deutschland

nicht allzu schwierig, erfahrene und qualifizierte Arbeitskräfte
zu finden. Viele unserer Mitarbeiter haben uns sogar von sich
aus angeschrieben." Auch die Hemmschwelle, für ein chinesisches Unternehmen zu arbeiten, sei nicht so hoch wie zunächst
befürchtet. Und wie ist Xia mit dem deutschen Arbeitsrecht
klargekommen? In China gilt nämlich „hire and fire". „Die
rechtlichen Rahmenbedingungen sind in Deutschland sehr
klar, das ist gut. Man kann nach deutschen Gesetzen ja auch
gegenseitige Probezeiten verabreden, und davon machen wir
Gebrauch. Aber generell verfolgen wir eine langfristige Ent-
wicklungsstrategie und ändern unsere Personalstrategie nicht
ständig. Unsere Mitarbeiter können also längerfristig mit uns
planen. Das ist gut für gegenseitiges Vertrauen und Motivation."
Das hat auch damit zu tun, dass Huawei so schnell wächst, dass
jeder Mann gebraucht wird.

Xia hat eine Tischtennisplatte ins Büro stellen lassen. „Sie
werden kaum glauben, wie gut das ankommt. Unsere deutschen
und chinesischen Mitarbeiter kommen hierher, um gemeinsam zu spielen, und während des Spiels können viele Dinge
diskutiert werden, die in den normalen Arbeitsstunden nicht
zur Sprache kommen. Tischtennis ist halt häufig besser als das
übliche Büro-Pingpong."

Die Zahl der zufriedenen Kunden in Europa wächst. „Für
einen weltweit aufgestellten Netzbetreiber ist es eine der größten
Herausforderungen, einen Partner zu finden, der hochqualita-
tive innovative Endkunde-zu-Endkunde-Lösungen zu einem
günstigen Preis anbieten kann", sagt Roberto Saracco, Chef der
Forschungsabteilung der Telecom Italia. „Huawei ist einer der
Anbieter, die dazu in der Lage sind, und es macht großen Spaß,
mit ihm zu arbeiten."

Für Huawei-Chef Ren geht die Expansion nicht schnell genug. Im Mai 2008 sickerte durch, dass der agile Unternehmer
einen Befreiungsschlag plant. Er will einen mehrere Milliarden
US-Dollar großen Anteil an einen nicht näher genannten ausländischen Investor verkaufen, der Huawei helfen soll, sich
noch schneller im internationalen Markt zu etablieren. Der
Verkauf wird von Morgan Stanley arrangiert. Bain Capital und
TPG Capital sind unter den privaten Unternehmen, die mit-
bieten. Doch der Prozess ist noch nicht abgeschlossen. „Seine

Handsets Unit Shipments sind um mehr als 50 Prozent jedes Jahr gestiegen. Daher wird die Versteigerung sicherlich mit großem Wettkampf vonstattengehen, weil jeder ein Stück vom großen Kuchen abhaben möchte", sagt Alvin Kwock, Analyst bei JP Morgan.

Bain Capital gilt derzeit in Expertenkreisen als Favorit, da es gute Beziehungen sowohl zu Morgan Stanley als auch zu Huawei besitzt. Topführungskraft von Bain Capital Asia ist Jonathan Zhu, ehemaliger Chinachef von Morgan Stanley, der schon diverse Telekomdeals betreut hat. Huawei kennt Bain Capital vom gemeinsamen Bieten für 3Com im Jahr 2007, bei dem es schließlich von US-Regulatoren geblockt worden war. Doch die Konkurrenz schläft nicht. Sie alle wollen an dem erfolgreichen chinesischen Unternehmen teilhaben. Ren soll es recht sein, wenn sich die ausländischen Unternehmen um den Anteil streiten. Hauptsache, er erreicht sein Ziel: Huawei international zu einer Marke zu machen, die in einem Atemzug mit Ericsson und Nokia genannt wird.

Mit Mann und Maus

Wie OBI an Millionen chinesischer
Handwerker scheiterte

„[Rechtzeitiges] Weglaufen ist [bei sich
abzeichnender völliger Aussichtslosigkeit]
das Beste"

Wenn Manfred Maus vor dem Fernseher sitzt, kann er sich entspannt zurücklehnen. Der 73-Jährige mit dem vollen schlohweißen Haar hat viel erreicht. „Wer, wo, was weiß OBI" tönt es zu den Klängen des Queen-Songs „We will rock you" aus dem Fernsehlautsprecher. 98 Prozent der Deutschen kennen die Baumarktkette. OBI hat etwa 500 Märkte weltweit, ist der erfolgreichste Baumarkt Deutschlands, die Nummer zwei in Europa und der viertgrößte Baumarkt weltweit – dafür hat OBI-Gründer Maus hart gekämpft. Von 1970 bis 2001 hatte OBI 430 Geschäfte aufgebaut, vor allem in Deutschland, Österreich, Italien und Polen. Doch ein Ziel hat Maus nicht erreicht. Etwas wehmütig ist er noch immer, wenn er an China denkt. Immer mehr westliche Firmen haben in den letzten Jahren einen Standort im Reich der Mitte aufgebaut. Manager reden begeistert über die Chancen, die der riesige Wachstumsmarkt bietet.

Auch Manfred Maus hatte einst das Chinafieber: „China wird in den nächsten Jahren zum größten Markt der Welt werden", sagte der Unternehmer zu Bundeskanzler Gerhard Schröder, als die beiden durch die Reihen gefüllter Regale des ersten Schanghaier OBI-Marktes gleich gegenüber der Transrapidhaltestelle schlenderten. Das war im November 2001. Aus den Lautsprechern schallte Udo Jürgens' „Mehr als die vier Wände, an die man die Bilder hängt". Maus fügte enthusiastisch hinzu: „Was hier geschieht, ist ohne Beispiel." Damit sollte er recht behalten. Tatsächlich war das, was im Folgenden geschah, ohne Beispiel. Mit der Expansion in den riesigen Wachstumsmarkt China hatte der Baumarkt mit dem Biber im Logo sich allerdings übernommen. Dabei schien China für den energischen Macher Manfred Maus das richtige Spielfeld.

Seine Argumente für den Markteintritt gegenüber der Tengelmann-Gruppe, die 63 Prozent an der OBI Bau- und Heimwerkermärkte GmbH & Co. Franchise Center KG hält, waren einfach und überzeugend. Wenn OBI ohnehin schon rund 15 Prozent seiner Produkte in China kaufe und der Anteil immer stärker ansteige, könne man sie auch gleich in China verkaufen. Kunden gebe es genug. Die neue chinesische Mittelschicht erfüllt sich gerade den Traum der eigenen vier Wände, und in China ist es üblich, Wohnungen oder Häuser im Rohbau zu kaufen und den Innenausbau selbst zu übernehmen.

Auch mit konkreten Zahlen konnte Maus die Tengelmann-Gruppe für die Expansion nach China überzeugen: Schanghai zum Beispiel wuchs zu dieser Zeit um 14 Millionen Quadratmeter Wohnfläche jährlich, 200 000 Familien zogen dort jedes Jahr in neue Wohnungen – und gaben durchschnittlich etwa 6 000 Euro im Jahr für Innenausbau und Einrichtung ihrer neuen Häuser aus. Dass Maus nicht der Einzige war, der dies erkannte, fiel bei diesen beeindruckenden Zahlen nicht weiter auf. „Der Chinese kann nach 40 Jahren Kommunismus Eigentum erwerben; das motiviert die Menschen unglaublich", war er überzeugt. In Deutschland dagegen schien der Markt an seine Grenzen gekommen zu sein. „Wir müssen raus aus dem Jammertal", forderte der OBI-Gründer.

Er hatte sich den Markt gut angeguckt und wusste, dass die Chinesen in der Regel keine Heimwerker sind. Außerdem sind Wanderarbeiter aus den Provinzen so preiswert, dass es sich für die meisten nicht lohnt, den Hammer selbst in die Hand zu nehmen. Doch aussuchen wollen die Hausbesitzer die Produkte für ihr neues Heim schon selbst. Nicht „Do it yourself", sondern „Buy it yourself" lautete in China deshalb der Slogan der Marke mit dem Biber.

Im Juni 2000 eröffnete OBI schließlich seinen ersten Markt in der Stadt Wuxi nordwestlich von Schanghai. 40 000 Quadratmeter, etwa 40 000 Artikel samt Gartenmarkt. „Eine Revolution der Wohnkultur" sollte es werden. Doch die „durchschnittlich 10 000 Kunden pro Tag", die der Filialleiter zählte, kauften nicht genug. Die meisten sahen sich nur um. Der Umsatz war geringer als erwartet. 2001 lagen die täglichen Verkäufe bei einem Warenwert von höchstens 60 000 Euro.

„Die Leute brauchen Zeit, Hypermärkte wie OBI zu akzeptieren", sagte Zhong Lijuan, ein Experte der Shanghai Construction Materials Association und erklärte auch, warum: Noch immer kauften die Chinesen lieber billigere Produkte aus kleinen privaten Läden um die Ecke. Marken seien ihnen bei Baumaterial nicht wichtig und die großen Märkte zu unpersönlich. Und man konnte nicht handeln.

Trotz aller Studien und Marktforschung war der erste chinesische OBI in Wuxi letztlich doch eher eine Kopie der deutschen Märkte. Extra nach China geschickte Experten hatten den

Markt so aufgebaut und strukturiert, wie sie es auch hierzulande getan hätten: Der Markt sah genauso aus, es gab dieselben Werbekampagnen, dasselbe Sortiment und Einkaufsambiente sowie ähnlichen Kundenservice. Die Zentrale in Deutschland bestimmte das Management. Tatsächlich war nur wenig an die chinesischen Kunden angepasst, die anders beraten werden wollten als Europäer, nämlich am liebsten von einer Horde Verkäufer mit einem fertigen Wohnkonzept. Die neue Mittelschicht, die Maus so enthusiastisch als seine Kundschaft einkalkuliert hatte, nahm den Markt daher nur mäßig an.

Hinzu kam, dass die chinesischen Konkurrenten wie Home Mart, Home Way und Orient Home das internationale Erfolgskonzept eines Baumarktes schnell abschauten. „Die Läden sehen so aus, als ob wir schon da wären", räumte Bill Paterson ein, Chef des amerikanischen OBI-Konkurrenten Home Depot, und entschied sich daher, nicht in China zu investieren. Auch davon, dass es in Schanghai bereits einige Baumärkte wie Home Mart, B&Q Good Life und andere gab, ließ sich Maus bei seinen Expansionsplänen nicht verunsichern. „Es läuft besser als erwartet", behauptete er. Zwei Jahre nach der Eröffnung des ersten OBI in Wuxi waren es schon vier Filialen im Großraum Schanghai und bis 2005 sollten fünf weitere allein hier dazukommen.

Um die anfänglichen Schwierigkeiten abzuschütteln, beschlossen der damalige OBI-Vorstandssprecher Harald Lux und Maus, chinesisches Know-how einzukaufen. Sie machten Li Fengjiang, einen 33-jährigen in Köln promovierten Chinesen zum Asien- und Einkaufsvorstand des gesamten Unternehmens. Li Fengjiang hatte zunächst ein zweijähriges Training im Hauptquartier und in Baumärkten bekommen, sodass er sich mit Managementstrukturen und Unternehmenskultur vertraut hatte machen können. Der Sohn eines Erdnussbauern, der perfekt Englisch und Deutsch spricht, stimmte das deutsche Konzept auf den chinesischen Markt ab. Er schickte die Experten, die OBI China anfangs beraten und geleitet hatten, nach Hause und ersetzte sie durch ein Team talentierter chinesischer Manager. Er optimierte zusammen mit ihnen die Verkaufsstrategie. „Wenn wir weiterhin alles eins zu eins übertragen hätten, hätten wir verloren", sagte Li.

Fortan bot OBI China den von der neuen Warenvielfalt überforderten Kunden komplette Inneneinrichtungskonzepte. Daher gehörte zum Schanghaier OBI-Markt ein Decoration Service Center, wo die Käufer Rat einholen konnten. Und sie konnten nicht nur die Materialien kaufen, sondern auch gleich die Handwerker mitbestellen. „Das bedeutet, dass wir zum Beispiel das Badezimmer mit dem Installateur verkaufen, der die Möbel beim Kunden einbaut. Ein Drittel des Umsatzes machen wir schon mit diesen Dienstleistungen", erklärte Maus den staunenden Managern zu Hause. Außerdem erfand Li eine für westliches Verständnis ungewöhnliche Form der Kundenwerbung: Er ließ Berater über die zahlreichen Baustellen tingeln, um so gezielt Kunden in die Baumärkte zu locken.

Vor allem aber suchte Li für OBI einen starken chinesischen Partner, der in einer verwandten Branche sehr erfolgreich sein sollte. Im August 2002 gründeten die Deutschen ein Joint Venture mit einem der erfolgreichsten chinesischen Staatsunternehmen und einer der bekanntesten chinesischen Marken, dem Hersteller von Haushaltsgeräten und Unterhaltungselektronik, Haier (zu Haier siehe Seite 181 ff.). Das Unternehmen mit einem Umsatz von 16,2 Milliarden US-Dollar (2007) in über 160 Ländern wird seit seiner Gründung 1984 von Zhang Ruimin geführt, den das US-Wirtschaftsmagazin *Forbes* zu den Top 20 der mächtigsten Wirtschaftskapitäne der Welt zählt. Haier ist seit Jahren der viertgrößte Haushaltsgerätehersteller weltweit und bekannt für gute Qualität. Zhang ist vor allem durch seine eigenwilligen Methoden der Qualitätskontrolle bekannt geworden. Seit einigen Jahren zahlen auf Zhangs Anordnung hin gar die höheren Mitarbeiter 20 Prozent des Produkts, falls die Qualität nicht stimmt. Aber die Rechnung geht auf und das Geschäft läuft.

Das Konzept des Joint Ventures war denkbar einfach: Man würde zusammen 180 Millionen Euro in neue Läden investieren, die sowohl klassische Baumarktartikel als auch Haier-Produkte verkaufen sollten. Gleichzeitig sollten in den OBI-Märkten in Deutschland von nun an Haier-Produkte verkauft werden. Ein Konzept, das später übrigens OBI-Konkurrent B&Q, ein Tochterunternehmen der britischen Kingfisher-Gruppe, übernahm.

Auch die chinesische Konkurrenz guckte sich viel von OBI ab. Dennoch war Maus anfangs mehr als optimistisch, was die Zusammenarbeit mit Haier anging. „100 neue OBI-Märkte in China", war die Vision, die er im November 2002 bei einer Standortveranstaltung seinen atemlosen Zuhörern vorstellte. „China ist der Markt. OBI wird 500 Millionen Euro investieren. Allein in Peking werden wir bis zu den Olympischen Spielen 2008 sechs neue Märkte eröffnen." Anrufer bei OBI-Baumärkten in Schanghai hörten denn auch seit Ende 2002 einen neuen Udo-Jürgens-Song in der Warteschleife. Für das bisherige „Bau dir ein Schloss in den Wolken" hatte Maus eine neue Komposition des deutschen Entertainers bestellt: „Mach dir die Welt, wie sie dir gefällt".

Maus fühlte sich in China in seinem Element, denn die Stimmung war hier viel besser als zu Hause. „China wird in Zukunft der größte Einzelhandelsstandort der Welt. In Deutschland ist die Stimmung gedämpft, um es vorsichtig auszudrücken, wir haben keine Zukunft mehr. In China sind die Menschen ungeheuer fleißig und voller Optimismus", sagte er. In Deutschland war in den Vorstandssitzungen bereits von Krisen und Befreiungsprozessen die Rede. Während er sich in Schanghai euphorisch gab, stellte sich Maus innerlich schon auf ein Umsatzminus in Deutschland für das Jahr 2003 ein. Doch China bot ihm die Hoffnung, seine Verluste durch hohe Gewinne im Ausland kompensieren zu können: „China wird unser wichtigster Auslandsmarkt. Wir werden in zehn Jahren 100 Baumärkte eröffnen: Jeder Baumarkt soll 30 bis 35 Millionen Euro Umsatz im ersten Jahr erwirtschaften. Bei Wachstumsraten von zehn bis zwölf Prozent ist ein Umsatz von einer Milliarde Euro keine Utopie."

Im März 2003 bot Maus sogar bei der Versteigerung für die Namensrechte der Schanghaier Magnetschwebebahn mit. OBI-Express sollte der Transrapid heißen, damit die Marke mit dem Biber in China bekannter werden würde. Aber ein chinesischer Konkurrent zahlte mehr. Im Nachhinein ein Glück. Denn der OBI-Schriftzug auf dem bei den Medien beliebten Hochgeschwindigkeitszug hätte nur offensichtlicher werden lassen, dass der Baumarkt immer weiter hinter seine Pläne zurückfiel. Die Konkurrenz erwies sich als überlegen; die erwarteten Um-

satzzahlen ließen sich nicht realisieren. OBIs Asienvorstand Li
sah nur einen Weg: die Flucht nach vorn. Er wollte noch mehr
und noch schneller investieren.

In Deutschland regte sich Widerstand. Die hektische Expansion passte so gar nicht in die Linie der Tengelmann-Gruppe, die im Ausland nicht noch weiter ins Risiko gehen wollte,
solange nicht abzusehen war, wie sich der Heimatmarkt entwickeln würde. Zwischen 2000 und 2005 hatte das Unternehmen
4,5 Milliarden Euro Umsatz verloren und 35 000 Mitarbeiter
abgebaut. Unternehmenschef und Mitinhaber Erivan Haub,
der sich zunächst ebenso begeistert für die schnelle Chinaex-
pansion ausgesprochen hatte wie Maus und sie als „das Beste,
was OBI tun kann" eingestuft hatte, beschrieb nun die Entwicklung wie die Arbeit eines Gärtners: „Wir haben den Busch
heruntergeschnitten, damit neue Triebe wachsen können."

Der Vertriebsleiter Europa Sergio Giroldi und Asienchef Li
bekamen sich immer mehr in die Haare. Ein Machtkampf, den
Giroldi gewann, weil seine Strategie sich mehr mit den vorsich-
tigen Interessen der Tengelmann-Gruppe deckte. Im Mai 2003
stieg er zum OBI-Vorstand auf.

Li versuchte verschiedene Konzepte. Doch auch mit einer
neuen Lokalisierungsstrategie konnte er sich nicht durchsetzen.
Die für den deutschen Markt eingekauften OBI-Produkte, die
auch in den chinesischen Läden zum Verkauf angeboten wurden, waren vielen Chinesen zu teuer. Während dieses Hin und
Her verlor OBI seinen Vorsprung auf den Konkurrenten B&Q.
Während der fünf Jahre, die OBI in China war, eröffneten die
Deutschen insgesamt 13 Läden. B&Q war schnell bei 23. Doch
vor allem die chinesische Konkurrenz wurde immer stärker,
da sie weitgehend unbeachtet von den westlichen Giganten
deren Konzepte übernehmen konnte, die ihnen sinnvoll erschienen.

OBIs chinesischer Verbündeter, Haier-Chef Zhang Ruimin,
reagierte zunehmend verärgert, als die deutschen Investitionen
nicht wie vereinbart flossen und die Deutschen ständig weiter
hinter B&Q zurückfielen. Es wurde immer deutlicher, dass die
beiden Partner zwar im gleichen Bett lagen, aber unterschiedliche Träume hatten. Während OBI hochwertige Produkte
in guten Geschäftslagen zu hohen Preisen verkaufen wollte,

setzte Haier traditionell auf preiswerte Standorte und vor allem auf günstige Produkte. Li geriet gegenüber seinen deutschen Chefs immer mehr in Loyalitätskonflikte, da er die Strategie des Joint-Venture-Partners für weitaus besser hielt. Als Li schließlich OBI China an der Hongkonger Börse listen wollte, ohne es mit Deutschland abzusprechen, verkrachten sich die deutschen Manager und der ambitionierte Chinese. Die Deutschen hatten Angst, die Kontrolle zu verlieren. Sie warfen Li Alleingänge und chaotisches Management vor. Li wusste tatsächlich genau, dass das Hauptquartier in Deutschland aus der Entfernung nicht viel Einfluss auf OBI China hatte, seit die Experten nach Deutschland zurückgegangen waren und mit ihnen das typische Kontrollsystem. Li behandelte das Joint Venture mehr und mehr wie ein eigenständiges Unternehmen.

Hinzu kam, dass der Baumarkt im Reich der Mitte nicht etwa unter dem Namen OBI China bekannt wurde, sondern vor allem mit dem Namen Li Fengjiang in Verbindung gebracht wurde. Immer geringer wurde der Einfluss der Zentrale, so schien es den Managern im geordneten Wermelskirchen. China war weit weg, Li für sie eine tickende Zeitbombe.

Im März 2004, eineinhalb Jahre nach Gründung des Gemeinschaftsunternehmens, zog OBI schließlich die Notbremse, um die Situation wieder unter Kontrolle zu bringen: Li musste das Unternehmen verlassen. Fünf Vizepräsidenten und das gesamte Einkaufsteam gingen mit ihm. Li kam schon bald problemlos beim chinesischen Konkurrenten Wumart unter. Maus musste erst einmal die Buchhaltung aufräumen. Li hatte ein ziemliches Chaos hinterlassen. Jetzt rächte sich, dass für Li das Vier-Augen-Prinzip nicht gegolten hatte.

OBI hatte sich mit dieser Entscheidung gegen Li ein Eigentor mit dramatischen Folgen geschossen: OBI China stand unvermittelt ohne Führung da. Rasch entsandte deutsche Manager sollten das Eisen aus dem Feuer holen und wieder die gute deutsche Ordnung herstellen. Die Hauruckaktion brachte OBI China zwar wieder sicher zum Unternehmen zurück, aber das Chaos wegen der Umstrukturierung war perfekt. Unruhe brach unter den Mitarbeitern aus, nachdem Li und die chinesischen Manager OBI China verlassen hatten. Das Wachstum stagnierte. Als schließlich Markus Maus, der älteste Sohn von OBI-Gründer

Manfred, das Chinageschäft übernahm, ließ er verkünden, dass OBI daran festhalte, bis 2010 in China 100 Geschäfte zu haben. Realisiert waren zu dem Zeitpunkt erst ganze sieben, weitere acht waren im Aufbau.

Markus Maus sollte das Geschäftsmodell besser an die Kunden anpassen. Schließlich seien die Chinesen völlig anders als die deutschen Kunden, so wieder einmal die Beobachtung des OBI-Chefs Giroldi. „Zusammen mit unserem Partner Haier werden wir in diesem Jahr 100 Millionen Euro investieren", verkündete er im Mai 2004 und betonte, dass das Chinageschäft bereits profitabel sei. Vom deutschen Markt sei aufgrund des harten Wettbewerbs nicht viel Wachstum zu erwarten, so Giroldi. Daher solle die Expansionspolitik in China noch offensiver durchgesetzt werden.

Doch da war Haier-Chef Zhang längst dabei, sich von den unsteten Deutschen zu verabschieden. Die versprochenen Investitionen kamen nicht, und OBI war noch weit von 100 Märkten entfernt, während es sich mit seinen Managementstrukturen befasste. Zhangs Geduld mit den unflexiblen Wermelskirchenern war zu Ende. Er hatte genug schöne Reden gehört und zu wenig Taten gesehen. Dazu kam, dass er über Lis Rauswurf nicht vorab informiert worden war, obwohl Li der Chef des gemeinsamen Joint Ventures gewesen war. Auf einer Heimwerkermesse im Dezember 2004 stellte Haier bereits nur noch seine eigenen Produkte aus. Zhang stellte einen Antrag beim Wirtschaftsministerium, seinen Kapitalanteil aus dem Joint Venture abziehen zu dürfen. Das Wirtschaftsministerium stimmte zu.

Ohne chinesisches Management, ohne chinesischen Partner und angesichts der starken ausländischen und lokalen Konkurrenz gab OBI auf. Man machte die deutsche Konjunkturschwäche für den Rückzug aus dem Zukunftsmarkt verantwortlich. „Ohne eine starke Basis im Heimatmarkt ist eine Internationalisierung kaum erfolgreich zu gestalten", sagte Giroldi. 2004 hatte OBI im deutschen Markt nur um 0,5 Prozent zulegen können. Auch weltweit war der Umsatz nur um 3,1 Prozent auf 6,2 Milliarden Euro gewachsen. Die Zehn-Milliarden-Euro-Marke schien unerreichbar. „Unsere internationale strategische Ausrichtung mit Blick auf einen gezielten und effizienten Einsatz unserer Ressourcen macht diesen Schritt erforderlich", so

Sergio Giroldi damals. „Wir haben uns für Europa, nicht gegen China entschieden", betonte er ausdrücklich.

Die Entscheidung, in das Reich der Mitte zu gehen, war „zukunftsweisend und wichtig", sagte selbst Giroldi. Doch die Zeiten hatten sich geändert. Während einst Maus von den Chancen in China schwärmte, orientierte Giroldi sich bei Entscheidungen nur noch an Fakten und Zahlen.

Und die sprachen gegen eine Fortsetzung des Engagements im Reich der Mitte. OBI schrieb in China rote Zahlen. Nach Brancheneinschätzungen sei die Gewinnspanne nur etwa halb so hoch gewesen wie in Deutschland. Der deutlich niedrigere Kostenblock änderte an dem Grundproblem nur wenig. Einem Jahresumsatz von geschätzten 250 Millionen Euro standen Investitionen von fast 130 Millionen gegenüber. Die erhofften Pioniergewinne konnten nicht eingefahren werden. Um im chinesischen Markt eine kritische Größe zu erreichen, bräuchte es mehr als die von Maus geplanten 100 Märkte, schätzten Experten. Kingfisher veranschlagte etwa die dreifache Zahl.

„Eine zügige und kraftvolle Expansion in China erfordert ein ganz anderes Herangehen", sagte Haub und resümierte, eine kritische Masse in China zu erreichen sei zwar möglich, aber wäre „mit hohen Investitionen verbunden gewesen". Und die wollte Haub nicht zulassen.

Das Risiko war zu hoch geworden. Vor allem ohne die Unterstützung des chinesischen Partners, mit dem es sich die OBI-Manager mit ihrer Unachtsamkeit verscherzt hatten. Auch OBI musste merken, dass man ohne einen chinesischen Joint-Venture-Partner nicht weiterkommt.

Für einen geschätzten Betrag von 160 Millionen Euro verkaufte OBI im April 2005 seine 13 chinesischen Märkte an den Konkurrenten Kingfisher, ebenso die fünf Märkte, die 2005 eröffnet werden sollten. In China mussten die OBI-Kunden denn auch lesen: „Ausverkauf ... Wir danken unseren Kunden für die Unterstützung. Jetzt Schnäppchen ohne Ende. Das sollten Sie nicht verpassen." Der Biber, der für harte Arbeit, Teamwork und außergewöhnliche Überlebensfähigkeiten steht, hatte nach nur fünf Jahren entnervt den Damm im Drachenland aufgegeben, an dem er so lange gearbeitet hatte. Er war vor allem an dem chinesischen Markt gescheitert, der ausländische Unternehmen

trotz reizvoller Aussichten immer wieder ins Schleudern bringt.
Denn die chinesische Konkurrenz hatte parallel zu B&Q immer
mehr Kunden abgeworben und die Preise gedrückt.

Besonders ärgerlich war der Verkauf auch deshalb, weil OBI
und B&Q zur selben Zeit begonnen hatten, den chinesischen
Markt zu erobern. OBI war sogar noch ein paar Wochen früher
dran gewesen. „Man kann es Instinkt nennen oder was auch
immer. Aber vom Tag eins an hatte ich das Gefühl, eines Tages
kaufen wir OBI", resümierte Steve Gilman, CEO des asiatischen
Filialnetzes von B&Q. „Deshalb haben wir von Anfang an Läden
eröffnet, die nicht zu dicht an OBI liegen." Wo gerade noch der
OBI-Biber prangte, stand nun B&Q. Damit verfügten die Briten
bis Ende 2005 über ein Netzwerk von knapp 50 chinesischen
Läden. 2004 hatten sie bereits einen Umsatz von 312 Millionen
Euro erwirtschaftet. 2009 sollen es bereits 80 Märkte in China
sein. Zunächst aber investierte B&Q über 15 Millionen Euro
allein zum Renovieren der OBI-Märkte.

Auch Gilman ist der Ansicht, dass die OBI-Manager zu
lange versucht haben, das europäische Konzept auf China zu
übertragen. „In der Anfangszeit hatten die 20 bis 30 Deutsche
in jedem Laden. Wir haben das nur beim ersten Laden so gemacht und beim zweiten schon lokalisiert." Die Ausstattung der
Baumärkte wurde den lokalen Gegebenheiten angepasst. Die
Lager hatten keine Klimaanlagen, um Kosten zu sparen. „Wir
sind mit einer ‚chinglischen' Version gestartet." Denn Gilman
war von Anfang an klar, dass er nur als Billiganbieter überleben
konnte. OBI inszenierte die Waren aufwendig. „Wir hingegen
haben uns entschlossen, die Läden so einzurichten, dass sie
gerade noch international aussehen, mehr aber auch nicht.
Auch bei den Landnutzungsrechten hatten die OBI-Manager
eine andere, teurere Strategie. Sie haben das Land für 40 Jahre
gepachtet, während wir 80 Prozent nur gemietet hatten. Damit
hatten wir andere Kostenstrukturen." Die meisten OBI-Läden
sollten zudem als eine Art Wahrzeichen allein in der Landschaft
stehen, die von B&Q liegen meist in den Erdgeschossen von
Hochhäusern, wo man billig mieten kann. Auch das haben sich
die Chinesen längst abgeschaut.

Gilman ist überzeugt, dass Li, den er im Übrigen sehr be-
wundert, eine Fehlbesetzung war. „Er hatte sehr europäische

Managementmethoden. Wir haben von Anfang an versucht, mit lokalen Chinesen ein lokales Geschäft aufzubauen. Unsere Expats sollten von den Chinesen lernen und nicht umgekehrt." Ein weiterer großer Unterschied zwischen den beiden europäischen Heimwerkermärkten bestand in den angebotenen Produkten: OBI hatte zum Beispiel skandinavische Holzhütten mit eingebauten Saunas im Programm, die nicht nur sehr teuer waren, sondern auch nicht den lokalen Gepflogenheiten des Massenkonsumenten entsprachen. Aber OBI hatte auch Vorteile im Vergleich zu B&Q. Die Auswahl an preiswerten deutschen Werkzeugen kam so gut beim Kunden an, dass die Engländer sie im Sortiment beließen.

Doch auch B&Q blieb mit seinen hochfliegenden Expansionsplänen stecken. „Mein erstes Ziel waren die ersten 50. Nun sind die nächsten 50 dran", sagte Gilman noch 2006. Ursprünglich wollte er bis Ende 2008 knapp 80 Läden eröffnet haben, aber bei 60 ging dem Unternehmen die Luft aus. Die Shops warfen so wenig ab, dass die Briten anfingen, ihre Lieferanten nicht mehr zu bezahlen. Im September 2007 häuften sich Beschwerden in der chinesischen Presse. Im Juni begann B&Q sich zu wehren. Die Briten verklagten einen Zulieferer wegen übler Nachrede.

Gilman sah sich als Teil einer großen historischen Entwicklung. „Das 19. Jahrhundert war das Jahrhundert der Engländer, das 20. Jahrhundert das der Amerikaner und dieses Jahrhundert ist das Jahrhundert der Chinesen." Damit hatte er auch die Antwort auf die Frage gegeben, warum weder die Engländer noch die Deutschen in diesem Markt erfolgreich sind, sondern zuallererst die Chinesen. 2009, so hoffte der CEO der Muttergesellschaft, Ian Cheshire, werde B&Q wieder profitabel sein. „Wir haben eine führende Position, allerdings ohne die regelmäßigen Einnahmen, die wir dringend brauchen." Und: „China bleibt ein wichtiger Markt für uns."

Inzwischen jedoch mehren sich die Anzeichen, dass auch B&Q sein Chinageschäft loswerden will. Die amerikanische Baumarktkette Home Depot, die größte der Welt, ist im Gespräch. Die Amerikaner sind erst seit Dezember 2006 im Markt. Um zu ihren westlichen Konkurrenten aufschließen zu können, haben die Amerikaner für 100 Millionen Euro Home Way gekauft, die größte chinesische Baumarktkette. Home Way hat zwölf Läden in sechs Städten. Doch immer mehr kristallisiert sich heraus, dass die chinesischen Baumarktketten den Westlern die Marktanteile abnehmen. B&Q gerät immer mehr unter Druck. Die Läden in Taiwan und Korea wurden verkauft. Das Hauptquartier Asien in Hongkong wird geschlossen. Und in China wurden fünf der 64 Läden zugemacht. Sie allein haben 6,3 Millionen Euro Verluste eingefahren. Drei chinesische Läden wurden verkleinert. Vor allem die neuen Gesetze, die das Verhältnis zwischen Groß- und Einzelhandel regeln, führen dazu, dass B&Q im Preiskampf die Hände gebunden sind. Ein Fall von Kokubinenwirtschaft, mit dem die Regierung versucht, ihre eigene Industrie zu schützen. Allein im ersten Quartal 2008 haben die chinesischen Läden von B&Q zehn Millionen Euro Verlust gemacht. OBI scheiterte im chinesischen Markt, B&Q ist im Abstieg, und Chinesen in der Branche spekulieren schon darauf, irgendwann die ehemaligen OBI- und B&Q-Filialen einzugliedern. Es ist nur eine Frage der Zeit. Die beliebten Werkzeuge haben sie längst im Sortiment, wenn auch nur als Kopie.

Während sich die Home-Depot-Manager wundern, wie anders der chinesische Markt funktioniert, und die B&Q-Manager sich mit den Grenzen des Wachstums in China beschäftigen müssen, scheinen die von OBI ihre Niederlage im chinesischen Markt bereits vergessen zu haben. Sie konzentrieren sich jetzt auf Russland als wichtigsten Auslandsmarkt. Nichtsdestotrotz warb OBI 2007 ganz im Chinatrend in einem deutschen Werbespot mit der Großen Mauer, auf der eine junge chinesische Fremdenführerin mit Sonnenschirm lächelnd erzählt: „Jetzt Sie sehen Chinesische Mauer, welche heißt im Original: Zhōngguó Chángchéng für unvorstellbar lange Mauer. Aber auch unvorstellbar dumme Mauer. Denn hätte Mauerbauer gebaut mit OBI, hätte kassiert fünf Prozent Bonus! Danke."

QQ ohne IQ

Wieso mit Chery
nicht gut Kirschen essen ist

 „Das Wasser trüben, um die [ihrer klaren
Sicht beraubten] Fische zu fangen"

Wann werden wir chinesische Autos bei Aldi an der Kasse finden? Ein Auto der Fox-Klasse für 3 499 Euro mit vier Türen, Navigationssystem und Airbags. Zu bezahlen per EC-Karte. Geliefert wird einmal die Woche freitags per Tieflader auf den Aldi-Parkplatz, solange der Vorrat reicht. Kein Händlernetz, keine aufwendigen Marketingkampagnen und keine Neuwagenvorstellung in der Sahara oder am Südpol. Diese Woche gibt es nur noch rote, die weißen sind aus. Wenn man dem Nürnberger Meinungsforschungsinstitut Puls folgt, sind die Kunden schon darauf eingestellt. Mehr als ein Viertel der deutschen Autokäufer können sich vorstellen, ein chinesisches Fabrikat zu kaufen. In anderen europäischen Ländern, in denen die Autokultur weniger national gefärbt ist als in Deutschland, ist die Bereitschaft sogar noch größer. In Schweden interessieren sich bereits zwei Drittel der Autohändler dafür, chinesische Fahrzeuge in ihr Angebot aufzunehmen.

Wie man Autos baut, haben die Chinesen sich in anderthalb Jahrzehnten als Joint-Venture-Partner internationaler Branchengrößen abgeguckt. Nun sind die Lehrjahre vorüber, und die Chinesen wollen mit eigenen Marken international Fuß fassen. Führend in dieser Entwicklungsphase ist Chery. Das erst zehn Jahre alte Unternehmen aus der Provinz Anhui ist der größte private chinesische Automobilhersteller. 2006 verkaufte Chery 310 000 Autos, davon wurden 40 000 exportiert – überwiegend in Entwicklungsländer. Die ersten waren 2002 nach Syrien verschifft worden. In China, dem nach den USA zweitgrößten Automarkt der Welt, hatte Chery 2006 einen Marktanteil von knapp sieben Prozent und erzielte einen Gewinn von 40 Millionen Euro nach Steuern.

Im Jahr darauf verkaufte das Unternehmen bereits 381 000 Autos, also rund 25 Prozent mehr. 2008 sollen es dann schon 480 000 sein. Eine im chinesischen Markt nicht unübliche Steigerungsrate.

Eine Steigerungsrate, die von den großen westlich-chinesischen Gemeinschaftsunternehmen angetrieben wird. Wie dem Joint Venture des größten europäischen Herstellers Volkswagen mit der Shanghai Automotive Industry Corp. (SAIC), des amerikanischen General Motors ebenfalls mit SAIC, des japanischen Toyota mit der FAW Group oder des koreanischen Hyundai mit

Beijing Automotive Holdings. Als unabhängiger chinesischer Hersteller in diesem Umfeld mitspielen zu können ist schon erstaunlich. Auch wenn das erfolgreichste Joint Venture auf jährliche Stückzahlen von etwa einer Million kommt. Immerhin wuchs auch Cherys Marktanteil 2007 weiter auf immerhin 7,5 Prozent im chinesischen Markt.

Insgesamt stieg der chinesische Autoverkauf 2007 um 37 Prozent auf 3,8 Millionen Fahrzeuge. 2020 sollen es bereits 23 Millionen Autos sein. In den verbleibenden zwölf Jahren werden sich die Autohersteller durchsetzen müssen, die in der Spitzengruppe mitspielen wollen. Der Schwerpunkt des Autoweltmarktes wandert nach Osten. Und dort, wo verkauft wird, wird auch produziert. Importiert werden in China nur noch fünf Prozent der Verkäufe, fast ausschließlich Luxuskarossen. Das Reich der Mitte konnte seine Produktionszahlen im vergangenen Jahrzehnt um 1 600 Prozent steigern. Und dabei hat der Autoboom in China noch nicht einmal begonnen. Während es erst weniger als 30 Autos pro 1 000 Chinesen gibt, kommen die Deutschen auf knapp 600. Und die Amerikaner sogar auf knapp 800. Die chinesischen Hersteller sind euphorisch, bei den westlichen Herstellern herrscht hinter der Fassade des Zweckoptimismus jedoch große Sorge. Zwar hört man immer wieder Erfolgsmeldungen aus China, doch meist nur darüber, dass man seinen eigenen Verkaufsrekord geschlagen hat. Die Margen fallen. Und natürlich wird die chinesische Regierung alles dafür tun, dass ihre Unternehmen ein möglichst großes Stück von dem Kuchen abbekommen.

Schon heute herrscht in der Automobilbranche Chinas „Konkubinenwirtschaft": Jeweils mehrere Automobilhersteller sind unter dem Dach einer chinesischen Muttergesellschaft zusammengefasst und müssen – wie einst die Konkubinen um die Gunst des Kaisers – um deren Wohlwollen buhlen. SAIC beispielsweise zeigt sich bei VW verstimmt, weil der zweite Partner, General Motors (GM), 2006 knapp sieben Prozent mehr verkaufte als Volkswagen, obwohl GM erst seit 1997 im Markt ist, während Volkswagen einen Vorsprung von zwölf Jahren hatte. FAW, das Autounternehmen der Zentralregierung im Norden, ist verärgert, dass sowohl Volkswagen als auch General Motors in Schanghai jeweils mehr verkauften, als FAW mit

Volkswagen stemmt. Dementsprechend verteilen die Chinesen
Aufmerksamkeit und Streicheleinheiten. Ist Volkswagen in der
Vorderhand, wird GM unter Druck gesetzt – und umgekehrt.
Die SAIC-Chefs hatten Ende 2005 sogar dem Chinachef von
General Motors ein Angebot gemacht. Er wechselte prompt
die Fronten und entwickelt nun für die Chinesen ein eigenes
Fahrzeug. Und das ist der zweite große Trend: Die Muttergesell-
schaften stellen sich immer mehr auf die eigenen Beine. SAIC
konzentriert sich beispielsweise darauf, das eigene Fahrzeug
Roewe im Markt zu etablieren. 2006 hatte sie das Know-how
des britischen Herstellers Rover übernommen. Bereits 2002
hatte SAIC einen 20-Prozent-Anteil von Daewoo Motor erworben und 2004 für 500 Millionen US-Dollar den koreanischen
Geländewagenhersteller SsangYong Motor.

Japaner, Koreaner, Amerikaner und Europäer zittern gemeinsam vor den Chinesen. 2004 hatten diese lediglich einen
Marktanteil von 10,4 Prozent, im vergangenen Jahr waren es
schon 25 Prozent. Und die Chinesen lernen fleißig von den
ausländischen Herstellern. Chery-Chef Yin Tongyao hat einen
Lieblingsslogan: „Lerne Kostenkontrolle von Japanern, Ver-
wegenheit von den Koreanern, technologische Sorgfältigkeit
von Deutschen und Marketingstrategien von den Amerikanern." International aufgefallen ist der chinesische Hersteller
allerdings zuerst durch sein unfaires Spiel. Denn lernen heißt
zuweilen auch klauen. Mit den Urheberrechten nahmen es die
Aufsteiger nicht so genau.

Das erste Erfolgsmodell von Chery basierte zum großen Teil
auf illegal erworbenen Originalteilen des Jetta von Volkswagen. Kein Wunder, Yin war zwölf Jahre der General Manager
der Jetta-Fabrik in Schanghai. Besonders frustrierend für die
Deutschen: Ihr Joint-Venture-Partner SAIC, der zu 20 Prozent
an Chery beteiligt ist, war offensichtlich in den Diebstahl ein-
geweiht. Im Kopieren optimierte Yin erheblich. Die Branche
munkelt darüber, dass es Yin gelungen sei, die Produktionskosten 30 Prozent unter den Industriedurchschnitt zu drücken.
Und er war in der Lage, die Produktionsanlagen um 20 Prozent
billiger zu bauen als die Konkurrenten in den ausländisch-chi-
nesischen Joint Ventures. Um sich nicht zu verzetteln, fing Yin
mit nur einem Modell an, dem besagten Jetta. Zum Leidwesen

der Wolfsburger war die „deutsche Qualität zu chinesischen Preisen" bei chinesischen Kunden sehr beliebt.

Doch Yin brauchte mehr Know-how. Da kam es ihm gerade gelegen, dass Volkswagen entschied, seine Forschungs- und Entwicklungsabteilung in Deutschland zu zentralisieren. Die langjährigen chinesischen Entwickler bekamen Frühpensionierungsangebote, nahmen sie an und wechselten zu Chery. Und Yin kaufte sich zu zwei Dritteln in die Jia Jing Corporation ein, ein junges chinesisches Autodesignunternehmen, das fünf Designer gegründet hatten. Ihren ersten Erfolg landeten sie, als sie den Elysee mitentwickelten, ein Auto des Joint Ventures zwischen Citroën und der Dongfeng Motor Group. Dabei haben sie sich von ihren französischen Kollegen einiges abgeschaut. „Mit der Hilfe unserer französischen Freunde haben wir Tag für Tag mehr Erfahrungen über modernes Autodesign gewinnen können", sagt Shen Haojie, einer der Gründer des Unternehmens. „Ich hatte das Gefühl eines Fans, der Michael Jordan trifft."

Shen kaufte nach der Übernahme durch Chery noch 20 Designer ein. Nun ist das Team erst einmal ordentlich aufgestellt. Um den Fahrzeugen den letzten Schliff zu geben, engagierte Yin das italienische Designunternehmen Bertone & Pininfarina. Denn Yin weiß, den Chinesen kommt es vor allem auf das Aussehen der Fahrzeuge an. Technische Raffinessen, die man nicht sieht, nicht recht nutzen kann und die sich erst ab 160 Stundenkilometer bemerkbar machen, interessieren sie nicht sonderlich. Außerdem ist Yin überzeugt, dass ein preiswertes Fahrzeug mit gutem Design in den internationalen Märkten große Chancen hat, selbst wenn es technisch ein wenig hinterherhinkt. Und nach Expertenschätzungen kommt Chery auf diesem Weg mit nur 13 Prozent der Designkosten aus, die die westliche Konkurrenz aufbringen muss.

Auch in anderen Bereichen der Autoentwicklung investiert Yin in ausländische Experten. Von Ford hat er einen Forschungs- und Entwicklungsdirektor abgeworben, der an einer amerikanischen Universität promoviert hat und acht Jahre in Japan Erfahrungen sammeln konnte. Das Kostenmanagement hat ein Deutscher übernommen, mit fast 40 Jahren Berufserfahrung bei Volkswagen. Und auch die Motoren kaufte Yin nicht irgendwo ein, sondern entwickelte sie selbst. Die ersten Ma-

schinen bezog er 2002 noch von Ford, als das US-Unternehmen
seine Fabrik in England schloss. Dann ging er eine Partnerschaft
mit dem österreichischen Motorentwickler AVL ein. Heraus
kamen 18 verschiedene Modelle. Die ganze Palette von Drei-
Zylinder-Einfachmotoren bis hin zu V8-Maschinen – und alle
gleich auf Euro-4-Standard getrimmt. Kaum waren die Motoren
entwickelt, investierte Yin 350 Millionen US-Dollar in eine Produktionsstätte, die 500 000 Stück im Jahr herstellen kann. 200
Ingenieure aus acht Ländern arbeiten kontinuierlich daran, die
Motoren zu verbessern. Als Yin diesen Schritt wagte, schüttelte
die gesamte Branche den Kopf. Doch die Investition sollte sich
auszahlen, wie wir gleich noch erfahren werden. Mit einem
taiwanesischen Unternehmen gründete Yin ein Joint Venture,
um die Produktion der Formen zu optimieren, die man braucht,
um die Metallteile herzustellen. Und so nimmt sich Yin einen
Bereich nach dem anderen vor, um seine Unternehmen dauerhaft kostengünstiger werden zu lassen als die Konkurrenz.

Auch Yins chinesischer Konkurrent Li Shufu sieht in den
Kosten den größten Wettbewerbsvorteil. Er baute das südlich
von Schanghai ansässige Autounternehmen Geely auf, das
Chery auf den Fersen ist und es 2007 mit einem Marktanteil von
vier Prozent immerhin auf knapp 300 000 verkaufte Fahrzeuge
gebracht hat. „So wie Toyota, Nissan und Hyundai sind wir nur
über den Preis wettbewerbsfähig", meint Li Shufu mit Blick auf
die deutsche Hightech-Konkurrenz, „doch genau darin kann
uns kein anderes Land der Welt schlagen. Da haben wir einen
absoluten Vorteil." Geely begann ursprünglich als Komponen-
tenhersteller für Kühlschränke, baute ab 1994 Motorräder und
begann erst 1997, Autos zu entwickeln. Zur Produktpalette des
Unternehmens gehört neben soliden Klein- und Mittelklassewagen ein schneidiger Sportwagen namens Beauty Leopard.

Wie die Jetta-Kopie gezeigt hat, ist Chery-Chef Yin Tongyao
bereit, mit harten Bandagen zu kämpfen, wenn es um Fragen
der Urheberrechte geht. Chery hat sich noch einen zweiten
Streich geleistet, um sich aus dem Dickicht der mehreren
Hundert Autohersteller an die Spitze zu boxen. Und damit den
ersten Preis für Unverschämtheit verdient. Schon vor einigen
Jahren – angeblich, als er einen ehemaligen Daewoo-Manager
einstellte – bekam Yin einen Satz CAD-Files zugespielt: mit

Konstruktionszeichnungen für einen pfiffigen Kleinwagen des südkoreanischen Konkurrenten, der Ende der 90er-Jahre unter der Führung des heutigen Aston-Martin-Vorstandsvorsitzenden Ulrich Bez entworfen worden war, der als Chef der Fahrzeugsparte von Daewoo eine komplette Modellpalette entwickelt hatte.

Als Daewoo 2000 pleiteging, wurde die Fahrzeugsparte von GM übernommen. Yin ließ das Fahrzeug dennoch bauen. Und so kam es, dass Chery 2003 ein Fahrzeug unter dem Markennamen QQ auf den chinesischen Markt brachte, das mit dem Modell Spark der GM-Marke Chevrolet identisch war. Das Ärgerliche: Der viertürige QQ ist mit einem Einstiegspreis von umgerechnet nur 3 200 Euro eines der bestverkauften Modelle auf dem chinesischen Markt. 2006 setzten die Chinesen 132 000 Stück ab. 2007 bereits 170 000. Das Original, das GM für den doppelten Preis anbot, wurde hingegen verständlicherweise ein Flop. Bei GM war man empört. Und es kam noch schlimmer. Der QQ wurde zudem zum Exportschlager in Asien. In Vietnam beispielsweise ist der Kleinwagen das gängigste Taxi. Immer wieder schauten die Kunden bei GM-Werkstätten vorbei, wenn der Wagen muckte. Und manch chinesischer Werkstattbesitzer schickte die Kunden nicht weg, sondern nahm den Auftrag an. Geschäft ist Geschäft. Technisch war das kein Problem. „Unsere Türen passen genau in den Rahmen der Kopie", so ein General-Motors-Manager.

Als die Schelme von Chery den QQ auch in den Vereinigten Staaten anbieten wollten, war für GM das Maß voll. Im Dezember 2004 verklagte GM Chery – und war gezwungen, klein beizugeben. Der politische Schaden im chinesischen Markt wäre zu groß geworden. Außerdem hatte GM es versäumt, das Außendesign für den Spark auch in China schützen zu lassen, während Chery inzwischen ein Patent für das Außendesign des QQ hielt. Chery darf also weiter den Kleinwagen von General Motors kopieren. Darauf einigten sich die beiden Unternehmen im November 2005 in einer außergerichtlichen Vereinbarung.

Eine historische Niederlage für die westliche Autoindustrie. Damit hatte sich Yins unverschämter Coup gelohnt. Er hatte zu Recht darauf gesetzt, dass GMs Spielraum für eine Patentrechtsklage äußerst gering sein würde. GM würde es nicht auf einen jahrelangen Konflikt mit den zentralen Wirtschaftsplanern anlegen, um sein Joint Venture mit SAIC und seine Expansion im hart umkämpften chinesischen Markt nicht zu gefährden. Nur einen Punkt konnten die Amerikaner durchsetzen: Den Namen Chery dürfe Yin in den USA nicht benutzen. GM hatte geltend gemacht, dass der Name zu nah an Chevy liege, der Abkürzung für Chevrolet. Das machte Yin jedoch nichts aus, da in den USA ohnehin niemand die Marke Chery kennt. Die Autos sollten unter dem Namen Visionary verkauft werden. Nomen est omen. Cherys US-Vertriebshändler Malcolm Bricklin, der schon Subaru und den jugoslawischen Yugo in den US-Markt einführte, nannte Chery bereits den „nächsten Toyota". Doch Anfang 2007 überkamen Chery-Chef Yin Zweifel, ob dies die richtige Strategie ist, denn der Yugo hatte im sehr reifen amerikanischen Markt keine Chance gehabt. Er begann sich nach internationalen Partnern umzuschauen.

Chery exportiert mittlerweile in fast 50 Länder. Nun will das Unternehmen drei eigene Produktionsstätten im Ausland aufbauen: im Mittleren Osten, in Osteuropa und Südamerika. Bis 2009 soll ein Werk in der westrussischen Stadt Kaliningrad mit einer Kapazität von 200 000 Autos produktionsbereit sein. Selbst wenn sich dieser Plan um zwei Jahre verzögern sollte, früher oder später bekommen die Chinesen das hin.

Zusammen mit internationalen Ingenieuren und Zulieferern und mit finanzieller Unterstützung der Pekinger Regierung ist Chery dabei, bis Ende 2008 fünf verschiedene Modellreihen mit um die 40 Fahrzeugtypen zu entwickeln, darunter Zweitürer, Viertürer und Sportwagen. 2010 soll die Eine-Million-Marke verkaufter Autos gerissen werden. Mit der Suche nach einem Partner stieß Yin gleichzeitig die nächste Entwicklungsphase der chinesischen Autoindustrie an: Nicht mehr Partner, von denen man lernt, wie man Autos herstellt, stehen nun im Fokus, sondern solche, die den Vertrieb der eigenen Fahrzeuge in der westlichen Welt vorantreiben: Vertriebspartnerschaften.

Vorübergehend mag man die Autos noch gemeinsam entwickeln. Doch das Übergangsstadium wird weniger lange anhalten, als die westlichen Hersteller ohnehin befürchten. Noch vor ein paar Jahren hatten sie sich nicht vorstellen können, dass einer der Ihren die Fahrzeuge der chinesischen Konkurrenz

vertreibt. Aber genau dazu müssen sich die westlichen Auto-
mobilproduzenten, die zu schwach auf der Brust sind, nunmehr
verdingen. Im Juli 2007 war es erstmals so weit. Chrysler kündigte an, bereits sechs Monate später das Chery-Auto A1 in den
USA unter der Marke Dodge zu verkaufen. Ein Riesengeschäft
für Yin. In China kostet das Fahrzeug umgerechnet 5 000 Euro.
Viel teurer sollte es im amerikanischen Markt auch nicht sein.
Chrysler jedenfalls hat sich ein Ziel gesetzt, und wird damit den
brutalen Preiskampf in den USA weiter anheizen: Sie wollten
das Auto für die Hälfte des Preises anbieten, zu dem sie eigene
Fahrzeuge in den Markt stellen. Doch ganz so einfach war die
Umsetzung des Plans nicht, auch wenn er noch so vielverspre-
chend ist.

Beide Unternehmen haben etwas davon, auch wenn die
Chinesen schon mittelfristig am längeren Hebel sitzen. Für
Chery ist es ein Umsatzbringer und die Möglichkeit zu testen,
wie sich seine Fahrzeuge im Markt bewähren. Und für Chrysler
die einzige Chance, die an Toyota und Honda verlorenen Marktanteile wieder wettzumachen. Toyota hatte 2006 erstmals mehr
Autos in den USA verkauft als Chrysler. Das angeschlagene US-
Unternehmen hat nicht mehr das Geld, um eine eigene kleine
Plattform zu entwickeln. Deshalb *möchte* Chrysler nicht nur,
sondern *muss* zukünftig weltweit Chery-Modelle verkaufen.
Tom LaSorda kündigte vollmundig an, dass man schon Ende
des Jahres 2007 vor allem in Lateinamerika und Osteuropa
damit beginnen werde. Man denke auch darüber nach, dass
die Unternehmen sich aneinander beteiligen. Ein Überlebens-
modell für die Schwachen der westlichen Autoindustrie? Im
Mai 2007 hatte Daimler in einem Notverkauf 80,1 Prozent von
Chrysler zum Preis von 7,4 Milliarden US-Dollar an das New
Yorker Investmenthaus Cerberus Capital Management verkauft,
nachdem Chrysler im Jahr zuvor 680 Millionen US-Dollar Verlust gemacht hatte.

Für Chery könnte Chrysler einen willkommenen Steigbügel-
halter für die Eroberung der internationalen Märkte abgeben.
Aus dem Mund von LaSorda hört sich das folgendermaßen an:
„Als Teil von Chryslers Globalisierungsstrategie entwickeln
wir neue Wege, um Autos in den Markt zu bringen – schneller,
effizienter und zu geringeren Kosten, aber mit gleich hohen

Qualitätsstandards." Mit aller Kraft versucht LaSorda, das Unternehmen in den Top Ten der Weltautoindustrie zu halten. Das geht nur mit China. Aber auch die chinesischen Hersteller stehen unter Erfolgsdruck. Die Profitmargen sind seit 2003 von neun Prozent auf 3,1 Prozent im Jahr 2007 gesunken. Volumen ist nunmehr überlebenswichtig. Und deshalb kann man die internationalen Märkte nicht mehr ignorieren.

Chery hat also trotz steil wachsender Absatzzahlen keinen Grund, übermütig zu werden. Der Aufstieg war steinig. Chery-Chef Yin sah sich 2005 zur ersten großen Rückholaktion eines chinesischen Autoherstellers gezwungen. Das Problem war so klein, dass es geradezu peinlich ist: Im Mittelklassewagen Oriental Son ging die Beleuchtung des Schminkspiegels in der Sonnenblende auf der Beifahrerseite nicht automatisch aus und leerte binnen Stunden die schwache Autobatterie. Und aus der zunächst groß angekündigten Teilnahme an der IAA im September 2005 wurde letztlich doch nichts, da Chery sich sorgte, wegen Technologieklau im strengen Autoland Deutschland belangt zu werden.

Schminkspiegel und kleinliche Gastgeber werden den Aufstieg des Unternehmens, das sich das japanische Managementsystem genau anschaut, nur bremsen, nicht aufhalten. Es sieht ganz danach aus, als wäre es die richtige Entscheidung gewesen, auf die Exporte zu setzen. Im Jahr 2007 haben sich die gesamten Autoexporte aus China mehr als verdoppelt, wenn auch auf eine noch relativ bescheidene Stückzahl von 612 700. Doch es geht weiter steil bergauf. Allein im Mai 2008 wurden 42 000 Fahrzeuge exportiert – eine Steigerung um 80 Prozent im Vergleich zum Mai 2007.

Zu Beginn des Jahres 2008 zeigte sich allerdings, dass es nicht ganz so einfach ist, Autos im amerikanischen Markt zu verkaufen wie im chinesischen oder in Ländern wie Vietnam, Venezuela oder Nigeria. Die Kunden warteten vergeblich auf die Billigfahrzeuge. „Das gemeinsam entwickelte Auto genügt noch nicht Chryslers Sicherheitsansprüchen", sagte Phil Murtaugh, Chef von Chrysler Asia auf der Motorshow im April in Peking kleinlaut. Murtaugh weiß, wovon er spricht, er hat zuvor für GM das Chinageschäft aufgebaut. „Weil das Auto klein ist, ist die Sicherheit eine große Herausforderung", so Murtaugh weiter. „Wir müssen keine großen Veränderungen mehr vornehmen, aber stehen noch vor technischen Herausforderungen an kleinen Teilen des Autos. Wir sind nicht mehr weit vom Ziel entfernt." Auch Chery-Chef Yin Tongyao schlug vorsichtigere Töne an: „Wir dürfen nicht zu schnell in solche Märkte gehen." Nordamerika und Europa sind „sehr reife Märkte. Wir sollten uns nicht zu viel vornehmen." Dennoch steht der Plan.

In den weniger entwickelten und nicht so übersättigten Märkten hat Yin bisher mehr Glück. Im September 2007 hatte Senegals First Lady Vivian Wade ein Programm namens Taxi Sister ins Leben gerufen, das dazu beitragen soll, dass in dem muslimischen Land mehr Frauen als Taxifahrer arbeiten. Und kein anderer als Chery stellt dafür die Taxis. Nur einen Monat später schloss Chery ein weiteres bahnbrechendes Geschäft ab: Fiat kauft Chery-Motoren für seine Fahrzeuge. Die Chinesen liefern den Italienern 100 000 1,6- und 1,8-Liter-Motoren pro Jahr, die auch in den in Italien hergestellten Fahrzeugen eingebaut werden. „Diese Vereinbarung wird unsere internationale Wettbewerbsfähigkeit stärken", freute sich Yin. Und Fiat-Chef Sergio Marchionne verriet: „Wir denken über weitere Kooperationen nach." Und auch in innovativeren Bereichen ist Chery auf dem Vormarsch: Pläne für ein Hybridfahrzeug hatte Chery bereits 2006 bekannt gegeben. Pünktlich 2008 konnten die Autos der Öffentlichkeit vorgestellt werden. Der Chery A5 mit Hybridmotor aus der Ökoserie „Oasis" war das offizielle Auto der Olympischen Spiele und stellte immerhin 50 Fahrzeuge der Olympia-Flotte. Entwickelt wurden die Autos zusammen mit dem britischen Zulieferer Ricardo auf Basis des Chery A5. Die neuen Hybridmodelle sollen noch Ende 2008 in Serie gehen und sowohl für den Heimatmarkt als auch für den Export hergestellt werden.

Die Chinesen werden ein ernst zu nehmender Player in der Autoindustrie. „Die Japaner und die Südkoreaner hatten am Anfang ähnliche Probleme und haben sie auch gelöst", sagt Jack Nerad, Marktanalyst für Kelley Blue Book in Irvin, Kalifornien. Es wäre naiv zu glauben, die Chinesen bekämen das nicht hin." Und sie werden die Autos nicht zuletzt aufgrund der Volumen unschlagbar preiswert anbieten können. Was in China passiert, hat nicht nur Folgen für die deutsche Autoindustrie, sondern generell für Deutschland. Die besten Zeiten hat unsere Industrie – zumindest im Inland – bereits hinter sich. Der Autobau werde deutlich schwächer wachsen als die anderen Branchen und mittelfristig keine neuen Arbeitsplätze im Inland schaffen, so das Ergebnis einer Studie der Unternehmensberatung McKinsey unter dem Titel „Deutschland 2020", die im Frühjahr 2007 veröffentlicht wurde.

Nach einer Studie des Center Automotive Research (CAR) der Fachhochschule Gelsenkirchen im Februar 2008 montieren die deutschen Autobauer nur noch rund ein Drittel ihrer Pkw in Deutschland. Der Rest passiert im Ausland, die Hersteller verlagern aus Kostengründen vor allem nach Asien, Osteuropa und Amerika. Der Deutschlandanteil an der Weltproduktion von VW, Mercedes, BMW und Porsche, Ford Europa und Opel liege bei durchschnittlich 33,4 Prozent und werde zukünftig weiter stark sinken, so die Studie. Bei Porsche werden noch 74 Prozent in Deutschland montiert, bei VW hingegen liegt der Anteil nur noch bei 36,7 Prozent. Die VW-Marke Audi sticht zwar hervor mit einem Anteil von knapp 80 Prozent, bei den VW-Marken Seat und Škoda hingegen liegt der Deutschlandanteil bei null Prozent.

Bei den deutschen Wettbewerbern sieht es ähnlich aus. Jobmaschinen werden die Autobauer vor allem im Ausland sein. Selbst wenn es der Autoindustrie gelänge, ihren Technologievorsprung zu verteidigen, was keineswegs eine ausgemachte Sache ist, werde sich das „in nicht sehr hohen Wachstumsraten für den Standort niederschlagen". Und was passiert erst, wenn es nicht gelingt?

Akku leer

Wie Ningbo Bird
Siemens das Fürchten lehrte

樹
上
開
花

„Einen [dürren] Baum
mit [künstlichen] Blumen schmücken"

Ningbo Bird wurde 1992 gegründet, zu einer Zeit, als in Deutschland die Mobilfunkära eingeläutet wurde. In jenem Jahr hatte
Siemens noch das P1 auf dem Markt, ein tragbares Autotelefon
mit einem Gewicht von 2,5 Kilo. Es kostete 2 242,50 Mark, umgerechnet 1 120 Euro. Nokia hatte damals schon ein Handy entwickelt, das nur noch 475 Gramm wog, eine „komplette digitale
Telefonanlage im Taschenformat". Die Finnen warben mit der
Frage: „Was ist klein, mobil und in ganz Europa zu Hause?" Es
kam für den deutschen Markt wie gerufen: Als am 30. Juni 1992
das erste digitale Mobilfunknetz in Betrieb genommen wurde,
gab es im damaligen analogen C-Netz nicht einmal 700 000
Mobilfunkkunden. Die meisten hatten Autotelefone.

Für den Ningbo-Bird-Gründer Xu Lihua und drei Kollegen
war das eine noch ferne Hightech-Welt. Deng Xiaoping hatte
das Land nach zwei Jahren Stagnation in Folge der blutigen
Niederschlagung der Protestbewebung auf dem Platz des Himm-
lischen Friedens 1989 wieder auf Reform- und Öffnungskurs
gebracht. China befand sich nunmehr erst in der Pagerphase:
Geräte von der Größe einer Streichholzschachtel, auf die man
seine Nummer schicken konnte, mit Bitte um Rückruf übers
Festnetz – meist von einem der zahllosen roten Telefone an einem Kiosk aus. Ein Pager am Gürtel war Anfang der 90er-Jahre
das Erkennungszeichen der aufsteigenden Städter in China, die
Einstiegsdroge in die mobile Informationstechnologie.

Im Februar 1993 nahm die erste Fabrik für Bird-Pager ihren
Betrieb auf. Die Kunden waren von dem Preis-Leistungs-Verhältnis begeistert. Auch Siemens erklomm die nächste Ent-
wicklungsstufe. 1994 brachte es in Deutschland das legendäre
S1 heraus. Es war das erste Gerät aus deutscher Produktion, das
die heutige Form eines Handys hatte, wenn auch noch klobiger.
Bird blieb bei Pagern und wurde in den folgenden drei Jahren
zum größten Pagerhersteller Chinas. 325 000 Stück wurden
verkauft. Zur gleichen Zeit wurden in Deutschland schon die
Prepaidkarten eingeführt. Und Siemens brachte das S10 heraus,
das erste Handy der Münchner mit Farbdisplay. Bei den Bird-
Pagern war derweil nur das Gehäuse bunt.

Ein Jahr später war Bird weltweit der zweitgrößte Hersteller
von Pagern. Das Monopol von Motorola war gebrochen, was
auch daran lag, dass sich Motorola viel stärker auf das Handy-

geschäft konzentrierte. 1998 stellte Bird über eine Million Pager
her. Im Zenit der Pagerproduktion entschied Xu, auf Mobiltelefone umzusteigen. Mobilfunkmärkte wie der deutsche waren
mit zehn Millionen Kunden inzwischen erwachsen geworden.
Und die Chinesen in den großen Städten hatten mittlerweile
genug Geld in der Tasche, um sich ein Handy leisten zu können.
Xu beschloss, bunte, billige Geräte für den chinesischen Mas-
senmarkt zu bauen. Dazu brauchte er allerdings ausländisches
Know-how.

Im Juli 1999 begann das Unternehmen mit dem französischen Hersteller Sagem zu kooperieren, der Bird auf den neuesten Stand der Technologie brachte. Die Franzosen verkauften
den Chinesen Handymodule. Das war nicht nur für Bird gut,
sondern auch ein Glücksgriff für Sagem. Normalerweise dienten
chinesische Firmen als Komponentenlieferanten für Markenhersteller der westlichen Welt, Sagem aber konnte durch seine
extrem niedrigen Produktionskosten den Spieß umdrehen. Bird
seinerseits etablierte sich dadurch zum preiswertesten Handyhersteller in China. Es wurde eine Win-win-Partnerschaft. Die
ersten Mobiltelefone wurden im chinesischen Markt gut angenommen. Im selben Jahr, 1999, hatte die Zahl der Handynutzer
in Deutschland bereits die 20-Millionen-Marke durchbrochen
und sechs Unternehmen blätterten insgesamt über 50 Milliarden Euro allein für die deutschen UMTS-Lizenzen hin.

Xu war sich sicher, dass der Mobilfunkboom des Westens
an China nicht vorbeigehen würde. Er ließ Forschungsplatt-
formen mit Herstellern wie Broadcom aus dem kalifornischen
Irvine oder dem südkoreanischen Hersteller Sewon aufbauen.
Das Unternehmen beschäftigte eigene Forscher und Entwick-
ler in fünf Instituten. „Anfangs waren wir gezwungen, unsere
Handys in Provinzstädten beim Einzelhandel anzudienen und
ihnen die Geräte auf Kommissionsbasis zu überlassen", sagte
Xu. In den Großstädten, wo die Händler nur Geräte von Motorola, Nokia, Ericsson oder Siemens anboten, konnte Bird nur
sehr schwer Fuß fassen. Darum investierte Xu in ein eigenes
Vertriebsnetz: „Renhai Zhanshu" heißt die Strategie intern, im
„Meer des Volkes" wurden überall Verkaufsinseln eingerichtet.
Danach ging es rasant bergauf. Wiederum nur ein Jahr später
stellte Bird schon 750 000 Mobiltelefone her und war von nun

an der größte chinesische Handyhersteller und die bekannteste chinesische Handymarke.

Ebenfalls 2000 brachte Siemens in China den Business-klassiker S35 auf den Markt: klein, extrem lange Akkulaufzeit, integriertes Modem und Eingabehilfe für SMS. In Deutschland experimentierte man derweil schon am UMTS-Handy. Die erste Sendestation wurde Anfang 2001 in Deutschland präsentiert und wog 2,8 Tonnen. Es war ein mit Technik vollgestopfter Kleinlaster. Während Bird einen Höhenflug nach dem anderen erlebte, spürte Siemens die harte Konkurrenz. Samsung verkaufte weltweit erstmals mehr Handys als Siemens und verdrängte den deutschen Hersteller auf Platz vier in der Weltrangliste. Immerhin wurde Siemens in China 6,7 Millionen Mobiltelefone los, während Bird 2,5 Millionen verkaufte.

Um die Kosten zu senken, ließ Siemens Geräte bei Bird herstellen. Das war eine kluge Entscheidung. Denn der chinesische Telekommarkt war Anfang dieses Jahrzehnts nicht nur einer der dynamischsten Wachstumssektoren im Boomparadies China, sondern wurde auch Hoffnungsträger der internationalen Hersteller. Während das Geschäft weltweit von Preis- und Verdrängungskriegen bestimmt wurde und UMTS sich im Westen als weniger einträglich und komplizierter als erwartet erwies, gab es in China noch Neuland zu erobern.

Angesichts des internationalen Andrangs stand der chinesische Staat vor gewaltigen Aufgaben. Die Nachfrage der Menschen war so groß, dass die Regierung bei der Reform der Industrie unter Druck geriet. Sie musste in kurzer Zeit den Umbau von überregulierter Planwirtschaft zu nachhaltiger Marktwirtschaft schaffen und dafür ein modernes Telekommunikationsnetz aus dem Boden stampfen, das mit dem rasantesten wirtschaftlichen Aufschwung, den je eine große Volkswirtschaft hingelegt hat, mithalten konnte und das Wachstum aufstrebender Unternehmen wie Bird nicht abwürgte.

Zunächst baute China die staatlichen Telekomunternehmen zu konkurrenzfähigen Firmen mit internationalen Geschäftsstandards um. Ohne Technologie, Management-Know-how und Kapital aus dem Ausland war dies nicht zu schaffen. Doch die Chinesen achteten wie auch in anderen Branchen darauf, dass die Gesetze der Konkubinenwirtschaft nicht ausgehebelt

werden: Einheimische Unternehmen sollten gegenüber ausländischen im Vorteil bleiben. Konkret bedeutete das: Nokia sollte
Bird nicht das Licht zum Wachsen nehmen. Darüber ärgerte
sich besonders der Finne Erkki Liikanen, EU-Kommissar für
Unternehmen und Informationstechnologie. Er stand unter
mächtigem Druck seitens der eigenen Industrie, als er Mitte
April 2002 den chinesischen Telekommunikationsmarkt unter
die Lupe nahm.

„Ich hoffe, wir müssen keine rechtlichen Schritte einleiten", sagte Liikanen. Er war auf seiner Reise zu dem Ergebnis
gekommen, dass China sich noch lange nicht an die Spielregeln
der Welthandelsorganisation WTO hielt. Und es war klar, dass
selbst die groß angelegte Restrukturierung, mit der die Regierung in fünf Jahren ein „offenes Spielfeld" schaffen wollte,
wohl kaum den Anforderungen der internationalen Telekom-
industrie genügen würde. „Europa hat viel mehr Erfahrung mit
der Deregulierung von Telekombetrieben", drängte Liikanen
die chinesischen Telekomunternehmen zu mehr Offenheit
in Zusammenarbeit und Partnerschaft mit den Großen der
Branche.

Die Chinesen nickten unverbindlich. Sie wussten schon
damals genau, dass die westlichen Unternehmen den großen chinesischen Markt mehr brauchen als umgekehrt. Mit
140 Millionen Mobilfunkkunden war China bereits 2002 der
größte Mobilfunkmarkt der Welt; dazu kamen 180 Millionen
Festnetzanschlüsse. 12,5 Prozent Zuwachs hatte die Branche
bereits im Jahr zuvor verzeichnet und 32 Milliarden US-Dollar
verdient. Die westlichen Handyhersteller standen Schlange,
wenn es darum ging, ihre Technologie anzudienen, um ein
Stück von dem erfolgreichen Markt abzubekommen. Und sie
hatten Erfolg. 150 000 Handys wurden 2002 in China verkauft
– täglich. Nur 20 Prozent waren chinesische Fabrikate.

Wie würde es dem Staat gelingen, dieses Verhältnis umzu-
kehren und seine Unternehmen zu Global Playern werden zu
lassen statt die Global Player zu chinesischen Marktführern?

Die chinesischen Regulierer konzentrierten sich zunächst
auf die Telefongesellschaften. Die großen staatlichen Tele-
kombetriebe, die bisher nur in bestimmten Geschäftsfeldern
operierten, sollten zu konkurrenzfähigen und konkurrierenden

Anbietern umgebaut werden. Erst dann sollten sie je nach Erfolg
Lizenzen für weitere Telekomdienstleistungen erhalten. Vier
Player beherrschten den Markt: China Telecom hatte quasi ein
Festnetzmonopol: 179 Millionen Kunden – ein Marktanteil von
99 Prozent. China Mobile war mit 75 Millionen Handynutzern
bereits das größte Mobilfunkunternehmen der Welt und eines
von nur zwei chinesischen. China Unicom war das andere.
China Netcom war der Spezialist für Internetdienstleistungen.
Er erhielt im Rahmen der Restrukturierung beispielsweise die
nördlichen 50 Prozent von China Telecoms Festnetz.

Dass die Telekominfrastruktur noch sehr rückständig war, erwies sich wie in vielen anderen Branchen auch als ein Vorteil für
China und die Unternehmen. Denn während andere Teile der
Welt wieder einmal vor der Frage standen, ob sie für teures Geld
auf die neueste Technik aufrüsten oder nicht doch lieber mit
der vorhandenen weiterarbeiten sollten, konnte China gleich
ganz oben ansetzen. Ob Netzwerke oder IT-Lösungen: State of
the Art war für Chinas Reformer gerade gut genug – ein eigener
Mobilfunkstandard inklusive. Chinas Großstädte waren 2002
schon mit modernen ISDN-Leitungen vernetzt; zunehmend
wurden auch Breitbandangebote entwickelt. 33,5 Milliarden
US-Dollar hatten Chinas Telekomunternehmen allein im Jahr
2001 in Telekominfrastruktur investiert. Die Telekombranche
trug rund sechs Prozent zum Wirtschaftswachstum des Landes
bei. Finanziert werden sollte der Boom aber wiederum auch
von ausländischen Investoren und Börsengängen. Alle vier
Netzbetreiber wurden erfolgreich in Hongkong und/oder New
York gelistet.

Bei Siemens hatte man sich eine umfassende Strategie für
den chinesischen Markt ausgedacht. Schon 2000 hatte das
Chinageschäft 15 Prozent des gesamten Telekomumsatzes ausgemacht. Doch nun wollte man durchstarten. Kernpunkt der
Strategie: Siemens würde helfen, in China den neuen 3G-Stan-
dard zu entwickeln, und damit seine Handysparte in die Vorderhand spielen. Zusammen mit dem chinesischen Technikun-
ternehmen Datang Telecom Technology Co. entwickelten die
Münchner eine Version des chinesischen Standards der dritten
Generation, in China umständlich TD-SCDMA genannt. Zwar
galt TD-SCDMA unter Fachleuten nur als UMTS-System in

neuem Gewand, doch den Chinesen war das erst einmal egal, denn es fand ein umfassender Technologietransfer statt und der eigene Standard würde dafür sorgen, dass man 100 Millionen neue Handys in China herstellen müsste.

Bei Siemens war man überzeugt, von der Entwicklung profitieren zu können. 2002 sah das Potenzial noch riesig aus. Die Münchner sahen sich schon an ihren ausländischen Wettbewerbern vorbeiziehen. 120 Milliarden US-Dollar ließen sich bis 2010 verdienen, hatten ihre Branchenkenner ausgerechnet. Bereits 2003, so hoffte man bei Siemens, würden die ersten Telefone auf den Markt kommen. Denn in China gehe alles schneller als anderswo. Schon 2005 würden etwa 40 Prozent der Chinesen die chinesischen 3G-Geräte benutzen, schätzte man. Mindestens 250 Millionen US-Dollar wollten die Münchner in die Entwicklung stecken. Den chinesischen Herstellern wie Bird würde man dann den traditionellen Markt überlassen. Die Konkurrenten von Siemens setzten stärker auf die traditionellen Systeme. Nokia hatte bis 2002 bereits 2,3 Milliarden Euro in China investiert und beschäftigte über 5 500 Mitarbeiter. Sie produzierten nicht nur Handys, sondern bauten auch Netzwerke auf. Ende 2002 unterzeichnete Nokia einen lukrativen Vertrag mit China Telecom, um das Breitband-DSL-Netzwerk auszubauen. Auch Motorola, 2002 mit 7,6 Milliarden US-Dollar der größte ausländische Investor in China, setzte eher auf traditionelle Technologien denn auf den chinesischen Standard.

Im April 2002 hielt die Branche kurz den Atem an. Sollte Siemens wirklich das Unmögliche gelungen sein? Hatte der deutsche Konzern tatsächlich als Erster den Zuschlag bekommen, zusammen mit seinem chinesischen Partner ein Mobilfunknetzwerk der dritten Generation aufzubauen? Die Unsicherheit währte nur Stunden. Dann kam die Klarstellung von Wang Lijiang, Sprecher des Ministeriums für Informationsindustrie: „Bisher sind keine solche Lizenzen vergeben worden." Siemens ruderte eilfertig zurück, um die chinesischen Behörden nicht zu verärgern. Von einer Serienreife war man sowieso noch weit entfernt. Die Manager im München ahnten nun schon, dass es nicht einfach werden würde mit dem UMTS-System.

Der Aufstieg von Bird ließ sich derweil nicht bremsen. Xu baute die Kooperation mit dem französischen Unterhaltungs-

elektronik- und Telekommunikationsunternehmen Sagem
aus. Ein Gemeinschaftsunternehmen wurde im August 2002
gegründet. Die Franzosen und die Chinesen bauten gemeinsam
eine neue Fabrik auf, in der sie 20 Millionen Handys herstellen
sollten. Im Jahr 2003 hatte Bird in China bereits einen Marktanteil von 15 Prozent und damit Nokia und Motorola überholt.
Es verkaufte allein im ersten Geschäftsquartal 3,37 Millionen
Handys.

Inzwischen zeichnete sich der Trend klar ab. Die ausländischen Hersteller, so schien es, hatten in diesem Markt gegen
die Chinesen kaum eine Chance. Bird-Gründer Xu verkaufte
immer mehr Handys und wurde mit Preisen überhäuft. Sein
Unternehmen bekam den „Public Favorite Top Ten Enterprises Award", den „Users' Satisfied Brand Award", den „Reliable
Enterprise Award" und den „Service Innovation Award". Die
chinesische Regierung verlieh Bird zudem den Titel „Beste
Marke des Jahres 2003". Und die chinesischen Kunden wählten den Handyhersteller auf Platz eins der beliebtesten Handymarke.

Xu eröffnete zwei Fabriken, die 18 Millionen Handys im
Jahr produzieren können. Morgens um sieben ist Hochbetrieb
an den Fabriktoren. In Bird-Doppeldeckerbussen mit großem
Firmenlogo werden Mitarbeiter von ihren Wohnheimen in der
ländlichen Kreisstadt Fenghua herangekarrt, einem Nachbarort
der Hafenstadt Ningbo an der Ostküste Chinas. Viele kommen
bereits mit dem eigenen Moped. Sie sind auf der Wohlstands-
leiter schon eine Stufe hochgeklettert. Die Mitarbeiter sind im
Durchschnitt unter 25 Jahre alt. Die größte Produktionshalle
ist größer als ein Fußballfeld. Und sie ist auf dem modernsten
Stand, ausgerüstet mit Leit- und Prägemaschinen von Fuji
und Siemens. Doch ein Großteil der Arbeit wird dennoch von
Hand verrichtet: Einzelne Module, die schon fertig die Fabrik
erreichen, werden nur noch zusammengesteckt ... und fertig
ist das Ningbo-Bird-Handy. Auch der Erfolg von Bird hat dazu
beigetragen, dass inzwischen von Ningbo nach Schanghai die
längste Meeresbrücke der Welt gebaut wurde. Sie ist 36 Kilometer lang und verläuft durch die Hangzhou-Bucht. Sie hat
1,5 Milliarden US-Dollar gekostet und verkürzt die Fahrtstrecke
von 400 auf 80 Kilometer.

Dass der einstige Auftragshersteller nun erfolgreicher war
als man selbst, war ein Schock für die Siemens-Manager. Sie
versuchten, die Chinesen nun an einer ihrer Schwachstellen
zu packen: dem Marketing. Siemens Mobile sponserte ab Februar 2003 die chinesische Fußballnationalmannschaft, die sich
2002 erstmals für die Weltmeisterschaft qualifizieren konnte.
Die Münchner Marketingmanager waren berauscht davon,
dass im Juni 2002 in der Spitze 780 Millionen Menschen das
Weltmeisterschaftsspiel zwischen Brasilien und China gesehen
hatten. Und Siemens sponserte auch die erste Liga. Rund acht
Millionen US-Dollar zahlten die Münchner für ein Jahr und
lösten damit Pepsi als Sponsor ab. Fußball war schon seit Ende
der 90er-Jahre der neue Nationalsport Chinas und hatte Tischtennis längst hinter sich gelassen. Zwar spielten die meisten
Klubs noch auf dem Niveau deutscher Oberligamannschaften,
trotzdem schaute im Durchschnitt fast jeder Chinese pro Saison
drei Meisterschaftsspiele. „Wir kommen also auf 3,8 Milliarden
Kontakte", sagte Rolf Beisswanger, Chef des Global Sponsoring
der Mobilfunksparte.

Ob das viel nützen würde? Branchenkenner gingen davon
aus, dass der Marktanteil der ausländischen Anbieter nicht
mehr steigen würde, dass hingegen in absehbarer Zukunft die
Chinesen den Markt beherrschen würden.

Das waren Nachrichten, die der damalige Siemens-Chef
Heinrich von Pierer, der in der Kraftwerkssparte groß geworden
war, nicht gern hörte. Ihm wurde ein enges emotionales Verhältnis zur Telefonsparte nachgesagt. Erst seit Anfang der 90er
konnte von Pierer damit einen Trumpf aus der Tasche ziehen,
wenn er gefragt wurde, wie modern Siemens sei. Mit Kraftwer-
ken, Zügen und Tischtelefonen konnte von Pierer nicht punkten. Sie passten nicht in seine Tasche. Und besonders in China
sollten die Handys dafür sorgen, dass sich Siemens als frisches
und junges Unternehmen einprägte, und das wiederum sollte
auf die anderen Sparten des Geschäftes abfärben. Würde die
Strategie aufgehen?

Bei Bird fühlte man sich von den ambitionierten Westlern
nicht unter Druck gesetzt, sondern allenfalls herausgefordert.
Xu investierte massiv in Forschung und Entwicklung, um seinen
Höhenflug zu unterfüttern. Sechs Prozent des Jahresumsatzes

gingen an die beiden Forschungszentren in Ningbo und Hangzhou, wo bis Ende des Jahres 2004 etwa 1 000 Ingenieure für Bird
an neuen Technologien arbeiteten. Xu hielt an dem Plan fest,
in drei Jahren im Inland auf mehr als 20 Prozent Marktanteil
zu kommen und jährlich mehr als 20 Millionen Handys zu
verkaufen. Er hatte inzwischen neben den beiden Anlagen in
Ningbo auch in Shuizhou in der zentralchinesischen Provinz
Hubei eine Fabrik bauen lassen, mit einer Kapazität von fünf
Millionen Mobiltelefonen. Es war auch ein Geschenk von Xu
an seinen Heimatort.

Die Welt horchte auf. Langsam nahm man den neuen
Namen in der Branche wahr. Im Februar 2004 titelte das amerikanische *Time Magazine:* „China's Big, Big Bird", „Chinas
großer, großer Vogel". Ningbo Bird war dem Magazin eine
große Geschichte wert. Es war die Geschichte nicht nur des
Aufstiegs eines Unternehmens, sondern einer ganzen Branche: Mussten sich die chinesischen Hersteller 1999 noch mit
zwei Prozent Marktanteil im größten Handymarkt der Welt
begnügen, hatten sie 2004 schon über 50 Prozent. Es sah
ganz so aus, als ob es den 37 Handyherstellern aus dem Reich
der Mitte gelungen wäre, die ausländische Konkurrenz – die
inzwischen mehr als zehn Milliarden US-Dollar auf dem In-
landsmarkt investiert hatte – zu deklassieren. Doch noch im
ersten Halbjahr 2004 gab es eine böse Überraschung für die
chinesischen Hersteller. Im ersten Quartal 2004 konnten die
Finnen von Nokia 3,5 Millionen Handys in China verkaufen.
Bird kam nur noch auf 2,5 Millionen. Die Bird-Manager waren
jedoch zuversichtlich, dass sie den Erfolgsknick ausbügeln
würden. Sie wussten, dass sie in der Lage waren, schneller und
flexibler zu reagieren als die westlichen Branchenriesen, deren
Unternehmenszentralen weit weg waren. Ningbo Bird ent-
zündete ein Produktfeuerwerk. „Wir bringen fast jede Woche
eine neue Handyvariante auf den Markt", stellte der stellvertretende Bird-Chef Dai Maoyu zufrieden fest. Der Markt war
jedoch mit 600 Modellen von mehr als 50 Anbietern heiß
umkämpft. Die Ausländer waren aufgewacht und hatten ihre
Unternehmen umgebaut.

Es sollte für Bird noch schlimmer kommen. Gleich drei
ausländische Hersteller überholten die Chinesen im Laufe des

Jahres 2004 im eigenen Land. Bird lag nun mit einem Marktanteil von 9,5 Prozent hinter dem amerikanischen Hersteller
Motorola (zwölf Prozent), Nokia (11,9 Prozent) und Samsung
aus Südkorea (9,8 Prozent). Immerhin schaffte es das Unternehmen 2004 dennoch, mit Platz acht in die Top Ten der größten
Mobilfunkhersteller der Welt aufzurücken.

Xu hielt an seinen Plänen fest. „Ich habe den Traum, dass
wir so groß werden wie Motorola, IBM oder Microsoft." Den
Bird-Managern war klar, dass dies nur gelingen konnte, wenn sie
auch außerhalb des chinesischen Marktes erfolgreich sein würden. Xu setzte auf Risiko. 2003 war Bird zwar bereits der größte
Handyexporteur Chinas. Doch bis dahin gehörten 98 Prozent
der Geräte zum sogenannten Verarbeitungshandel. Das heißt,
chinesische Hersteller produzierten Mobiltelefone für westliche
Marken, die auf Vertrieb und Marketing im Westen spezialisiert
waren. Darunter war auch immer noch Siemens. „Warum kaufen die Ausländer nicht das ein oder andere chinesische Handy?", fragte sich Xu. Es müsste doch mit dem Teufel zugehen,
wenn man den Ausländern nicht fünf oder sechs Prozent von
diesen 98 Prozent abluchsen und damit bei den Marktanteilen
wieder aufholen könnte.

Bird begann Handys unter seinem eigenen Markennamen
anstatt in der OEM(Original Equipment Manufacturing)-Form
in ausländische Märkte zu exportieren. Bereits im ersten Quartal
2004 exportierte Xu 600 000 Handys, mehr als im gesamten
Jahr 2003, 70 Prozent davon mit dem Bird-Logo. In kurzer Zeit
drückte er den Produktionsanteil für fremde Hersteller auf unter
30 Prozent. Schon im September 2003 war Bird mit drei Modellen in den indischen Markt gegangen und hatte begonnen,
Telefone in Malaysia, Hongkong und Russland zu verkaufen.
Die Strategie Xus schien einfach: „Wir verkaufen überall zum
niedrigsten Preis." Zu einfach.

Es stellte sich heraus, dass es mit einem Einheitsprodukt
in den unterschiedlichen Märkten nicht getan war. Doch Xu
blieb stur. Bird wurde der erste chinesische Hersteller, der sich
mit Handys im europäischen Markt versuchte. Anfang 2004
exportierte er nach Frankreich, Italien und sogar Finnland,
ins Nokia-Land. Auch andere chinesische Hersteller wie TCL,
Kejian und Hisense begannen unter eigenen Marken zu expor-

tieren. Allerdings konzentrierten sie sich auf südostasiatische Länder. Würde sich Xu in dem schwierigen europäischen Markt festlaufen? Die Manager von Bird hatten ein ehrgeiziges Ziel in Europa. Italien und Ungarn sollten schon 2004 Hongkong und Malaysia den Platz als Hauptexportziele streitig machen.

„Nach Europa zu exportieren fordert eine striktere Qualitätskontrolle, und wir haben uns bemüht, den internationalen Standard zu erreichen", sagte ein Sprecher der Abteilung für internationale Geschäfte von Ningbo Bird. Bereits im Oktober 2003 hatte das Unternehmen 30 europäische Experten in Qualitätskontrolle engagiert, die dem Unternehmen halfen, sein eigenes Qualitätskontrollsystem einzurichten. Bird schaffte die europäische CE-Zertifizierung. „Das hat Ningbo Bird in die Lage versetzt, nach Europa zu gehen", sagte Tao Xinhua, Manager der Abteilung für Qualitätskontrolle von Ningbo Bird. Das SC01-Modell, welches nach Frankreich exportiert werde, habe eine Rückgaberate von nur 0,27 Prozent, vermerkte Tao stolz. Bird exportierte Handys in 28 Länder und Regionen. Es hatte eine Niederlassung in Hongkong, die für den Im- und Export zuständig war, und Büros in Südostasien, Russland und Indien. Die Marktanteile in den Ländern waren jedoch nicht der Rede wert. Insofern war die Rückgaberate die beste Zahl, die Bird zu berichten hatte.

Während Xu weiter gegen einen, wie er glaubte, kleinen Einbruch kämpfte, waren die Manager bei Siemens Mobile inzwischen einigermaßen verzweifelt. Auch 2004 war der chinesische 3G-Standard noch weit von seiner Serienreife entfernt, es war völlig undurchschaubar, was die Genehmigungsbehörden vorhatten, und die Hochpreisstrategie für deutsche Qualitätsprodukte war nicht aufgegangen. Es haperte am Vertrieb. Siemens Mobile erreichte die Kunden auf dem Land nicht. Die Sponsoringkampagne hatte zwar die Marke bekannter gemacht, aber nicht dazu geführt, dass mehr Handys über den Ladentisch gingen. Im Verlauf des Jahres sollten die Münchner noch einmal einen starken Einbruch im chinesischen Markt hinnehmen müssen: Ihr Marktanteil schrumpfte von acht auf fünf Prozent. Zwischen 2001 und 2004 verlor der Konzern 726 Millionen Euro mit den Handys.

Anfang 2004 hatten zwei junge Siemens-Manager eine verwegene Idee. Sie wollten sich mit dem chinesischen Marktführer zusammentun. Im Vorstand galt der Vorschlag gleich als rettender Strohhalm. Die beiden fuhren nach Ningbo und erklärten dem dortigen Management: „We make you successful." Die Bird-Manager reagierten reserviert. Sie hielten sich schon für erfolgreich. Aber die Ausländer konnten in Europa hilfreich sein. Die Verhandlungen wurden hart. Siemens war unter größerem Druck als Ningbo Bird. Die Chinesen verließen auch schon mal wortlos den Raum, wenn die Siemensianer mit ihren Forderungen zu weit gingen. Doch die Konkurrenten einigten sich schließlich.

Im Mai 2004 schloss Siemens mit Ningbo Bird eine strategische Partnerschaft. Sie wollten gemeinsam Mobiltelefone entwickeln und unter der Marke Bird verkaufen. Bird produzierte die von Siemens entwickelte Technologie, auf deren Basis man dann gemeinsam eine neue Linie von Mobiltelefonen für den Mittelklassemarkt entwickelte. Dafür durfte Siemens seine Mobiltelefone in den landesweit 30 000 Läden von Bird anbieten.

Die beiden Münchner Verhandlungsführer brüsteten sich damit, dass Bird eine Garantie gegeben habe, dass von nun an 30 Prozent aller in seinen Läden verkauften Handys aus dem Haus Siemens stammen würden. Mancher bodenständige Controller wunderte sich, wie ein chinesisches Unternehmen eine solche Zusage machen konnte. Aber im Land der marktwirtschaftlichen Diktatur, beruhigte man sich, sind viele seltsame Dinge möglich, von denen Verkäufer im Westen nur träumen konnten. Für viele traditionelle Siemensianer war das Handygeschäft sowieso eine „illustre Sparte", in der es nicht mit rechten Dingen zuging. Zudem stand die Grundstimmung im Haus gegen die Zweifler. Man wollte die Partnerschaft feiern, endlich Licht am Ende des Tunnels sehen. Siemens veranstaltete eine gigantische PR-Show in Ningbo, bei der die Felle von Bären verteilt wurden, die noch nicht erlegt waren.

In der PowerPoint-Präsentation sahen die beiden Partner aus wie füreinander geschaffen. Siemens mit seinem technologischen Know-how und seinen High-End-Produkten und Bird mit Mittelklasseprodukten zum niedrigen Preis und einem ausgeprägten Vertriebsnetz in China, das auch die kleineren

Städte mit etwa einer Million Einwohner und ländliche Gebiete einschloss. Dort, so hatten die Marktforscher herausgefunden, gab es in den folgenden Jahren das größte Wachstum. Siemens versprach den Bird-Managern außerdem, sein internationales Handyvertriebsnetz für Bird-Produkte zu öffnen. Die Münchner waren zu der Überzeugung gelangt, dass Bird ihnen im Niedrigpreissegment nicht gefährlich werden könnte.

„Die Partnerschaft mit Bird ist Teil unserer Strategie, mit der wir unsere Position in China, dem größten Handymarkt der Welt, stärken wollen. Wir werden unser technologisches Knowhow einbringen. Und Bird seine Marketingstärken und seine Kenntnis der lokalen Konsumenten", sagte Rudi Lamprecht, Vorstandsvorsitzender von Siemens Mobile. Und Xu Lihua, der Präsident des Unternehmens, fügte hinzu: „Zusammen haben wir eine konkurrenzlose Position in dem riesigen Markt." Doch kommt stets ein Starker raus, wenn sich zwei Schwache zusammentun?

Als sich die neue Allianz mit Leben füllte, gab es in China 280 Millionen Mobilfunkkunden. Die Marktstrategen gingen davon aus, dass es bis Ende 2008 435 Millionen sein würden. Sie verschätzten sich übrigens, denn im März 2008 waren es bereits 574 Millionen. Und das sind erst 40 Prozent der Bevölkerung. Deshalb wächst der Markt weiter um etwa 20 Prozent im Jahr. Allein im Monat März 2008 wurden in China 58,6 Milliarden SMS verschickt. Doch es sollte den beiden Partnern nicht gelingen, die rosigen Aussichten für sich zu nutzen. Es ist eben nicht so, dass man in einem stark wachsenden Markt automatisch mitwächst.

Zunächst setzte bei Siemens Enttäuschung ein. Denn die Erwartungen waren viel höher gewesen als bei Bird. Schon die ersten Monate der neuen Kooperation waren ernüchternd. Statt der ohnehin moderat geschätzten 150 000 Handys in drei Monaten waren nur 120 000 über den Ladentisch gegangen. Die große Überraschung: Die Verkaufsstellen hatten offensichtlich kein Interesse, Siemens-Geräte in ihr Sortiment aufzunehmen. Nur 20 Prozent der Läden hatten von dem Angebot Gebrauch gemacht. Offensichtlich hielten die Händler die teuren deutschen Mobiltelefone für nicht gut verkäuflich. Bird gelang es, täglich 1 500 Siemens-Handys zu verkaufen. Das war in einem

Millionenmarkt wie dem chinesischen zu wenig. Damit hatten
die Siemens-Manager nicht gerechnet. Sie hatten geglaubt, dass
die Händler ihnen die deutsche Wertarbeit aus den Händen
reißen würden. Die chinesischen Partner stellten sich auf den
durchaus vernünftigen Standpunkt, dass man Absatzzahlen
nicht garantieren könne.

Am Ende des Jahres 2004 hatte sich die Entwicklung nicht
gedreht. Siemens war weiter abgeschlagen, und die Marktanteile aller chinesischen Hersteller waren weiter gefallen. Die Lage
für Siemens und Bird wurde ernst. Die Durchschnittserlöse
(ab Fabrik) für ihre Geräte sanken unter 100 Euro, obwohl der
Durchschnittspreis von 170 Euro ab Fabrik stabil geblieben
war. Nokia war 2004 wieder klarer Marktführer mit 22 Prozent.
Unter den zehn meistverkauften Modellen in China fanden
sich auf den ersten sechs Plätzen Nokia-Handys. Zweitgröß-
ter Anbieter war Motorola mit einem Marktanteil von knapp
15 Prozent, vor Samsung mit knapp zehn und Sony Ericsson
mit gut fünf Prozent. Insbesondere Samsung (rund 250 Euro
Durchschnittserlös), Sony Ericsson (um 220 Euro) und Motorola (etwa 200 Euro) schafften das, was Siemens nicht gelang.
Sie waren mit teuren Telefonen erfolgreich. Siemens war
mit unter drei Prozent Marktanteil weit abgeschlagen und
konnte dies auch nicht durch die Erlöse wettmachen. Mehr
als 150 Euro waren nicht drin. Nur der französische Hersteller
Alcatel hatte eine noch schlechtere Position inne mit 0,6 Prozent Marktanteil.

Bird-Chef Xu versuchte mehr in Forschung und Entwick-
lung zu investieren und zumindest seine Marktposition als
Marktführer unter den chinesischen Herstellern zu halten.
Im November 2005, nachdem die Flitterwochen mit Siemens
Mobile vorbei waren, gründete Xu mit Sagem ein neues Ge-
meinschaftsunternehmen, die Ningbo Sagem Bird Research &
Development Co. Ltd. (NSBRD). Bird-Handys wurden unter der
Marke Sagem in Frankreich verkauft. Sagem hatte inzwischen
Module und Plattformen für 30 Bird-Modelle geliefert. Und
Sagem Communication übernahm weltweit den Verkauf von
Ningbo Bird.

Es gelang Xu trotz eines Marktanteil- und Gewinneinbruchs
2005 zum sechsten Mal in Folge die Position des größten chine-

sischen Herstellers zu halten. Bis einschließlich 2005 hatte Bird seit Beginn der Produktion über 50 Millionen Mobiltelefone verkauft. Dennoch machte das Unternehmen 2005 dramatische Verluste. Die Konkurrenz von chinesischen Herstellern wurde immer größer. Die westlichen Marktführer hatten große Durchsetzungskraft. Auch 2006 konnte sich Bird nicht erholen. Allein in den ersten sechs Monaten machte das Unternehmen einen Verlust von 23 Millionen US-Dollar. 2007 stiegen die Verluste auf knapp 85 Millionen US-Dollar – und die Verkäufe sanken um 33 Prozent auf einen Wert von rund 450 Millionen Euro. Bird blieb nichts anderes übrig, als das Tafelsilber zu verkaufen. Der chinesische Anteil an dem Joint Venture mit Sagem ging an die Franzosen.

2007 hat Nokia mit 35 Prozent Marktanteil so viel wie alle chinesischen Hersteller zusammen, gefolgt von Samsung mit 14, Motorola mit elf und Sony mit vier Prozent. Und das in einem Markt, der mit 76 Prozent wuchs. Das lag weniger an den Exporten, sondern vor allem an der Binnennachfrage.

Während es Bird zumindest noch gibt, bekam der chinesische Markt Siemens Mobile noch schlechter. Heinrich von Pierer selbst brachte die Mobilfunksparte mit einer Äußerung endgültig ins Straucheln. „Wir prüfen alle Optionen", sagte er im Dezember 2004 „Gemeinschaftsunternehmen, Verkauf, Schließung, Erhaltung." Die Händler riefen empört in München an. Wie sollten sie nun noch Siemens-Handys verkaufen, wenn es womöglich in sechs Monaten keine Siemens-Handysparte mehr gab. Von Pierer ließ sich nicht unter Druck setzen. „Es wäre naiv, anzunehmen, dass man besenrein übergeben kann. Man kann nicht mit der Brechstange vorgehen, nur um pünktlich zum Wechsel an der Spitze eine Lösung zu präsentieren."

Als Klaus Kleinfeld im Januar 2005 den Vorstandsvorsitz übernahm, war Siemens Mobile sein größtes Sorgenkind. Wo immer er auftauchte, wurde er von Journalisten auf die defizitäre Sparte angesprochen. Kleinfeld hatte erst einmal keine guten Nachrichten. Im Februar 2005 sagte er beispielsweise: „Wir halten uns in der schwächelnden Handysparte alle Optionen offen. Siemens hat es versäumt, rechtzeitig UMTS-fähige Mobiltelefone zu entwickeln, nun kommt der Konzern bei den Preisen für seine aktuellen Geräte unter Druck. Wir haben in dieser Sparte in den letzten Monaten mehr als eine Million Euro pro Tag versenkt." Dies belegten auch die veröffentlichten Zahlen im ersten Quartal des Geschäftsjahrs 2004/2005. Siemens verzeichnete einen Verlust von 143 Millionen Euro. Im ersten Quartal 2005 lag man mit einem Marktanteil von 5,5 Prozent und 9,94 Millionen abgesetzten Handys weltweit auf Platz fünf. Im Vergleich zum Vorjahreszeitraum hatten die Münchner 2,5 Prozentpunkte an Marktanteil eingebüßt. Intern ließ Spartenchef Clemens Joos keine Illusionen aufkommen: Siemens ist zu langsam, zu teuer – und die Geräte sind zu hässlich.

Ort des Scheiterns war China. Sollte es nun auch der Ort der Hoffnung werden für die 3 000 deutschen der insgesamt 6 000 Mitarbeiter? Allen Beteiligten war klar, dass mehrere Hundert Millionen Euro draufgelegt werden müssten, sollte sich überhaupt noch ein Käufer finden. Für wen würde sich das lohnen? Für die Chinesen, die über einen großen Markt verfügen. In der Presse fiel immer wieder der Name Ningbo Bird. Die Sondierungsgespräche jedoch führten nicht weit. Bird hatte selbst zu große Probleme, um die schwer angeschlagene Sparte übernehmen zu können. Siemens begann mit dem taiwanesischen Hersteller BenQ zu verhandeln, einer Ausgründung des Computerherstellers Acer. Doch die Chinesen machten von Anfang an den Eindruck, als ob sie nur an den Patenten des Unternehmens interessiert waren, und zeigten wenig Verständnis für die Zukunftsängste der Arbeiter und Angestellten in Deutschland. Siemens Mobile nach China zu verkaufen wäre daher keine gute Idee.

Auch die Manager des amerikanischen Herstellers Motorola zeigten Interesse. Sie wollten aus dem Windschatten von Nokia segeln. Nach kurzer Zeit stellte sich heraus, dass es mit den Amerikanern einfacher sein würde, eine sozial verträgliche Lösung zu finden. Die geheimen Verhandlungen mit Motorola gestalteten sich gut. Im Frühjahr 2005 begannen die PR-Manager im Verborgenen mit der Vermarktungsstrategie des Deals. Doch kurz bevor Siemens den Verkauf verkünden wollte, kam es über eine Vertragsklausel zum Eklat. Die Motorola-Manager bestanden darauf, dass die 200 Topmanager der Siemens-Sparte sich verpflichteten, zwei Jahre lang im Unternehmen zu bleiben. Sollten welche abspringen, würde eine Konventionalstrafe fällig. Kleinfeld hielt dies für eine Klausel, um zusätzlich Geld zu verdienen. Wie sollte Siemens dies garantieren? Er lehnte ab. Motorolas Manager lenkten nicht ein. Sie waren inzwischen offensichtlich froh, die Sparte nicht übernehmen zu müssen.

Hektisch meldeten sich die Münchner wieder bei den Taiwanchinesen, die nunmehr am längeren Hebel saßen. Bei 350 Millionen Euro schlugen die Chinesen ein. Das ist die Summe, die Siemens den Chinesen überweisen musste, damit sie die Sparte übernahmen. Hinzu kommen noch 400 Millionen Euro Verluste aus dem Jahr 2005. Bis dahin hatte BenQ überwiegend als Auftragshersteller für Motorola gearbeitet. Die Chinesen hatten sich viel vorgenommen. Vor dem Kauf hatte die Marke BenQ nur einen Weltmarktanteil von 0,1 Prozent. Mit dem Siemens-Deal hatte sich der Handyumsatz fast versiebenfacht; BenQ stieg zum viertgrößten Hersteller nach Nokia, Motorola und Samsung auf. Statt 17 trugen Handys künftig 60 Prozent des Umsatzes bei. Die Belegschaft wuchs um 40 Prozent auf gut 20 000 Menschen. Würden die Manager diesen Brocken stemmen können?

Am liebsten hätten die Chinesen nur die Patente übernommen. Dadurch, dass Siemens sehr früh in das Handygeschäft eingestiegen war, verfügten die Münchner über zahlreiche lukrative Patente. Im Juni 2005 wurde Siemens Mobile mit seinen 3 000 Beschäftigten in Deutschland chinesisch. Die Siemens-Kommunikation half den Chinesen, den richtigen Ton zu finden. „Wir werden noch in fünf Jahren in Deutschland Handys herstellen", sagte BenQ-Manager Jerry Wang. Im Vorfeld hatte Siemens auch in China erstmals Arbeitsplätze abbauen müssen, damit die Taiwanesen das Unternehmen übernahmen – und dabei den Unmut der chinesischen Belegschaft zu spüren bekommen. Vor allem sollten die Vertriebsabteilungen in Peking, Schanghai und Guangzhou verschlankt werden. Chinesische Zeitungen berichteten ausführlich über Proteste von Mitarbeitern. „Wir wollen Respekt", zitierte die *Neue Pekinger Zeitung* einen ehemaligen Angestellten namens Li. „Vorher gab es kein Anzeichen für eine Kündigung, und nun sollen wir plötzlich einen Aufhebungsvertrag unterzeichnen."

Besonders sollen die Chinesen sich über die Arroganz der deutschen Manager ihnen gegenüber geärgert haben. So verließ ein deutscher Mitarbeiter Ende Juni 2005 kommentarlos eine Verhandlungsrunde, nachdem die Entlassenen ein offizielles Kündigungsschreiben verlangt hatten. Zwar entschuldigte sich Peter Weiß, Geschäftsführer von Siemens Mobile China, noch am gleichen Tag, doch seitdem war die Stimmung vergiftet. „Ein Deutscher verdient 26-mal so viel wie ein Chinese, obwohl er auf dem gleichen Posten die gleiche Leistung bringt", beschwerte sich ein entlassener Marketingmanager namens Wang bei chinesischen Journalisten, „aber keinem einzigen Deutschen ist gekündigt worden. Das ist eine Zweiklassengesellschaft." Siemens verpflichtete sich, den entlassenen Mitarbeitern Abfindungen in Höhe von insgesamt einer Million Euro zu zahlen. Zu wenig, finden diese und machen geltend, dass andere internationale Konzerne bei Vertragsauflösungen zwei- bis dreimal so viel zahlen würden.

BenQ hatte mehreren Siemens-Mitarbeitern bereits Vertragsangebote gemacht, allerdings zu sehr viel schlechteren Bedingungen. Nur drei unterschrieben bei den Taiwanesen. Die Chinesen waren schon zu sehr an die deutschen Standards gewöhnt. Den Deutschen machte BenQ-Chef Ky Lee selbst klar, auf was sie sich einstellen mussten, damit das Unternehmen überhaupt wieder eine Chance hatte, Profite zu machen. „Die Produktionskosten in Deutschland sind sehr hoch. Wir werden die Produktion in Deutschland künftig von 40 auf 20 Prozent senken. Wir werden einen Teil nach Asien verlegen müssen. Ich weiß, dass einige Arbeiter protestieren werden, aber der Handymarkt befindet sich an einem kritischen Punkt. Wenn jemand versuchen sollte, die Reform zu blockieren, werden wir alle Verlierer sein." Den Schwerpunkt der Produktion wollte das Unternehmen zukünftig in China setzen. Dort sollten statt zuvor 30 Prozent nun 60 Prozent der Handys hergestellt werden. In Brasilien sollten 20 statt 30 Prozent bleiben. Tendenz fallend. Über das Schicksal der 6 000 Siemens-Mitarbeiter, von denen die Hälfte in Deutschland arbeitete, wollte das Unternehmen eine Entscheidung im Juni 2006 treffen. Bis zu diesem Zeitpunkt lief eine Vereinbarung zwischen Gewerkschaften und Siemens, die die Arbeitsplätze im Werk in Kamp-Lintfort sicherte.

Der ehemalige Siemens-Manager Joos blieb bei dem Unternehmen, das nun BenQ-Siemens heißt. Den Neustart verlegte er im Januar 2006 in eine Investitionsruine der Berliner U-Bahn. Mit Geräten aus Aluminium, Magnesium und Saphirglas sollte der Aufstieg gelingen. Inzwischen sind von den einst 8,5 Prozent Marktanteil weniger als vier Prozent übrig. Mit markigen Sprüchen wie „Profitabilität vor Marktanteil" wollte Joos dem strauchelnden Unternehmen neue Kraft geben. Er schaffte beides nicht und hatte sich mit den Chinesen bald zerstritten. Die hatten kein Verständnis dafür und fanden, dass Joos nicht einfach Mitarbeiter entlassen konnte. Sie verstanden nicht, dass der Betriebsrat ein Wörtchen mitreden wollte, da die deutschen Medien den Chinesen auf die Finger schauten. Im September 2006 zog der BenQ-Vorstand in Taipeh die Reißleine. Rund 840 Millionen Euro hatte BenQ nach eigenem Bekunden in der Siemens-Sparte versenkt. Noch im September wurde Insolvenz angemeldet. Siemens ließ verlauten, die Angelegenheit bei BenQ zu „bedauern". Das plötzliche Aus habe Siemens „sehr überrascht". „Wir verstehen weder die Intention noch die Hintergründe", so eine Sprecherin. 1 000 der einst 3 000 Mitarbeiter hofften bis zur Jahreswende auf einen neuen Investor – vergeblich. Um allen Verpflichtungen nachzukommen und dem Geschäft wieder Leben einzuhauchen, bräuchte der 500 bis 800 Millionen Euro, schätzte der Betriebsrat.

Nach der Blamage änderte BenQ sein Namen in Jia Da Corporation und konzentrierte sich wieder auf die Auftragsproduktion. Siemens kämpfte mit der amerikanischen Börsenkontrollkommission über die Frage, ob 4 000 chinesische „Beraterverträge" Korruption seien oder nicht. Und Bird, die einstige Hoffnung der chinesischen Handyindustrie, machte weiter Verluste. Die Chronisten der Bird-Website konnten offensichtlich seit Anfang 2006 kein Ereignis mehr finden, mit dem man sich rühmen wollte, und stellten die Unternehmenschronik ein.

Bohren für China

Wie CNOOC auf dem Ölboom reitet

„Sich mit dem fernen Feind verbünden,
um den nahen Feind anzugreifen"

Der nach Sinopec und CNPC (China National Petroleum Corporation) drittgrößte Ölmulti Chinas, die staatliche China National Offshore Oil Corporation (CNOOC), ist der international wendigste.

Wie erschafft man einen der größten Öl- und Gaskonzerne der Welt? Das ist relativ einfach. Man weise auf den Erwartungsdruck von 1,3 Milliarden Menschen hin, die leben wollen wie die im Westen. Man verfüge über eine Regierung, die einem mehrere Hundert Milliarden US-Dollar an Devisenreserven zusteckt, weil sie diesem Erwartungsdruck gerecht werden muss. Man zahle mehr als die Konkurrenz für Öl- und Gasfelder und ködere die meist unentwickelten Länder mit Ölvorkommen mit attraktiven Infrastrukturprojekten.

Man verbünde sich mit dem größten Konkurrenten Indien und vereinbare, bei den Bieterverfahren nicht gegeneinander anzutreten. Man stelle sich hinter vom Westen politisch geächtete Länder, baue Vertrauen auf und vertrete deren politische Interessen im UN-Sicherheitsrat. Man kaufe viel Öl und erzähle überall herum, wie viel mehr man noch brauche. Man lasse sich vom Westen in Gemeinschaftsunternehmen die Techniken der Öl- und Gasförderung und -verarbeitung beibringen. Das alles bringe man schließlich in New York und Hongkong an die Börse. Dann kaufe man aus den Gewinnen noch mehr Öl und Gas und baue Produktionsanlagen auf. Und man erkläre der Regierung, dass die US-Devisenreserven in dem Unternehmen gut investiert seien, weil der US-Dollar jeden Monat weniger wert wird.

CNOOC, dessen moderne, architektonisch eindrucksvolle Firmenzentrale in Peking am zweiten Ring gegenüber dem Außenministerium liegt, hat 2007 umgerechnet etwa 5,2 Milliarden Euro Gewinn gemacht. Und das ist nicht die einzige beeindruckende Zahl, die CNOOC abliefern konnte. Sein Marktwert hat sich im Vergleich zum Vorjahr mal eben verdoppelt: von 38 Milliarden US-Dollar im März 2007 auf 76 Milliarden US-Dollar im Februar 2008. Die Stromproduktion des Unternehmens ist um 50 Prozent gestiegen. Allein der LNG-Terminal in Dapeng in der Provinz Kanton hat fast drei Millionen Tonnen Flüssigerdgas (LNG steht für Liquefied Natural Gas = Flüssigerdgas) umgeschlagen.

CNOOC hat die Phase, in der es Öl nur förderte und nach China verschiffte, längst hinter sich. Das richtige Geld verdient man in dieser Branche nur, wenn man das geförderte Öl und Gas auch gleichzeitig noch verarbeitet. Im Jahr 2007 ist es dem Vorsitzenden Fu Chengyu zum ersten Mal gelungen, mehr Geld mit der Verarbeitung von Öl und Gas zu verdienen als mit der Förderung. Das war der Durchbruch für CNOOC. Derzeit arbeitet der Topmanager den elften Fünfjahresplan des Unternehmens ab. Und er ist erfolgreicher, als die Planer es voraussehen konnten.

Fu ist erfolgsverwöhnt, und dennoch hält er das Tempo aufrecht. Er hat eine unglaubliche Karriere hinter sich. Seine Eltern waren so arm, dass er als Kind Eier gegen Schulbücher tauschen musste. Er wurde groß in der Provinz Heilongjiang, einer maoistischen Industriezone im Norden Chinas. Damals hätte er sich nicht träumen lassen, dass er einmal einen Master als Ingenieur der Petrochemie an der Universität von Südkalifornien in Los Angeles machen, geschweige denn Parteisekretär und gleichzeitig Chef einer der größten chinesischen Öl- und Gaskonzerne werden würde.

Er hatte neben seinem Geschick und seiner Intelligenz auch unglaubliches Glück. Er war einer der Ersten und wenigen, denen es gelang, in den Nachwehen der Kulturrevolution 1975 einen Universitätsabschluss zu machen. Er bewährte sich sieben Jahre auf chinesischen Ölfeldern und wurde 1982, das war der große Glücksfall, mit dem ersten Schub Auslandsstudenten auf Anweisung des großen Reformers Deng Xiaoping in die Welt geschickt. Dengs Devise war: Studenten rausschicken – auch wenn nicht alle zurückkommen –, vom Ausland lernen. Die Zeit in den USA hat einen tiefen Eindruck bei Fu hinterlassen. Doch er kehrte zurück. Ihm war schon früh klar, dass China ihm mehr Spielraum und mehr Chancen bot als der Westen. Im Westen war er ein Chinese mit einer guten Ausbildung, in China jedoch einer der wenigen, die wussten, wie die Ausländer ticken.

Die Regierung platzierte ihn strategisch geschickt. Fu koordinierte von nun an die Kontakte der chinesischen Öl- und Gasindustrie zu ausländischen Partnern. Er schmiedete die ersten Joint Ventures mit Unternehmen wie BP und Chevron. Im September 1999 wurde er in den Vorstand der CNOOC aufgenommen, vier Jahre später Vorstandsvorsitzender. Er übernahm den Job von Wei Liucheng, der für seine Arbeit mit dem Posten des Provinzgouverneurs der südwestlich von Hongkong gelegenen Tropeninsel Hainan belohnt wurde. Dessen Vorgänger als Provinzgouverneur wiederum wurde Oberbürgermeister von Peking. Auch Fu weiß: Wer seine Aufgabe bei CNOOC gut erledigt, hat eine steile politische Karriere vor sich. Denn in der Industrie gibt es dann kaum noch Aufstiegsmöglichkeiten.

Fu ist trotz der guten Karriereaussichten bescheiden geblieben, durch und durch Ingenieur. Aber er hat ehrgeizige Ziele. Er möchte, wenn er die nächste Stufe der Karriereleiter erklommen hat, ein Unternehmen hinterlassen, das zu den großen der Welt gehört. Schon heute ist CNOOC der chinesische Ölmulti mit der ehrgeizigsten internationalen Expansionsstrategie. Die Börse belohnt Fus aggressiven Kurs. Während der Branchenindex an der Hongkonger Börse im Jahr 2007 nur um 39 Prozent stieg, schafften die CNOOC-Aktien 80 Prozent, vor PetroChina mit 26 Prozent und Sinopecs 64-prozentiger Steigerung. Seit das Unternehmen 2001 mit großem Erfolg in New York und Hongkong gelistet wurde, wächst es im Schnitt um 37 Prozent. Die Aktie war bei ihrem Debüt 3,17-fach überzeichnet und ist inzwischen auf das Neunfache gestiegen. 2010 soll das Unternehmen bereits 23,5 Milliarden Euro Betriebsvermögen haben. Bis dahin will Fu 100 Millionen Tonnen Öl und Gas fördern. Die Hälfte davon in Übersee.

Als das Unternehmen 1982 gegründet wurde, bekam es von der Regierung ein Monopol in der Offshore-Öl- und -Gasförderung mit auf den Weg. Über 20 Jahre später erhielt es im April 2004 das Recht, Öl zu importieren. Dieses Recht hatten bis zu diesem Zeitpunkt nur vier Unternehmen im ganzen Land, darunter der Konkurrent Sinopec. Die Strategie des Staates bei der Vergabe solcher Lizenzen ist ebenso einfach wie überzeugend. Man will den Konkurrenzkampf der chinesischen Unternehmen untereinander langsam weiter anheizen, damit sie wettbewerbsfähiger werden und so weiter im eigenen Land investieren. Denn Ölimportlizenzen bedeuten, dass es sich noch mehr als sonst schon lohnt, in die Ölverarbeitungsindustrie einzusteigen. Damit ist man nicht mehr von der Willkür eines Importeurs abhängig.

Im Oktober 2004 gründete CNOOC ein Gemeinschaftsunternehmen zur Ölverarbeitung mit der Royal Dutch Shell in der Stadt Nanhai, das eine Raffineriekapazität von zwölf Millionen Tonnen haben soll. Es war mit Investitionen von 4,2 Milliarden US-Dollar das größte Joint Venture, das in China bisher gegründet worden war. 3,2 Millionen Tonnen chemischen Dünger ließ Fu herstellen. 710 000 Tonnen Methanol. Allein sein Shell-Joint-Venture produzierte 2007 830 000 Tonnen Ethylen und 2,62 Millionen Tonnen anderer hochwertiger chemischer Produkte. Das war der wichtigste Faktor, um über die 50 Prozent Verarbeitungsanteil zu kommen. Dabei ließ es sich gar nicht vermeiden, dass ein enormer Schub an Fertigungs-Know-how in chinesische Köpfe gewandert ist.

Schon bald sah sich Fu in der Lage, tiefer in die Verwertung vorzudringen. Er bekam die Lizenz, Benzin im Groß- und Einzelhandel zu verkaufen. Nun verfügte er wie die Ölmultis im Westen über alle Glieder der Wertschöpfungskette, die ein Unternehmen in diesem Bereich nutzen kann. Ölfelder kaufen, nach Öl suchen, Öl fördern, transportieren, verarbeiten und an die Endkunden verkaufen.

Bis dahin hatten nur zwei Firmen das Recht gehabt, den Einzelhandel zu bedienen: PetroChinas Muttergesellschaft CNPC und Sinopec. Auch in diesem Bereich erhöhte die Regierung schrittweise den Konkurrenzdruck. Die Dosierung war gut überlegt. Die Unternehmen sollten gezwungen sein, sich weiterzuentwickeln, aber nicht unter so großen Druck geraten, dass ein geordneter Aufbau des Unternehmens nicht mehr möglich war. Die Regierung sorgt auch dafür, dass ausländische Unternehmen im chinesischen Markt nicht zu stark werden und den aufblühenden chinesischen Unternehmen das Licht nehmen, den Freiraum, den sie brauchen, um so mächtig zu werden, dass sie es mit den westlichen Riesen aufnehmen können. CNOOC ist auf dem Weg dahin. Heute hat das Unternehmen bereits 24 000 Mitarbeiter, die in sechs Geschäftsbereichen arbeiten: von Öl- und Gasförderung über Technik und Logistik, Verkauf, Chemie und Düngemittelproduktion bis hin zu Energiegewinnung. Sogar einen Finanzierungsarm hat CNOOC.

Allerdings profitiert CNOOC nicht nur von den staatlichen Maßnahmen, die Konkurrenten anzustacheln. Manchmal verliert es auch Monopole, an die es sich schon sehr gewöhnt hatte – zu sehr. Bereits vor einigen Jahren nahm die Regierung CNOOC das Monopol des Offshore-Geschäfts. Die Konkurrenten CNPC und Sinopec durften nun, da CNOOC fest im Sattel saß, ebenfalls an diesen lukrativen Topf, der sich vor allem international als immer interessanter erweist. Denn mit steigendem Ölpreis lohnt sich auch die Förderung aus großen Tiefen. Und angesichts der Tatsache, dass immer mehr Rebellen in den wichtigen Förderländern wie Nigeria oder Sudan die Produktion stören oder gar lahmlegen, ist es praktisch, auf dem Meer von einer Plattform aus zu operieren, deren einziger Feind Taifune sind.

Doch obwohl die Konkurrenz nicht schläft und auch die Regierung dafür sorgt, dass Fu gelegentlich der Wind ins Gesicht bläst, kommt der agile Manager gut voran. Es gelingt ihm, immer tiefere Löcher zu bohren. Auch in diesem Segment lässt er sich von Ausländern zeigen, wie man das macht. Bei den Tiefseebohrungen hilft das norwegische Unternehmen Atlantis Deepwater Technology Holding. Allein in chinesischen Gewässern haben die beiden Partner im Jahr 2007 zehn neue Ölvorkommen entdeckt. Die werden dazu beitragen, die für 2010 geplante Förderungsmenge von 50 Millionen Tonnen Schweröl zu sichern.

Das ist für Chinas Wirtschaft, die jedes Jahr im Schnitt um gut zehn Prozent wächst, fast die halbe Miete. Der wirtschaftliche Aufschwung ist die beste Versicherung gegen soziale Unruhen, die die Kommunistische Partei fürchtet wie kaum etwas anderes, wie sich Anfang 2008 bei den Aufständen in Tibet gezeigt hat. Sollten die Öl- und Gasströme aus den Lieferländern einmal plötzlich abreißen, möchte die Pekinger Führung nicht kalt erwischt werden. Denn ohne Öl gibt es kein Wachstum, ohne Wachstum nicht genug neue Arbeitsplätze, ohne Arbeitsplätze soziale Unruhen.

Deshalb begann China bereits im Sommer 2005 für das ganze Land Reservelager anzulegen. Die riesigen Tanks sollen, wenn sie gefüllt sind, das aufstrebende Reich für mindestens 30 Tage von der Weltversorgung unabhängig machen. Westliche Länder wie zum Beispiel die USA leisten sich Vorräte von bis zu 90 Tagen. Bisher reichen Chinas Vorräte nur wenige

Tage. Um für einen Monat unabhängig zu sein, muss China zusätzlich 30 bis 40 Millionen Barrel Öl einlagern. Das ist viel, entspricht es doch gut zehn Prozent seines Jahresverbrauchs.

Da auch der Verbrauch Chinas steigt – 2007 um zehn Prozent –, bräuchte China selbst dann noch Jahr für Jahr etwa zehn Prozent mehr Öl, wenn die Reservelager einmal gefüllt sind. 385 Millionen Tonnen verbrauchte China bereits 2007. In den nächsten Jahren rechnen Fachleute mit einem anhaltenden Anstieg des Ölverbrauchs von mindestens sechs bis acht Prozent pro Jahr, etwas niedriger als das erwartete chinesische Wirtschaftswachstum. Die Zahlen machen deutlich: Auf absehbare Zeit wird der Ölpreis in der Welt nicht mehr vom westlichen Winterwetter, sondern von Chinas Energiestrategien bestimmt sein. Zwar gilt auch Indien mit seinen 1,2 Milliarden Menschen als ein zentrales Land, wenn es um den Anstieg des weltweiten Ölverbrauchs geht, doch im Vergleich zu China ist es etwa zehn Jahre zurück. Indien bekommt nicht einmal ein Zehntel der Auslandsinvestitionen, die nach China fließen. Etwa 60 Milliarden US-Dollar im Jahr. Die chinesische Wirtschaft wird viel früher nach größeren Mengen von Öl und anderen Bodenschätzen dürsten als die indische.

Mit eigenen Vorkommen lässt sich dieser Bedarf nicht decken, was auch daran liegt, dass man sie nur mit gebremster Kraft abbaut, um im Notfall darauf zurückgreifen zu können. Das ist klug, zumal sie mit jedem Tag, an dem die Öl- und Gaspreise klettern, wertvoller werden. Wenn die gegenwärtigen Trends unverändert bleiben, werden bis zum Jahr 2020 allerdings rund 60 Prozent des chinesischen Ölverbrauchs durch Importe gedeckt werden müssen – heute sind es „nur" 40 Prozent. „Die chinesische Nachfrage ist die treibende Kraft hinter dem steigenden Bedarf weltweit", fasste ein Bericht der Internationalen Energiebehörde in Paris zusammen. Zu 80 Prozent gehen die starken Ölpreissteigerungen der letzten Jahre auf das Konto des großen Energiedurstes in China. Und deswegen werden die chinesischen Ölmultis wie CNOOC in Zukunft eine zentrale Rolle spielen – eine Rolle, über die wir uns heute noch gar keine Vorstellung machen. Sie stehen damit auch unter detaillierter Beobachtung des Staates. Vor allem vom Erfolg dieser Unternehmen hängt ab, ob der chinesische Boom über die nächsten

Dekaden anhält. Die Volksrepublik braucht bereits jetzt so viel Öl, wie der Iran und die Vereinigten Arabischen Emirate derzeit fördern.

Ein anderer Indikator für das chinesische Wirtschaftswachstum und ein Faktor, den die Topmanager im Ölgeschäft genau im Blick haben, um absehen zu können, wie der Bedarf sich entwickeln wird, ist der Stahlverbrauch. Denn Stahl herzustellen ist sehr energieaufwendig. Und auch wo viel Stahl verbaut wird, wird Energie gebraucht. An der Menge benötigter Stahlträger für Fabriken und Häuser oder für Bauteile für Maschinen lässt sich der Bedarf verlässlich abschätzen. Bereits 2003 konsumierte China mit 257 Millionen Tonnen ein Viertel der weltweiten Stahlproduktion, mehr, als die beiden größten Wirtschaftsmächte USA und Japan im selben Jahr herstellten. Inzwischen sind die Chinesen, wie die China Iron and Steel Association (CISA) für das Jahr 2007 schätzte, bei 424 Millionen Tonnen Rohstahl angekommen, etwa 20 Prozent mehr als noch im Jahr zuvor. Der Weltstahlverbrauch stieg im gleichen Zeitraum nur um 6,8 Prozent an. Gleichzeitig verbrauchte das Land über 40 Prozent der weltweiten Kohleproduktion, die auch zur Stahlgewinnung nötig ist. Zahlen, bei denen einem schwindlig wird.

Seit Jahren leidet China an Energieknappheit. Das hauptsächlich auf Kohlekraftwerken basierende Stromnetz hat seine Leistungsgrenzen längst erreicht. Seit mehreren Jahren fällt im Sommer in den Fabriken in Schanghai und in den südchinesischen Boomregionen regelmäßig der Strom aus, manchmal tagelang. Um das Problem in den Griff zu bekommen, kann sich die Regierung nicht allein auf Unternehmen wie CNOOC verlassen, sondern muss alle Energiezweige mit gleicher Kraft fördern und fordern. Manche Experten gehen davon aus, dass die Chinesen noch lange unter Strommangel werden leiden müssen. „Das wird nicht nur vorübergehend sein, sondern die nächsten zehn bis 15 Jahre so bleiben oder sich sogar noch verschlimmern", schätzte der ehemalige Siemens-Chef und Chinakenner Heinrich von Pierer.

Die hohen Energiekosten schmälern die Gewinnmargen von Unternehmen und drücken den Konsum – nicht nur in China, sondern auch im Rest der Welt. Wie der Haushalt des deutschen Finanzministers aussieht, wird heute bereits maß-

geblich von China beeinflusst. Die Deutschen bekommen
Chinas Entwicklung direkt im eigenen Geldbeutel zu spüren.
Zugespitzt gesagt: Der deutsche Aufschwung des Jahres 2008
wurde von Chinas Ressourcenhunger aufgefressen.

In allen Fragen, die mit Energie und Bodenschätzen zu tun
haben, wird künftig niemand mehr an China vorbeikommen.
Insofern müssen wir von nun an, ob wir wollen oder nicht,
den Aufstieg von Unternehmen wie CNOOC oder Sinopec
genauer im Blick behalten. Ohne deren Zustimmung lässt sich
weltweite Energiepolitik nicht mehr steuern. So wie die OPEC,
die Organisation der Ölexporteure, wird es womöglich mal
einen Verbund der asiatischen Energieverbraucher geben, der
alles in den Schatten stellt, was wir bisher kennen. Schon heute
entscheidet das Politbüro in Peking, die vorgesetzte Dienststelle
von CNOOC, über die Renaissance der Atomkraft ebenso wie
über die Entwicklung von Windenergie und die Chancen von
Wasserstoffantrieben oder Hybridautos.

China könnte sowohl das Land mit dem höchsten Anteil an
Atomstrom als auch das erste Land mit mehr als zehn Prozent
Energienutzung aus alternativen Quellen werden. In den vergangenen 20 Jahren hat China nur elf Kernreaktoren errichtet,
fünf weitere sind im Bau. Jetzt plant die Pekinger Führung, bis
2030 jährlich zwei bis drei neue Kernkraftwerke zu errichten
und so Chinas installierte Stromkapazität um das 20-Fache
auf 160 Gigawatt zu erhöhen. In der boomenden Südprovinz
Guangdong an der Grenze zu Hongkong sollen allein vier Kernkraftwerke mit jeweils einer installierten Kapazität von mehr als
1 000 Megawatt hochgezogen werden.

Zudem muss die chinesische Regierung auf die steigenden
Benzinpreise reagieren und hat bereits einen Feldversuch begonnen, bei dem aus Biomasse gewonnener Alkohol, vermischt
mit Benzin, in die Tanks gefüllt wird. Das Projekt startete 2005
gleichzeitig in fünf Provinzen. Über zehn Millionen Tonnen
Bioalkohol wurden im ersten Jahr dafür verbraucht. Sollten
die Alltagstests befriedigend ausfallen, könnten in Zukunft alle
Autos in diesen Provinzen mit dem Alkohol-Benzin-Gemisch
fahren. Auch an der Entwicklung eines Wasserstoffautos arbeiten chinesische Forscher – gemeinsam mit internationalen
Autoherstellern – auf höchsten Touren.

Gleichzeitig ist die Führung dabei, sich aus der für China traditionellen Energiegewinnung aus Wasserkraft und Kohle schrittweise zurückzuziehen. Kohle ist zu umweltschädlich, und ob moderne Wasserkraftwerke hinlänglich effizient arbeiten, soll sich zunächst anhand des Dreischluchtenstaudamms erweisen. Klar ist schon jetzt, dass die Umsiedlungsaktionen politisch hohe Kosten verursachen. Drei Wasser- und 19 Kohlekraftwerke hat die Pekinger Führung 2005 im Planungsstadium gestoppt. Sie hätten es zusammen auf eine Leistung von über 14 000 Megawatt gebracht, etwa so viel wie 14 Atomkraftwerke. „Die Projekte wurden annulliert, weil sie die von uns gesetzten Umweltauflagen nicht erfüllten", sagte Pekings Vize-Umweltminister Pan Yue. Auch der geplante Xiluodu-Damm am Oberlauf des Jangtse – veranschlagte Baukosten: fünf Milliarden US-Dollar – wird nicht gebaut. Es ist bereits das zweite milliardenschwere Staudammprojekt innerhalb von zwei Jahren, das auf Eis gelegt wird.

Doch all diese Maßnahmen genügen nicht, wenn es den chinesischen Ölmultis nicht gelingt, so schnell wie möglich so viel wie möglich an Öl- und Gasreserven zu sichern. Dabei kommt CNOOC eine zentrale Rolle zu. Erst 2004 hat das Unternehmen von der Regierung eine Lizenz zum Kauf von jährlich zwölf Millionen Tonnen Öl auf den internationalen Märkten erhalten. Die Regierung setzt den Unternehmen Obergrenzen, damit sie nicht über die Stränge schlagen und sich finanziell übernehmen. Was immer ein Öl- oder Gasunternehmen auf dem internationalen Markt machen will, muss zuvor von der chinesischen Regierung genehmigt werden. Dabei geht es weniger darum, die Unternehmen zu gängeln, sondern vor allem darum, sicherzustellen, dass die geschäftlichen Aktivitäten in die Gesamtstrategie des chinesischen Aufstiegs passen.

Und auch CNOOCs Topmanager Fu ist gezwungen, vorauszudenken und in zukunftsversprechende Energiebereiche zu diversifizieren. Er denkt schon jetzt an die Zeiten, in denen Gas und Öl womöglich so teuer werden, dass alternative Energien wettbewerbsfähiger werden. CNOOC begann 2008 mit den Arbeiten für das größte Offshore-Windkraftfeld der Welt. Wenn alle Windräder mit voller Kraft laufen, können sie 1 100 Megawatt Leistung herstellen. Allein für diese Anlage werden die

Investitionen knapp zwei Milliarden Euro betragen. Der Wald aus Windrädern wird spätestens 2018 fertiggestellt sein. Die verwendeten Windmühlen sind Eigenentwicklungen, und bald bietet sich die Möglichkeit, Erfahrungen über den Alltagsbetrieb einer solchen Anlage zu bekommen. Der Windpark im Meer soll zunächst die Öl- und Gasplattformen in der Bohai-See mit Energie versorgen. „Wir wollen im Windsektor stark expandieren", sagt CNOOC-Chef Fu. „Wenn dieser Feldversuch erfolgreich verläuft, werden wir in die Massenproduktion gehen." Ziel ist es nicht etwa, einen Ersatz für das Kerngeschäft aufzubauen, sondern das Kerngeschäft rentabler zu machen. Fu will die alternativen Energien nutzen, um die Förderkosten für Gas und Erdöl erheblich zu senken und dadurch wettbewerbsfähig zu bleiben. Das ist chinesisch um die Ecke gedacht. Bisher werden die Förderanlagen mit großen Dieselgeneratoren betrieben.

Das CNOOC-Projekt ist Teil eines großen Planes, den die Zentralregierung verfolgt. Bereits bis 2010 sollen 10 000 Megawatt der chinesischen Stromversorgung durch Windenergie hergestellt werden. Ende 2006 waren es nur 2,6 Megawatt. Das Land hat eine theoretische Windenergiegewinnungskapazität von 750 000 Megawatt offshore und 250 000 Megawatt auf dem Land.

Windenergie ist jedoch nicht der einzige Bereich der alternativen Energien, in dem man bei CNOOC forscht. Solarenergie gehört ebenso dazu wie Energie aus Biomasse. Und die CNOOC-Manager gehen auch bei der Ölförderung neue Wege. Sie haben sich einen 14-Prozent-Anteil an der kanadischen MEG Energy gesichert, die auf die Ausbeutung von Ölsanden spezialisiert ist, ein Ölgewinnungsverfahren, das in den letzten Jahren sehr populär geworden ist.

Fu hat es geschafft, die anfängliche Skepsis der westlichen Ratingagenturen und Investmentbanken gegenüber dem „kommunistischen Staatsbetrieb" abzubauen. Die Investmentbank Morgan Stanley geht davon aus, dass das Unternehmen in den nächsten fünf Jahren jährlich um über acht Prozent wachsen wird, also um nur etwa zwei Prozent weniger als die gesamtchinesische Wirtschaft. Damit verfügt das Unternehmen über die höchsten Wachstumsraten in der Öl- und Gasindustrie. Der Aufstieg von CNOOC verlangsamt sich also noch lange

nicht. Wie in vielen anderen Industrien sitzt in diesen Zeiten
dasjenige Unternehmen am längeren Hebel, das den größten
Verbrauchsmarkt kontrolliert, und nicht mehr etwa das mit der
besten Technologie. Denn Technologie ist käuflich beziehungsweise kopierbar. Geld verdienen und die eigene Marke bekannt
machen kann CNOOC, indem es ein eigenes Tankstellennetz
aufbaut. Erst Ende 2007 hat CNOOC in Huizhou in der Provinz
Kanton seine erste Tankstelle eröffnet. In den nächsten drei Jahren will Fu vorsichtig expandieren, um Erfahrungen auf diesem
Gebiet zu sammeln. 1 000 Tankstellen sind in den nächsten
drei Jahren geplant. Für ein Land wie China zunächst nicht viel
mehr als ein Tropfen auf den heißen Stein. Man will sich vor
allem auf das Perlflussdelta im Süden konzentrieren.

CNOOC ist nicht nur für die Ölversorgung des Landes
wichtig, sondern auch als Standortfaktor. So wie BASF Lud-
wigshafen und Bayer Leverkusen zu Wohlstand verholfen hat,
ist CNOOC in der Lage, ganze Städte und Region wirtschaftlich
wieder aufblühen zu lassen. Einer dieser Orte ist Dongying,
eine 1,8-Millionen-Stadt an der Küste der Provinz Shandong.
Dongying ist ein alter Schwerindustriestandort, der bereits über
teils veraltete Raffinerien mit einer Kapazität von 30 Millionen
Tonnen verfügt, einschließlich der der Lihuayi-Gruppe, die die
größte Einzelraffinerie in China betreibt. Allerdings brauchte
der Standort dringend eine Frischzellenkur. Schon Ende der
90er-Jahre hatte die Zentralregierung in Peking 19 Raffinerien
in der Provinz schließen lassen, weil sie total veraltet waren.
Die Frischzellenkur bekommt Dongying nun von CNOOC. Das
Unternehmen hat sich entschieden, einen 30 Quadratkilome-
ter großen Industriepark inklusive neuer Großraffinerie neben
den Hafen der Stadt zu bauen. Eine Million Tonnen Öl sollen
dort als Reserve gelagert werden.

Ende 2008 macht das Unternehmen einen wichtigen Schritt
in der internationalen Expansion. Die ersten zehn von 44 Ölför-
derkomplexen im nigerianischen OML-130-Ölfeld werden mit
der Produktion beginnen. Im Januar 2006 erst hatte CNOOC
verkündet, für 2,3 Milliarden US-Dollar einen 45-Prozent-Anteil
eines Ölblocks an Nigerias Offshore-Öl- und -Gasfeld Akpo
gekauft zu haben. Damit hatte das intensive Engagement der
Chinesen in Nigeria begonnen, dem größten Ölproduzenten

des afrikanischen Kontinents und dem elftgrößten der Welt. Es ist ein Land, das für die Chinesen strategisch sehr wichtig ist, weil es bislang politisch fest in amerikanischer Hand war. Westliche Ölkonzerne hatten bei der Förderung die Oberhand, seit man 1958 zum ersten Mal schwarzes Gold im weitverzweigten Nigerdelta gefunden hatte. Noch Ende 2006 teilten sich fünf westliche Ölmultis 90 Prozent des nigerianischen Marktes: der britisch-niederländische Konzern Royal Dutch Shell, die beiden amerikanischen Unternehmen ExxonMobil und Chevron sowie Total und Eni, ein französischer und ein italienischer Ölkonzern. 2,5 Milliarden Barrel täglich wurden 2006 gefördert.

Die Chinesen schlossen das Geschäft mit South Atlantic Petroleum ab, einem Unternehmen, das dem ehemaligen nigerianischen Verteidigungsminister Theophilus Danjuma gehört. CNOOC musste einige Monate später noch einmal 2,25 Milliarden US-Dollar für die Inbetriebnahme des Akpo-Feldes bezahlen, die für 2009 vorgesehen ist. Es war die erste Akquisition des chinesischen Ölunternehmens außerhalb Asiens, nachdem es 2002 für knapp 600 Millionen US-Dollar fünf Blocks in einem indonesischen Gas- und Ölfeld von dem spanischen Ölmulti Repsol übernommen hatte. Mit der Nigeria National Petroleum Corporation haben die Chinesen einen Vertrag über die Lieferung von 30 000 Barrel Öl pro Tag im Wert von 800 000 Millionen US-Dollar jährlich abgeschlossen. Für die Chinesen lohnen sich die Ölinvestments doppelt. Man wird die leidigen US-Dollar los und sichert sich auf Jahre hinaus die wichtigen Reserven. Bis 2009 muss das Unternehmen allerdings weitere 2,3 Milliarden US-Dollar investieren, um das Feld zu entwickeln.

Neben erfolgreichen börsennotierten Unternehmen produzieren die chinesischen Manager damit auch politisches Kapital, neue Allianzen, die ihren machtpolitischen Einfluss vergrößern. Nicht zuletzt deswegen werden die Öl- und Gaskonzerne noch lange unter strenger politischer Kontrolle stehen. Sie sollen nicht aus Versehen dauerhaften politischen Schaden anrichten. Sie sind nur Teil einer größeren Strategie, in der es zum Beispiel darum geht, den Iran oder den afrikanischen Kontinent gegen den Westen in Stellung zu bringen. Das Reich der Mitte wurde zum Global Player auf dem Rohstoffweltmarkt.

Peking investierte einen mittlerweile dreistelligen Milliarden-
betrag in Ölfelder im Sudan, in Venezuela, Kasachstan, Nigeria,
Kanada und Indonesien.

Ein Kennzeichen der neuen Großmacht im Weltenergiege-
schäft ist es, dass sie ihre Rohstoffversorgung mit strategischen
politischen Zielen verknüpft und Einfluss auf die wichtigsten
Konfliktherde der Welt zu nehmen weiß. Die Verzahnung von
Staatsinteressen und Geschäft verleiht dem aufstrebenden Reich
der Mitte einen heftigen Bedeutungsschub auf der Bühne der
internationalen Politik. China geht dabei einen anderen Weg
als die Vereinigten Staaten. Während die USA, wie im Irak, ihren
Zugriff aufs Öl mit militärischen Mitteln auszubauen suchen,
setzen die Chinesen nicht auf Waffen, sondern auf Waren. Sie
treten als Händler auf, nicht als Demokratiemissionare oder
Besatzer – eine Methode, die sich schon jetzt als einfacher und
unauffälliger erweist, obwohl der Kampf um die Weltressourcen
zwischen den USA und China gerade erst begonnen hat.

Zu einem ersten Höhepunkt in diesem Wettstreit kam es
im Herbst 2004, als die Chinesen 70 Milliarden US-Dollar in
iranische Öl- und Gasvorkommen investierten und damit –
erstaunlicherweise fast unbeobachtet von der Weltöffentlich-
keit – zu einer Art Schutzmacht von Teheran wurden. Wann
immer die USA Iran ernsthaft militärisch bedrohen sollten,
wird China ein Wort mitreden. Inzwischen fließen 15 Prozent
des iranischen Öls nach China – Tendenz, Embargo hin oder
her, steigend. Fu gelang ein weiterer Coup in Teheran. Im Mai
2007 einigten sich CNOOC und Iran, ein Gasfeld in vier Phasen
zu erschließen. China band sich für 25 Jahre und hält einen
Anteil von 50 Prozent. Das Projekt wird mindestens 16 Milliarden US-Dollar kosten. Seit Dezember 2007 fließen die ersten
zwei Milliarden zur Entwicklung des iranischen Ölfelds. Ein
amerikanischer Regierungssprecher bezeichnete den Vertrag
als „nicht verantwortungsvoll". Ein Sprecher des chinesischen
Außenministeriums antwortete, die USA sollten sich nicht in
die inneren Angelegenheiten Chinas einmischen.

Für die kurze Zeit, die sich die Asiaten in Afrika engagieren,
liegen Asien (27 Prozent), Europa (32 Prozent) und die USA
(29 Prozent) mit ihren Anteilen am afrikanischen Handel schon
dicht beieinander. China ist mit großem Abstand der Motor

unter den asiatischen Handelspartnern (zehn Prozent). Auch
dank CNOOC. Der Handel zwischen China und Afrika ist zwar
erst knapp halb so groß wie der zwischen den USA und Afrika,
doch bereits 2010 könnte China mit 100 Milliarden US-Dollar
der größte Handelspartner Afrikas sein, schätzt Premier Wen
Jiabao. Damit hätte sich das Handelsvolumen in zehn Jahren
verzehnfacht. Und CNOOC ist das Unternehmen, das am meisten in Afrika investiert. Die politische Entwicklungsrichtung
ist also offensichtlich: Die USA und Europa verlieren täglich
an Wettbewerbsfähigkeit in Afrika, denn immer mehr Produkte
und Leistungen können die Chinesen anbieten.

China steht unter großem Druck, seine Ölunternehmen
strategisch geschickt aufzustellen. Denn ohne ausreichende
Energieversorgung wird der chinesische Boom einbrechen.
Wie wenig Öl China heute erst verbraucht, zeigt ein Vergleich
mit den USA. China importiert gut drei Millionen Barrel pro
Tag für 1,3 Milliarden Menschen, die USA gut zwölf Millionen
Barrel für nur 300 Millionen Menschen. Die USA verbrauchen
derzeit mit einem Viertel der Bevölkerung dreimal so viel Öl wie
China. Das bedeutet, China könnte einmal 16-mal so viel Öl
brauchen wie bisher. Das sind die Zahlen, die Unternehmen wie
CNOOC erfolgreich machen. Die amerikanische Investmentbank Goldman Sachs geht davon aus, das CNOOC im Jahr 2008
die Produktion um elf Prozent erhöhen kann und im Jahr darauf
sogar um 28 Prozent. Allein in ihrem chinesischen Kerngebiet,
dem westlichen Teil der Südchinesischen See, will CNOOC
die Produktion in den nächsten drei Jahren auf 15 Millionen
Tonnen verdoppeln.

Aber Fu muss auch Rückschläge hinnehmen. Nicht immer
geht die Strategie der chinesischen Führung auf, zwei Fliegen
mit einer Klappe zu schlagen und wirtschaftliche und politische
Interessen geschickt miteinander zu verbinden. 2005 hatte Fu
18 Milliarden US-Dollar geboten – über zwei Milliarden mehr
als der zweithöchste Bieter Chevron –, um den achtgrößten
amerikanischen Ölhersteller Unocal zu kaufen. Es war bis dahin
das größte Einzelangebot der Chinesen für ein Unternehmen
im Ausland. Doch Fu und seine Berater hatten die politische
Dimension des Konzeptes unterschätzt. Politik und Geschäft
liefen plötzlich nicht mehr Hand in Hand, sondern verkeilten

sich ineinander. Sowohl die Regierung unter Präsident George W. Bush als auch eine große Gruppe von Demokraten und Republikanern im Kongress sprach sich gegen das Geschäft aus. Sie argumentierten, dass das Geld von der chinesischen Regierung komme und damit der Einfluss Chinas in den USA zu groß werden würde. Der Preis sei kein Marktpreis, sondern politische Strategien seien mit einkalkuliert. Dies sei ein Sicherheitsrisiko. Vor allem, weil damit wichtige Tiefseebohrungstechnologie in die Hände der Chinesen geraten würde. Ein Kongressabgeordneter argumentierte, dass es amerikanischen Unternehmen vonseiten der chinesischen Regierung auch nicht gestattet sei, sich in chinesische Ölunternehmen einzukaufen.

Die Chinesen waren lange siegesgewiss, da sie wussten, dass es keine legale Möglichkeit gab, das Geschäft zu stoppen. Doch die Amerikaner wussten sich zu helfen. Der Kongress kündigte ausführliche Untersuchungen an, womit klar wurde, dass sich der Kauf um Jahre verzögern würde. Um einen größeren politischen Aufruhr zu vermeiden, entschied die chinesische Regierung, Fu davon zu überzeugen, das Kaufangebot zurückzuziehen. „Ich habe kein Talent für Politik, es geht bei dem Deal nur ums Geschäft", argumentierte Fu vergeblich. Die Idee sei allein im Unternehmen geboren. „Die Regierung ist darin nicht involviert und nicht ein Cent Regierungsgeld ist in dem Deal versteckt." Dass er sich sein Vorhaben nicht vorher bei der Zentralregierung hat genehmigen lassen, ist jedoch kaum denkbar. Die Kommission zur Überwachung der staatlichen Anteile (der Staat hält bei CNOOC 70 Prozent), die im chinesischen Staatsrat angesiedelt ist, nutzte sicherlich ihre Anteilsrechte, um im Auftrag des Staates zu handeln.

Es war nicht der erste und nicht der letzte Versuch, sich international einzukaufen. Denn bisher finden vier Fünftel des Geschäftes an den Küsten Chinas statt. Schon 2002 war ein Einkauf gescheitert. Das hatte allerdings eher einen wirtschaftlichen denn einen politischen Hintergrund. CNOOC wollte 12,5 Prozent an dem australischen Gordon Field kaufen, um die Versorgung seiner geplanten LNG-Verarbeitungsanlagen in Schanghai und Zhejiang sicherzustellen. Die beiden Parteien konnten sich jedoch nicht auf einen Preis einigen. Immerhin war CNOOC das Unternehmen, das das LNG-Geschäft nach

China brachte. 2006 wurde in Dapeng der erste LNG-Terminal fertiggestellt. Bis 2010 sollen acht weitere LNG-Anlagen in Betrieb gehen.

Im Juli 2008 griffen die Chinesen erneut nach einem internationalen Unternehmen, diesmal in Norwegen. China Oilfield Services, eine Tochter der CNOOC, hatte 12,7 Milliarden Kronen (1,6 Milliarden Euro) für die Übernahme des norwegischen Öl- und Gasförderers Awilco Offshore geboten. Weil der chinesische Konzern Awilco-Verbindlichkeiten übernehmen will, liegt der gesamte Kaufpreis bei rund 2,4 Milliarden Euro. Awilco besitzt sieben Bohrinseln und drei Spezialschiffe und durch die Übernahme kann China Oilfield Services die Anzahl seiner Bohrplattformen auf 22 erhöhen. Die Awilco-Konzernleitung ist einverstanden, nun müssen nur noch die norwegische und die amerikanische Wettbewerbsbehörde der Übernahme zustimmen. Denn Awilco hält 50 Prozent an der amerikanischen Fördergesellschaft Premium Drilling, die die Chinesen mit übernehmen wollen. Auch wenn Fu damit wieder in einer ähnlichen Situation steckt wie mit Unocal, gehen Analysten dennoch davon aus, dass der Deal klappt.

Von chinesischer Seite steht dem Geschäft zwischen einem Tochterunternehmen der CNOOC und der norwegischen Awilco nichts mehr im Weg. Die Planungs- und Entwicklungskommission hat bereits am 28. Juli grünes Licht gegeben. Es würde der größte Auslandseinkauf werden, den je ein chinesisches Unternehmen durchgezogen hat. Mit der norwegischen Bohrflotte würden die Chinesen sich auf einen Schlag weltweit auf Platz 8 der Branche katapultieren. Die Chinesen sind vor allem an der Tiefseebohrtechnologie der Norweger interessiert. Während CNOOC bisher nur 500 Meter tief bohren kann, kommt Awilco bereits auf 760 Meter. Eine Anlage, die sogar 1500 Meter schafft, wird gerade entwickelt. „Unser langfristiges Ziel ist es, bis 2020 ein Global Player als Ölbohrserviceunternehmen zu werden", sagte Zhong Hua, der Vizepräsident des Tochterunternehmens COSL Anfang Juli.

In Südostasien, im Nahen Osten, in Russland, Afrika und den USA sucht Fu weiter nach Beteiligungsmöglichkeiten.

Selbst wenn sich all diese Vorhaben reibungslos umsetzen ließen, wäre China darauf angewiesen, sich so schnell und so langfristig wie möglich weltweit Bodenschätze zu sichern. Der Fall Unocal wird sich wiederholen. Jeden Kubikmeter Gas, jedes Fass Öl, das sich China heute an den Quellen sichert, muss es morgen, wenn die Preise weiter gestiegen sind, nicht teuer einkaufen. Daran wird Fu gemessen. Ein Posten als Provinzgouverneur winkt als Belohnung. Sein Vorgänger bekam die Provinz Hainan. Eine große prosperierende Tropeninsel südwestlich von Hongkong.

Über den Wolken

Wie Airbus den Chinesen Flügel verleiht

抛
磚
引
玉

„Einen Backstein hinwerfen,
um einen Jadestein zu erlangen"

Die Chinesen haben den langen Marsch zu einer eigenen Flugzeugindustrie begonnen. Niemand glaubt mehr ernsthaft,
dass sie scheitern könnten. Die Frage lautet inzwischen nicht
mehr, ob, sondern eher wann sie konkurrenzfähig sein werden, wann Airbus und Boeing zittern müssen, weil sich China
mit ähnlichen, aber preiswerteren Produkten auf dem Markt
etabliert. Die Flugzeugindustrie gilt als Königsdisziplin der
Ingenieurkunst. Sollten die Chinesen auch in diesem Punkt
auf dem Weltmarkt wettbewerbsfähig werden, wird wohl der
letzte Zweifler verstehen, dass im Reich der Mitte mehr als nur
T-Shirts und Plastikspielzeuge hergestellt werden.

Eines ist schon jetzt absehbar. Die Flugzeugindustrie wird
bei ihrer Entwicklung die gleichen Phasen durchmachen wie
die Autoindustrie, mit dem Ziel, dass China die meisten seiner Flugzeuge selbst herstellt. Die Schritte lauten wie folgt:
1. Import fertiger Produkte, 2. lokale Fertigung und Import der
meisten Teile, 3. zunehmende Lokalisierung der Zulieferung,
4. Fertigung aus lokaler Produktion, 5. lokale Entwicklung
und Fertigung unter internationaler Zulieferung. Und zuletzt,
wenn diese Stufe überhaupt noch möglich und sinnvoll ist in
Zeiten der Globalisierung: lokale Entwicklung und Fertigung
ausschließlich unter lokaler chinesischer Zulieferung. Wenn
ein Land dies noch einmal schaffen könnte, dann aufgrund
seiner Größe und Vielfalt China.

Die Chinesen haben eines aus ihren Erfahrungen mit der
Autoindustrie gelernt: Sie haben zu lange mit der Entwicklung
eigener Produkte gewartet. Diesen Fehler wollen sie mit der
Flugzeugindustrie offensichtlich nicht wiederholen. Deshalb
kann man derzeit zwei parallele Entwicklungsstränge beobachten. Zum einen zwingen die chinesischen Regulatoren die
Branchenriesen in China, Gemeinschaftsunternehmen zu
gründen, zum anderen entwickeln die Chinesen bereits eigene Flugzeuge. Das bedeutet, der Druck auf die internationale
Flugzeugindustrie ist schon heute größer, als er im gleichen
Entwicklungsstadium der Autoindustrie war. Auch dieser Markt
ist nach den Gesetzen der Konkubinenwirtschaft organisiert.

Wenn künftig von Flugzeugbau-Clustern die Rede ist, wird
neben der Airbus-Zentrale Toulouse und der Boeing-Stadt Seattle
an der Nordwestküste der USA noch ein dritter Name fallen:

Tianjin. Eine Stadt, von der die meisten Menschen im Westen noch nie gehört haben, obwohl sie zehn Millionen Einwohner zählt und einen Hafen von Weltgeltung besitzt. Tianjin liegt eine gute Autostunde südöstlich von Peking. Airbus hat dort 1,2 Milliarden US-Dollar investiert. Wo vor Kurzem noch staubiges Brachland war, soll bereits Ende 2008 der erste A320 aus dem Hangar aufs Rollfeld fahren, 2011 sollen es vier Stück pro Monat sein. Das Werk ist eine exakte Kopie der Hamburger Mutterfabrik, in der auch bereits die wichtigsten Arbeiter geschult wurden.

Der im Herbst 2005 von Premierminister Wen Jiabao in Frankreich unterzeichnete Deal, die 70 Millionen US-Dollar teuren Maschinen künftig auch in der Volksrepublik herzustellen, erschloss dem Land den letzten großen Hightech-Bereich, in dem es bisher nicht tätig war. Im Vorfeld hatte Gustav Humbert, der inzwischen zurückgetretene deutsche Chef des europäischen Luftfahrtkonzerns, die Verhandlungsmacht der Chinesen mit voller Wucht zu spüren bekommen. Die Chinesen wussten, wie dringend der angeschlagene Konzern die Bestellung von 150 Maschinen des Typs A320 brauchte. Und deshalb verknüpften sie mit dem Auftrag eine Bedingung: Ein Teil der Maschinen soll in China zusammengebaut werden. Die Europäer hatten nicht viel Verhandlungsspielraum. Und China lässt keinen Zweifel daran, dass es in Zukunft noch enger mit den Europäern zusammenrücken möchte. Der Mutterkonzern von Airbus, EADS, entwickelt zusammen mit chinesischen Unternehmen bereits einen Hubschrauber. Das Ziel der Chinesen ist einfach und klar: Großraumflugzeuge möglichst selbständig herzustellen.

Mit Regionaljets hingegen beschäftigt sich China schon länger und ist bereits in der Phase der Eigenentwicklung. Im September 2008 sollte der Advanced Regional Jet for the 21st Century (ARJ21), ein 70- bis 110-sitziger Turbo-Prop-Flieger, zum ersten Testflug abheben. Die erste international wettbewerbsfähige Eigenentwicklung der Chinesen.

Für beide Flugzeugtypen ist der Bedarf in China gewaltig. Die staatliche Planungs- und Entwicklungskommission geht davon aus, dass China bis zum Jahr 2023 knapp 1 500 Maschinen von der Größe der A320 braucht. Und der Markt für Regionalflugzeuge, die bei den Airlines etwa zehn Prozent der Gesamtflotte ausmachen, wird in den kommenden Jahren auf mindestens 600 Stück in China und 4 000 Maschinen weltweit geschätzt. Vor allem in Asien und Afrika besteht ein großer Markt für das robuste und vergleichsweise preiswerte Kleinflugzeug.

Allein im laufenden Fünfjahresplan, der bis 2010 geht, hat China den Kauf von 700 neuen Flugzeugen veranschlagt. Knapp 50 neue Flughäfen sollen in dieser Zeit entstehen. Und dass die Chinesen in der Lage sind, Terminals zu bauen, hat man im März 2008 sehen können. Zeitgleich zum Fiasko am neuen Terminal 5 in London Heathrow, wo die Gepäcklogistik zusammenbrach, Zigtausende Menschen tagelang nicht weiterreisen konnten und das Gepäck schließlich zum Sortieren mit Lastwagen nach Italien gefahren werden musste, wurde am Pekinger Flughafen reibungslos das neue Terminal 3 eröffnet. Das modernste der Welt, größer als das in Heathrow und einer der schönsten Entwürfe von Sir Norman Foster, eines britischen Architekten, dessen Bauten die Briten selbst sich offensichtlich nicht mehr leisten können.

Bis zum Jahr 2025 kalkuliert die Regierung mit insgesamt 4 000 Flugzeugen und 190 neuen Flugplätzen. Bei Airbus rechnet man für China für denselben Zeitraum mit 2 800 Cargo- und Passagiermaschinen, den Größen, die Airbus liefert. Damit würde sich allein die Flotte an Passagierfliegern verdreifachen. Die Flieger hätten einen Wert von 329 Milliarden US-Dollar und entsprächen einem Weltmarktanteil von gut elf Prozent. Die Zahlen basieren auf der Annahme, dass sich der Flug- und Cargoverkehr in den nächsten 20 Jahren verfünf- beziehungsweise versechsfachen wird.

In diesem Markt strebt Airbus bis 2011 einen Marktanteil von 50 Prozent an. Wenn sie das bis dahin nicht erreicht haben, dürfte es schwierig werden, denn in den Jahren danach werden die Chinesen Marktanteile für Flugzeuge aus eigener Herstellung beanspruchen. Für Li Yali zum Beispiel, Chef der Tianjiner Abteilung der Nationalen Reform- und Entwicklungskommission, ist es keine Frage, dass die chinesischen Airlines dann nach Möglichkeit Maschinen aus lokaler Produktion kaufen werden. Für Airbus könnte das einen entscheidenden Vorteil im Dauerzweikampf mit Boeing bedeuten, da Washington dem amerikanischen Konzern bisher aus „Sicherheitsgründen" den Aufbau einer Produktion in China untersagt. Die Überschneidung mit militärischen Produkten von Boeing sei zu groß.

Die Frage ist, wie lange Boeing diese Strategie durchhält. Auch in der Autoindustrie gab es einige, die glaubten, es nicht nötig zu haben, in China zu produzieren, wie zum Beispiel der Autobauer Mercedes, der erst 2007 mit der Produktion von Fahrzeugen in Peking begonnen hat und jetzt der Entwicklung hinterherläuft, während sein Pekinger Partner bereits eigene Fahrzeuge entwickelt. Schon heute kann Boeing nicht völlig auf den chinesischen Markt verzichten. Ohne dessen Zulieferer könnte es seine gegenwärtigen Kostenstrukturen nicht halten.

Airbus ist jedoch zuerst in kalte Wasser gesprungen. Zwar waren auch bei den Europäern die Bedenken groß. Man hatte Angst, dass die Technologie „verloren gehen" und man langfristig unterlegen sein könnte. Doch selbst die Airbus-Gewerkschaft war am Ende erstaunlich vernünftig: „Wir sind zu der Erkenntnis gekommen, sie werden es so oder so hinkriegen. Die Frage ist nur, machen wir das kontrolliert und sorgen dafür, dass wir auch noch ein bisschen davon haben, oder lehnen wir uns zurück und warten, dass andere es machen", sagte einer ihrer Spitzenvertreter. Nach langer und zäher Diskussion und dem Abwägen von Risiken und Chancen entschied man sich schließlich zu dem Joint Venture in Tianjin.

Die Europäer bestanden darauf, dass sie mit 51 Prozent die Mehrheit behielten. Das war für die Chinesen in diesem Fall kein großes Problem, da sie die Entwicklungsrichtung des Joint Ventures von zwei Seiten steuern können. Zum einen können sie das Maß an Lokalisierung gesetzlich festlegen, also bestimmen, welche und wie viele Teile in China produziert werden müssen. So ist es bei der Autoindustrie gang und gäbe. Wie schon BMW und Mercedes hat auch Airbus gegenwärtig das Problem, seine Zulieferer dazu zu bringen, sich um das Werk herum anzusiedeln. Die haben nämlich wegen der geringen Stückzahlen keine große Lust dazu. Zum anderen sitzt China als größter Kunde der Welt an einem langen Hebel und brauchte nur auf den Marktanteil von Boeing hinzuweisen. Als der Deal geschlossen wurde, war Airbus mit einem Marktanteil von

34 Prozent nur die Nummer zwei – Boeing hatte mit 60 Prozent die Nase vorn.

Bestenfalls kann es so der chinesischen Regierung gelingen, die Marge exakt zu steuern, die in China erwirtschaftet wird. Allerdings erst dann, wenn ein Großteil der Teile in China produziert wird. Denn solange aus dem Ausland zugeliefert wird, hat Airbus die Möglichkeit, beim Verkaufspreis der Produkte eine satte Gewinnspanne einzukalkulieren. Wieder etwas, das in der Autoindustrie üblich ist.

Für Airbus sind die 51 Prozent wichtig, weil das Unternehmen den Aktienmärkten einstweilen suggerieren kann, dass es die Lage unter Kontrolle hat, seine Strategie umsetzen und dabei vor allem sicherstellen kann, dass seine Technologie langfristig geschützt ist. Kurz- und mittelfristig ist es ein gutes Geschäft: 95 Prozent der Wertschöpfung bleiben vorerst in Europa, behauptet Airbus. Branchenkenner gehen allerdings davon aus, dass der Anteil schon heute viel geringer ist, da die europäischen Teile wiederum aus in China gefertigten Zulieferteilen bestehen. Die Tageszeitung *China Daily* schätzt sogar, dass ein Drittel der Teile für Boeing-Maschinen in China hergestellt wird. Bei Airbus soll es ein Viertel sein.

Bei Airbus in China wird derzeit praktiziert, was man in der Autoindustrie CKD, Complete Knock Down, nennt. Die Teile werden als eine Art Komplettbaukasten mit Containerschiffen nach China geliefert und in Tianjin zusammengebaut. Dieses Modell wird nicht allein deswegen nicht lange halten, weil es die Regierung nicht will, sondern auch, weil es betriebswirtschaftlich keinen Sinn macht. Die gegenteiligen Beteuerungen der Beteiligten sind nicht sehr überzeugend. „Der Zusammenbau eines Flugzeuges ist ein relativ bescheidener Teil des Flugzeugwertes. Die technologischen Schwierigkeiten stecken in den einzelnen Sektionen des Flugzeuges, im Cockpit, in den Flügeln, im Treibstoffsystem", sagte EADS-Co-Chef Noël Forgeard im Dezember 2005. „Nur weil sie (die Chinesen) wissen, wie man Lego-Steine zusammensteckt, verfügen sie noch lange nicht über die Technologie, ein Flugzeug zu bauen."

In dieser Hinsicht ist sogar die Airbus-Gewerkschaft fortschrittlicher. Dass zusätzliche Arbeitspakete nach China verlagert werden, halten Spitzenvertreter für unvermeidbar. „Eine

Situation wie heute, in der weniger als 50 Prozent unserer Flugzeuge in Europa verkauft werden, aber 99 Prozent der Arbeit hier stattfindet, ist auf Dauer politisch nicht haltbar und moralisch nicht vertretbar." In diesem Punkt sind sich die chinesische Regierung und die westlichen Gewerkschaftsvertreter einig.

In den vergangenen Jahren haben die Chinesen Aufträge bereits an die Bedingung geknüpft, dass chinesische Unternehmen als Zulieferer daran beteiligt werden. Laut Vereinbarung sollen die Komponentenlieferungen aus der Volksrepublik bei Airbus von 14 Millionen US-Dollar im Jahr 2003 bis 2010 auf 120 Millionen US-Dollar steigen. Und 2010 ist schon übernächstes Jahr. Die Lokalisierungskurve wird weiter ansteigen. Die chinesische Regierung übt diesen sanften, aber stetigen Druck nicht aus Boshaftigkeit aus. Sie muss so viele Arbeitsplätze wie nur irgend möglich für ihre Landsleute schaffen. Während die europäischen Gewerkschafter ihre Aufgabe darin sehen, bei aller Vernunft so viele Arbeitsplätze wie möglich zu halten.

Inzwischen erhält Airbus Zulieferungen von fünf chinesischen Unternehmen. Unter anderem soll die chinesische Luftfahrtindustrie fünf Prozent der Flugzeugzelle für den geplanten Langstreckenjet A350 XWB liefern. Bereits im Juli 2005 eröffnete Airbus in Peking ein eigenes Supportzentrum mit inzwischen mehr als 200 Mitarbeitern, davon etwa 80 Prozent Chinesen.

Von den Erfahrungen, die Chinas Zulieferer in der Zusammenarbeit mit Airbus sammeln, profitiert sicher auch das ARJ21-Projekt, an dem die Chinesen seit 2002 arbeiten. Nach mehrmaligen Verzögerungen wurde die erste Maschine kurz vor Weihnachten 2007 dem Publikum präsentiert. Probleme bei Zulieferungen führten zu weiteren Verschiebungen des Zeitplans. Der Jungfernflug ist nun für Herbst 2008 vorgesehen. Dies ist aber nichts Ungewöhnliches. Der Bau von Flugzeugen ist ein langwieriges und schwieriges Unterfangen. Verzögerungen gibt es immer wieder, fast bei jedem Flugzeugtyp. So war es beim A380 und ebenso beim Dreamliner, obwohl Boeing und Airbus jahrzehntelange Erfahrungen haben.

Die ARJ21 „ist ein Meilenstein für China", sagte Zhang Yunchan, Chef der Kommission für Forschung, Technik und Industrie für nationale Verteidigung (COSTIND), die die Entscheidungsvorlagen für die Regierung erarbeitet. Der Jet trägt

den Beinamen „Xiang Feng" – Fliegender Phönix – und soll an
die besonderen Bedingungen für Landungen im chinesischen
Hochland, im Speziellen bei großer Hitze, angepasst sein. Auch
bietet er den Passagieren deutlich mehr Platz im Innenraum
als die Konkurrenzmodelle. Die ersten Maschinen sollen Ende
2009 ausgeliefert werden. 2011 soll mit 50 Maschinen pro Jahr
die volle Produktionskapazität erreicht werden. Mehrere Va-
rianten sind vorgesehen. Es bestanden zu keiner Zeit Zweifel
daran, dass der Bau eigener Flugzeuge in China ein lohnendes
Geschäft ist. Die Hersteller sind bereits für über drei Jahre aus-
gelastet. 131 Bestellungen waren bis Mai 2008 eingegangen.
Hinzu kommen 50 Optionen.

Allerdings gab es bis zu diesem Zeitpunkt noch keine Bestellungen aus dem Ausland. Im Sommer 2008 versuchten die
Chinesen einen der Zulieferer zu überzeugen, den ersten Schritt
zu machen. Inzwischen hat GE Commercial Aviation Services
eine Absichtserklärung über den Kauf von fünf Maschinen und
eine Option auf 20 weitere unterschrieben. Und die laotische
Fluggesellschaft soll an zwei Maschinen interessiert sein, sich
jedoch noch nicht entschieden haben.

Größter Kunde ist Shenzhen Airlines. Das Flugzeug, das eine
maximale Reichweite von gut 3 700 Kilometern erreichen soll,
wird derzeit an drei Standorten zugleich zur Serienreife entwickelt: in der nordchinesischen Stadt Shenyang, der südwestlich gelegenen Zehn-Millionen-Metropole Chengdu und bei
dem Flugzeughersteller China Aviation Industry Corporation
(AVIC I) in Schanghai. Schon in der Planungsphase ließen sich
die Chinesen von Entwicklern des amerikanischen Herstellers
Boeing und des russischen Flugzeugbauers Antonov beraten.
Das war ein kluger Schachzug. Die Russen sind dafür bekannt,
robuste Flugzeuge mit minimalem Aufwand herstellen zu können, die Amerikaner befinden sich an der Spitze der technologischen Entwicklungsleiter. Die beiden waren gezwungen, einen
Kompromiss zu finden. Die Vorgaben des Entwicklungsauftrags
waren denkbar einfach: Möglichst keine neuen Teile erfinden.
Damit konnten sowohl die Entwicklungs- als auch die Produktionskosten erheblich gesenkt werden.

Und so ist es nachzuvollziehen, dass 19 internationale Zulieferer die Chinesen bei der Eigenentwicklung unterstützten.

Die Turbinen kommen von General Electric und sind denen des brasilianischen Kurzstreckenjets Embraer 170 sehr ähnlich – einer der größten Konkurrenten der Chinesen. Die Elektronik stammt von dem amerikanischen Luftfahrtelektronikspezialisten Rockwell-Collins, und das Fahrwerk liefert das Allgäuer Unternehmen Liebherr Aerospace, das ebenfalls Embraer beliefert. Die Innenkabinen kommen aus Österreich, von der FACC AG mit Sitz in Ried im Innkreis. Die FACC ist ein weltweit führendes Unternehmen im Bereich der Entwicklung und Produktion von fortschrittlichen Faserverbundkomponenten und -systemen für die Luftfahrtindustrie. „Wir können in das Programm unsere langjährige Erfahrung und unser umfangreiches Know-how als innovativer Interiorausstatter von Single-Aisle-Flugzeugen wie A320 und Boeing 717 einfließen lassen", sagte Walter Stephan, Vorstandsvorsitzender der FACC AG.

Vertreter der internationalen Zulassungsbehörde Federal Aviation Administration (FAA) sind zuversichtlich, dass die Eigenentwicklung der Chinesen auch international zugelassen wird. John J. Hickey, der zuständige Zulassungsingenieur, zeigte sich „sehr beeindruckt" von deren Fortschritten.

Die ARJ21 soll jedoch nicht nur das Prestige Chinas erhöhen, sondern auch viel Geld einbringen. Branchenkenner gehen davon aus, dass der Regionalflieger „made in China" rund 20 Prozent billiger sein wird als die internationale Konkurrenz. Dabei können die chinesischen Flugzeugpioniere gelassen kalkulieren. Der Flieger muss sich nicht erst im internationalen Markt bewähren, sondern kann gleich vom ersten Tag an den heimischen Markt bedienen und dann Kunden im Ausland gewinnen.

Wenn die ARJ21 sich im Alltagsbetrieb bewährt, wäre dies der krönende Abschluss einer jahrzehntelangen Entwicklungsodyssee. Bereits 1951 verabschiedete die Regierung die „Resolution on Building an Aviation Industry". Seitdem wurden in China 60 Flugzeugtypen im militärischen und zivilen Bereich entwickelt und gebaut. Kampfjets, Bomber, Transportflugzeuge. Allerdings alle nicht auf dem neuesten Stand und erst recht nicht weltmarkttauglich. Es herrschte eine „Tyrannei der Produzenten", ohne Rücksicht auf die Bedürfnisse der Nutzer und leider auch ohne das nötige Know-how.

In den 50er-Jahren war es Mao überraschenderweise gelungen, den Russen die Konstruktionszeichnungen ihrer besten Kampf- und Transportflugzeuge zu entlocken. Sein überzeugendes Argument: Ohne Flugzeuge könne er die Amerikaner im Koreakrieg nicht besiegen. Die Flugzeuge flogen zwar, waren jedoch weit hinter dem technologischen Entwicklungsstand der Welt zurück.

1970 versuchte die Shanghai Aircraft Manufacture Factory, ein Flugzeug auf der Basis der Boeing 707 zu bauen, das bis auf die Triebwerke von Pratt & Whitney nur aus chinesischen Teilen bestehen sollte. Die Entwicklung der sogenannten Y-10 kostete 537 Millionen Yuan. Für die chinesische Regierung sollte dies nach dem Bau der Atombombe 1964 der nächste große Schritt in der Aufholjagd Chinas mit der Welt werden. „Nachdem wir uns diese komplexe Hochtechnologie angeeignet haben, kann China nicht mehr als rückständiges Land betrachtet werden", ließ Mao in der Presse verbreiten.

Allerdings brauchten die Chinesen zehn Jahre, um ihren kopierten Flieger in die Luft zu kriegen. Im September 1980 hob die erste Maschine ab und schaffte es bis Peking, wo sie sich bei der Landung allerdings so sehr verzog, dass sie nur noch auf die benachbarte Wiese geschoben werden konnte, wo sie jahrelang vor sich hin rostete. Die zweite Maschine brachte es immerhin auf 170 Flugstunden. Unter anderem wurde sie siebenmal in die dünne Luft der tibetischen Hauptstadt Lhasa geschickt. Bereits 1984 wurden die Maschinen, die auf 30 Jahre altem Design basierten, ausgemustert. In Zeiten der Öffnung wollte die staatliche chinesische Fluggesellschaft CAAC lieber westliche Maschinen – die Y-10 roch zu sehr nach Mao-Zeit.

Derweil hatte die Shanghai Aircraft Factory versucht, als Zulieferer an internationales Know-how zu kommen. Schon seit 1979 bauten die Chinesen die Fahrwerktüren für McDonnell Douglas' DC-9. Man fasste Vertrauen, und 1985 entschloss sich die Regierung, die MD-80 in Lizenz zu bauen. Das Tempo war damals noch langsam: In zwölf Jahren sollten gerade mal 25 Flugzeuge hergestellt werden. Allerdings hatte man schon damals ein ähnliches Konzept wie heute mit Airbus: Die Einzelteile wurden im Stammwerk in Long Beach fabriziert und dann in China montiert. Verlockend für die Chinesen: Nach einer Einarbeitungszeit sollten sie das Spitzenmodell MD-90 in Eigenregie bauen dürfen. Zunächst lief es besser als gedacht: 40 Flugzeuge liefen vom Band, das erste im April 1986. Fünf davon konnten sogar in die USA zurückverkauft werden. Und sie wurden tatsächlich für den regulären amerikanischen Flugbetrieb zugelassen.

Die Chinesen versuchten derweil ihren technologischen Rückstand aufzuholen. Deng Xiaoping hatte zwischen 1978 und 1986 knapp 1 000 Flugzeugbaustudenten in zwölf Länder geschickt und gut 100 Ingenieure zur Weiterbildung in den Westen reisen lassen, die mit vollen Köpfen und guten Ideen wiederkamen. Erste Erfolge zeigten sich: 1988 bestellten die MD-Manager 100 Flugzeugnasen für die MD-80-Produktion in den USA. Doch eine Nase macht noch kein Flugzeug. International blieben die chinesisch-amerikanischen Joint-Venture-Maschinen schwer verkäuflich, und selbst die Manager der staatlichen Fluggesellschaft CAAC legten ihr Misstrauen nicht ab. Vor allem ein Argument überzeugte die Führung: Abstürzende Flugzeuge würden die Attraktivität des Investitionslandes China sehr beeinträchtigen. Der potenzielle Schaden sei größer als der Nutzen einer eigenen Produktion. Die Regierung ließ das Gemeinschaftsunternehmen ausdörren, bis es 1998 von Boeing, das ein Jahr zuvor McDonnell Douglas übernommen hatte, aufgegeben wurde. Die alten MD-80 wurden teils in den Iran verkauft.

Nach diesen zwei missglückten Versuchen schaltete die Planungskommission zunächst einen Gang zurück. Von nun an wollte man sich auf den Bau von Regionaljets konzentrieren. Auch das lockte wieder westliche Anbieter an. Einer von ihnen war der heutige Bahnchef Hartmut Mehdorn. Der damalige Geschäftsführer von Messerschmitt-Bölkow-Blohm und spätere Airbus-Chef machte den Chinesen ein attraktives Angebot: Er bot ihnen an, den 80-sitzigen Regionaljet MPC-75 gemeinsam zu entwickeln. Doch es wurde – 1988 – lediglich ein Abkommen über einen Technologietransfer geschlossen. Das Flugzeugprojekt kam nicht zustande. Die Chinesen wollten Einblick in die gesamte Technik. Das war den Deutschen zu riskant.

Anfang der 90er-Jahre dann versuchten die Chinesen mit den Südkoreanern einen Kleinflieger zu entwickeln – ohne Er-

folg. Auch mit Airbus wurde man sich nicht handelseinig; die
gemeinsame Entwicklung des 100-Sitzers A318 scheiterte. Die
Chinesen wollten die Technologie, aber nichts dafür bezahlen.
Sie nahmen die Rückschläge hin. Dann fochten Dasa/Fokker
und Aérospatiale/ATR in trauter Feindschaft gegen Boeing um
das Entree im Land der Mitte. Die Franzosen gewannen. Der
Eurasier-Jet A31X bekam jedoch nie Flügel. Man wurde sich
wieder nicht einig. Die ursprünglich unterlegene Boeing-Kon-
kurrenz witterte nun wieder Morgenluft und versuchte, China
für die Boeing 717 zu interessieren. Die Chinesen merkten
langsam, dass sie sich zurücklehnen konnten: Einer der Wettbewerber würde schon in China aufschlagen, früher oder später.
Die Hebel der Konkubinenwirtschaft griffen allmählich.

Einige chinesische Unternehmen wurden übermütig. Im
Jahr 1994 begann die Guizhou Aviation Industrial Group Co-
operation durchzustarten. Der Militärflugzeughersteller wollte
in einem 15-Jahres-Plan zu einem modernen Luftfahrtkon-
zern werden. Die Manager schafften es im ersten Jahr, knapp
100 Millionen US-Dollar Auslandsinvestitionen zu akquirieren.
Im folgenden Jahr waren es schon 200 Millionen. Doch ein
Flugzeug kam dabei nie heraus. Allmählich wurde klar: Die
Staatsunternehmen schafften es aus eigener Kraft nicht. Der
Staat musste ihnen Flügel verleihen. 1998 ließ der damalige
Ministerpräsident Zhu Rongji das veraltete Flugzeugkonglome-
rat mit über einer halben Million Mitarbeitern in AVIC I und
AVIC II aufteilen, die von nun an in Konkurrenz zueinander
treten sollten. Und dann stellte Zhu nur noch die Frage: Wer
von euch beiden wird gewinnen? Und sagte beiden jedwede
Unterstützung zu. Wie eine solche Unterstützung aussehen
kann, wird anhand von Hainan Airlines, einer halbstaatlichen
Fluggesellschaft, deutlich, ein Gemeinschaftsunternehmen, an
dem auch der Milliardär George Soros beteiligt war.

Das Augenmerk der südchinesischen Hainan Airlines fiel
Ende der 90er-Jahre auf ein deutsch-amerikanisches Joint Venture in Oberpfaffenhofen bei München: Fairchild Dornier war
dabei, einen der modernsten Mittelstreckenjets, die Do 728 Jet,
zu bauen, der großes Interesse bei den europäischen Airlines,
nicht zuletzt bei Lufthansa, fand. Das Unternehmen hatte bereits 19 32-sitzige Regionalflugzeuge eines älteren und kleineren

Typs, D 328 Jet, an Hainan Airlines geliefert. Und die Chinesen von der Tropeninsel Hainan ein Flugstunde südöstlich von Hongkong waren von den Fairchild-Dornier-Flugzeugen so begeistert, dass sie 21 weitere Maschinen orderten. Doch überraschenderweise erhielt Fairchild Dornier trotz gültiger Kaufverträge nicht die erforderliche Importgenehmigung der chinesischen Regierung. Zeng Peiyan, damals Vorsitzender der mächtigen staatlichen Planungs- und Entwicklungskommission und inzwischen Vizepremier, ließ die Deutschen wissen, dass Fairchild Dornier nur dann weitere Flugzeuge nach China liefern dürfe, wenn es im Gegenzug bereit sei, seine Technologien mit China zu teilen und gemeinsam mit der staatlichen chinesischen Luftfahrtindustrie ein eigenes Regionalflugzeug zu entwickeln.

Fairchild Dornier war allerdings wegen der hohen Entwicklungskosten der Do 728 Jet finanziell in einer schwierigen Lage und dringend auf die Einnahmen der bereits für Hainan Airlines fertiggestellten Maschinen angewiesen. Während der Air-Show China im November 2000 in Zhuhai unterschrieb Fairchild Dornier mit der China Aviation Industry Corporation (AVIC I) eine Absichtserklärung, Möglichkeiten zur Beteiligung der chinesischen Industrie am Programm der Do 728 Jet zu untersuchen. Das Projekt kam aber trotz intensiver Verhandlungen mit der chinesischen Luftfahrtindustrie im Sommer 2001 nicht weiter, da die chinesische Seite sich nicht auf ein Junktim zwischen bloßer Absichtserklärung und Importlizenzen einlassen und ihr Druckmittel zunächst nicht aus der Hand geben wollte. Die ursprüngliche Planung, beim Chinabesuch des damaligen Bundeskanzlers Gerhard Schröder im November 2001 eine deutsch-chinesische Absichtserklärung zur gemeinsamen Entwicklung und Produktion eines deutsch-chinesischen Regionaljets abzugeben, ließen die Chinesen wenige Tage vor dem Termin ohne Begründung platzen. Sie hatten offensichtlich erfahren, dass Fairchild Dornier in größeren finanziellen Schwierigkeiten steckte als erwartet, und hofften, bei einer Insolvenz des Unternehmens noch billiger an die Technologie zu kommen. Unter anderem Lufthansa hatte infolge der Terroranschläge vom 11. September 2001 einen Auftrag über 60 Maschinen storniert.

Die Gläubigerbanken des Unternehmens fragten sich daraufhin, ob der Rückzug Chinas auch bedeute, dass für Fairchild
Dornier der wichtigste Wachstumsmarkt für Regionalflugzeuge
verloren sei. Ihre Risikobewertung fiel negativ aus. Im Juli 2002
musste Fairchild Dornier Insolvenz anmelden. Die Verantwortlichen der chinesischen Luftfahrtindustrie – zunächst erfreut
– mussten bald feststellen, dass es auch bei nahezu kostenlosem
Erwerb der Fairchild-Dornier-Technologie für sie zu teuer und
wohl zu schwierig sein würde, das Flugzeug allein zu bauen, und
ließen von dem Vorhaben ab. Der chinesische Mischkonzern
D'Long – ein Investmenthaus ohne jede Erfahrung im Flugzeugbau – übernahm für einen geringen Preis die interessantesten
Teile des Unternehmens, um einen neuen Versuch im deutsch-
chinesischen Flugzeugbau zu starten. Doch es wurde schnell
klar, dass es eines finanzstarken und vor allem branchennahen
Unternehmens bedurft hätte, um die hochkomplexe Do 728 Jet
zur Serienreife weiterzuentwickeln. D'Long geriet derweil selbst
in Schwierigkeiten, zahlte nicht, und so musste Fairchild Dornier abgewickelt werden. Das letzte deutsche Unternehmen des
Verkehrsflugzeugbaus mit einem fast fertig entwickelten hoch-
modernen Regionalflugzeug, umfangreichem Know-how und
großer Erfahrung im Bau von Regionalflugzeugen sowie einem
Stab hoch qualifizierter Mitarbeiter war verloren.

Für die Chinesen war dies kein Problem. Sie unterzeichneten
parallel die Vereinbarungen über die Gründung eines Gemeinschaftsunternehmens, bestehend aus der brasilianischen Embraer, dem viertgrößten Hersteller kommerzieller Flugzeuge der
Welt, der Harbin Aircraft Industry Co. und der Hafei Aviation
Industry Co. – zwei Unternehmen, die von der China Aviation
Industry Corporation II (AVIC II) kontrolliert werden. Das Ziel
war der Bau von rund 250 bis 300 Maschinen. „Die Regierung
hat den Wunsch, diese Industrie zu entwickeln", sagte Frederico
Curado, Vizepräsident von Embraer, „und wir wissen, wie man
das als Dritte-Welt-Land hinbekommt."

Doch den Brasilianern erging es zunächst kaum besser
als Fairchild Dornier. Im Dezember 2003 startete die erste
gemeinsam produzierte Maschine, aber die Aufträge kamen
nur schleppend. China hatte sich ja inzwischen entschieden,
einen eigenen Jet zu entwickeln. Bis Ende 2006 hatte das Joint

Venture Aufträge für 16 Maschinen, hätte aber 24 der 50-Sitzer bauen können. Nach einer Marketingkampagne, die „einer Wurzelbehandlung beim Zahnarzt glich", wie ein amerikanischer Airline-Analyst formulierte, ging es langsam bergauf. Bis Ende 2007 erhielt das Unternehmen Bestellungen über 66 Flugzeuge, von denen 14 bereits geliefert waren. Denn viele Fluggesellschaften konnten nicht warten, bis der chinesische Flieger lieferbar war, der nicht so schnell auf die Startbahn kam wie geplant.

Das Erstaunliche für die Brasilianer war, wie schnell die Chinesen lernten. Die Zahl der brasilianischen Montagekontrolleure konnte zwischen der Fertigung des ersten Kurzstreckenflugzeugs vom Typ ERJ145 in der zweiten Jahreshälfte 2003 bis zur Auslieferung der fünften Maschine Ende 2004 von 54 auf sechs Mann reduziert werden. Die Brasilianer haben ihren chinesischen Kollegen aber nicht nur technische Kenntnisse, sondern auch moderne Managementmethoden vermittelt. Jiang Da, der stellvertretende Geschäftsführer, ist zufrieden mit dem Know-how-Transfer: „Durch dieses Kooperationsprojekt haben wir viel gelernt. Zum Beispiel hinsichtlich der Auslieferung und Belieferung von beziehungsweise mit Bauteilen im Rahmen eines globalen Zuliefernetzwerks. Allein für die Maschine vom Typ ERJ145 werden die Bauteile von 670 Zulieferern aus der ganzen Welt geliefert. Mehr als 200 Zulieferer aus den USA, aus Europa und Südamerika liefern Teile, die direkt für die Endmontage benötigt werden. Die Fertigungslinie in Harbin ist von der brasilianischen Muttergesellschaft konzipiert worden. Selbstverständlich wird darauf geachtet, dass die Bauteile rechtzeitig für die jeweilige Fertigungsphase geliefert werden. Hochwertige Bauteile und Materialien werden unmittelbar nach der Anlieferung montiert. Wir brauchen also kein Lager mehr. Das sind unentbehrliche Voraussetzungen für den modernen Flugzeugbau." Jiang machte sich keine Illusionen über die eigenen Defizite: „Um am Markt bestehen zu können, muss man hocheffizient arbeiten und niedrige Produktionskosten haben. Für chinesische Hersteller sind derartige Managementmethoden noch völliges Neuland."

Inzwischen hat ein zweiter chinesischer Hersteller angekündigt, in das Geschäft mit Regionaljets einzusteigen. Im August

2007 gab die Xian Aircraft Industry Corporation bekannt, einen eigenen 70-Sitzer zu entwickeln. Ein Zeitrahmen wurde allerdings nicht genannt.

Gleichzeitig strebt die chinesische Industrie nach Höherem. Sie will Flugzeuge entwickeln und herstellen, die Airbus und Boeing Konkurrenz machen. Branchenkenner wie Steven Udvar-Hazy, Vorstandsvorsitzender der International Lease Finance Corporation, sagte bereits im Frühjahr 2007, dass die Chinesen es schaffen können, in „weniger als 15 Jahren mit eigenen Flugzeugen der 737 und dem Airbus 320 Konkurrenz zu machen". Und Chakar Chahrour, General Electrics Chef für Asien-Pazifik, geht davon aus, „dass es den Chinesen in weniger als 20 Jahren auch gelingen wird, eigene Motoren herzustellen". Das ist derzeit die schwierigste Herausforderung im Flugzeugbau.

Die chinesische Flugzeugindustrie geht diesen Weg in kleinen schnellen Schritten. Industriepartnerschaften spielen dabei eine große Rolle: Im Juni 2005 unterzeichneten AVIC I und AVIC II einen Zuliefervertrag für die Boeing 787. Zwei Jahre später, im Juni 2007, unterschrieb Boeing mit den beiden chinesischen Herstellern einen Vertrag über Zulieferungen im Wert von 500 Millionen US-Dollar für die Boeing 747 und 787. Inzwischen haben die Chinesen auch damit begonnen, die Unternehmensstrukturen aufzubauen, die sie brauchen, um international wettbewerbsfähig zu werden.

Ebenfalls im Juni 2007 verkündete AVIC I, dass sein militärischer Teil abgetrennt würde und das Unternehmen plane, an die internationale Börse zu gehen. Im Herbst 2007 gab AVIC I bekannt, dass es sich beim Börsengang von der Citibank beraten lassen wird. Lin Zuoming, der neue Präsident von AVIC I, hofft, so noch engere Kooperationen mit der westlichen Industrie eingehen zu können. „In der Vergangenheit hat es immer wieder Hürden beim Technologietransfer gegeben, weil militärische und zivile Produktion in einem Unternehmen stattfanden", sagte Eugene Kogan, ein Militärindustrie-Analyst. Die ARJ21 und die MA 50 – eine 50-sitzige Propellermaschine – sollen die beiden Säulen des Börsengangs werden. Eine 70-sitzige Propellermaschine soll folgen. Von diesem Flugzeug will Lin bis 2020 mindestens 300 Stück ins Ausland verkauft haben.

Mitte Mai 2008 wurde das neue Unternehmen gegründet. Die Commercial Aircraft Corporation of China (CACC) mit Sitz in Schanghai hat ein Kapital von umgerechnet gut zwei Milliarden Euro. Der größte Anteilseigner ist die Zentralregierung mit 600 Millionen Euro, gefolgt von der Schanghaier Stadtregierung mit 500 Millionen Euro, was darauf schließen lässt, dass ein Großteil der Fertigung in die 15-Millionen-Stadt gelegt wird. AVIC I wird 500 Millionen Euro beisteuern, vor allem in Form seines Unternehmens ACAC. Die viel schwächere AVIC II bringt noch 100 Millionen ein. Außerdem sind noch einige Staatsunternehmen, die zuliefern, wie zum Beispiel Baosteel und Sinochem, unter den Anteilseignern. Damit hat die Regierung die Konkurrenz zwischen AVIC I und AVIC II zugunsten eines einzigen Konglomerats wieder aufgegeben. Die endgültige Fusion soll im Juli 2008 stattfinden. Sie kopieren damit das europäische Airbus-Modell: Einen einzigen Konzern aufbauen und den mit staatlichen Zuwendungen so lange versorgen, bis er international wettbewerbsfähig ist. Um das Budget von über sechs Milliarden US-Dollar zusammenzubekommen, das die CACC benötigt, um ein Großraumflugzeug bauen zu können, will das Unternehmen Anteile an der Börse verkaufen. Ob Boeing und Airbus wie in anderen Industrien üblich, zum Beispiel in der Bankenindustrie, gezwungen werden, als institutionelle Investoren aufzutreten, um dem Börsengang Schwung zu verleihen, steht noch nicht fest.

Auffallend ist, dass – nach Berichten staatlicher Medien – kein Manager von AVIC I oder AVIC II das neue Unternehmen leiten wird, sondern Zhang Qingwei, bis dato Direktor der Kommission für Forschung, Technik und Industrie für nationale Verteidigung. Geschäftsführer wird sein bisheriger Stellvertreter, Jin Zhuanglong. Laurence Barron, der Präsident von Airbus China, kommentierte die Gründung mit den Worten: „Wir sind bereit, jede Möglichkeit zu prüfen, ob wir bei der Entwicklung des neuen Jets mit den Chinesen zusammenarbeiten können." Das hat der Boeing-Chef nicht gesagt, als in den 80er-Jahren Airbus in den Startlöchern stand.

Wann wird CACC so klingen wie Boeing und Airbus? „Unser Ziel ist es, in den nächsten 20 bis 30 Jahren mit den großen internationalen Flugzeugherstellern aufzuschließen", sagt

AVIC-I-Chef Tang Xiaoping, der auch eine Rolle bei CACC spielen wird. „Wir wollen dann im lokalen und im internationalen Markt gleich stark sein." Bis dahin will er den Umsatz von heute rund sieben Milliarden US-Dollar bei ACAC mindestens verdoppeln. Doch zunächst einmal will er mindestens 50 Prozent des lokalen Marktes mit seinem neuen Regionaljet erreichen. „Wir hätten das Projekt nicht begonnen, wenn wir nicht davon ausgehen würden, dass wir die Hälfte des Marktes bekommen." Zudem will man eigene Flugzeugmotoren entwickeln.

Bombardier reagiert auf diesen Angriff aus China nach der Devise: „Wen du nicht schlagen kannst, mit dem verbünde dich." Bereits im Juni 2007 vereinbarten AVIC I und Bombardier, unter dem Dach der ACAC einen 105-Sitzer zu bauen, die verlängerte Version der ARJ700. Bombardier wird nicht nur 100 Millionen US-Dollar investieren, sondern darf auch Know-how transferieren. Dem zukünftigen Börsenkurs von CACC wird das sicher nicht schaden. AVIC I wiederum wird 400 Millionen US-Dollar investieren, damit die neue C-Serie von Bombardier auch in China hergestellt werden kann. Diese Flugzeuge sollen bis zu 130 Sitze haben. „Der chinesische Markt allein kann in den kommenden zwei Dekaden auf einen 15-Prozent-Anteil wachsen", sagte Pierre Beaudoin, der Chef von Bombardier Aerospace. Auf die Frage, ob Bombardier auch in China produzieren will, kommt nur ein weiches Dementi: „Nicht in allernächster Zukunft. Aber in dem Maß, in dem der Markt wächst, denken wir darüber nach."

Und so geht die Flugzeugindustrie den Weg, den die Autoindustrie zuvor gegangen ist. Zudem hat AVIC I im November 2006 bereits angekündigt, bis 2011 ein eigenes 150-sitziges Flugzeug zu entwickeln, das den kleinen Maschinen von Airbus und Boeing Konkurrenz machen soll. In zehn bis 15 Jahren wollen die Chinesen dann das erste eigene große Flugzeug auf dem Markt haben. AVIC I verkaufte im vergangenen Jahr Flugzeuge im Wert von 360 Millionen US-Dollar. Das Unternehmen wächst mit 40 Prozent im Jahr. Bereits 2010 soll die Eine-Milliarde-Marke durchbrochen werden.

Die Russen, in der Flugzeugindustrie traditionell weiter, sind offensichtlich fasziniert von den ambitionierten Projekten der Chinesen. Als Vizepremier Alexander Zhukov im September

2007 China besuchte, machte er den Vorschlag, China und Russland könnten bei dem Projekt zusammenarbeiten. Die Chinesen waren jedoch nicht interessiert. Immerhin durften die Russen über die Entwicklungsabteilung von Antonov zusammen mit Shaanxi Aircraft in Peking ein Entwicklungsbüro mit 50 Ingenieuren eröffnen, um neue Frachtmaschinen zu designen. Sie sind nicht mehr gleichwertige Partner, sondern Zulieferer. Geht es nach dem russischen Ministerpräsident Wladimir Putin, soll das nicht so bleiben. Auch er sammelte die Flugzeugindustrie seines Landes in einem großen Topf, der United Aircraft Corporation (UAC). Und die Russen taten sich mit den Italienern zusammen: Die Finmeccanica übernahm einen 26-Prozent-Anteil am russischen Hersteller Sukhoi Civil Aircraft, der unter anderem einen Regionaljet namens Superjet 100 fertigt – das erste neue russische Flugzeug nach vielen Jahren. Auch Boeing investierte in das Projekt.

Die Chinesen müssen also das Tempo erhöhen.

Ein Zeichen, dass auch die Regierung es mit diesem Projekt „eigene Flugzeugherstellung" ernst meint, ist die Tatsache, dass schon ein Verantwortlicher für die Umsetzung des Planes ausgemacht wurde: die Kommission für Forschung, Technik und Industrie für nationale Verteidigung. Das chinesische Parlament, der Volkskongress, hat im Frühjahr 2007 den Plan ebenfalls verabschiedet. Und das zuständige Strategiekomitee unter Vorsitz eines Vizeministers hat im Frühjahr 2008 seine Arbeit aufgenommen. Die entscheidende Frage: Wie wird man vom Partner westlicher Hersteller, der vor allem wegen seines großen Marktes interessant ist, zu einem international ernst zu nehmenden Konkurrenten?

AVIC II, viel kleiner als sein mächtiger inländischer Konkurrent, tat sich kürzlich mit einem halben Dutzend chinesischer Hersteller zusammen. Des Weiteren haben sie das Joint Venture mit Embraer zur Herstellung ihrer Regionaljets in Harbin. Inzwischen sind selbst die Japaner aufgewacht. Im Frühjahr 2008 kündigten sie die Entwicklung eines eigenen Regionaljets an, an dem Mitsubishi maßgeblich beteiligt ist. Erstaunlich spät für die zweitgrößte Industrienation der Welt.

Niemand weiß, ob die Chinesen ihren Zeitplan einhalten können. Ob sie ein Jahr früher oder später ans Ziel kommen werden, ist nicht so wichtig. Eines ist jedoch sicher: Airbus und Boeing werden immer weniger damit beschäftigt sein, sich gegenseitig zu bekämpfen, sondern mehr damit, sich auf die Konkurrenz aus Asien einzustellen. Ist der Markt groß genug für drei Hersteller von Großraumflugzeugen?

Die Chinesen strecken ihre Fühler schon nach Europa aus. Verzweifelt versuchte EADS im Jahr 2007 einige Werke zu verkaufen, um Geld für die Entwicklung des neuen Airbus 350 in die Kassen zu bekommen. Im Juni klopfte sehr spät ein potenzieller Käufer an seine Tür: AVIC-I-Präsident Lin Zuo Ming verkündete, er wolle ein Gebot für alle sechs Werke in Europa abgeben. „Wenn wir das schaffen, werden wir die Werke weiterentwickeln und sie zu wettbewerbsfähigen Zulieferern von Airbus umbauen", sagte Lin. „Wir sind Partner, nicht Wettbewerber." Allerdings konnten sich die Chinesen und die Europäer nicht einigen. Ein französischer Zulieferer kam in die engere Auswahl. Die Chinesen beobachteten den Markt genau und hatten deshalb Zeit. „Der Preis für die Fabriken wird nicht mehr steigen", sagte ein für das internationale Geschäft zuständiger chinesischer Topmanager. Und tatsächlich: Auch mit dem Franzosen wurden sich die Airbus-Manager nicht einig. Die Verhandlungen scheiterten im März 2008.

Über die Gründe wurde nichts bekannt. Aber lag es vielleicht auch daran, dass Airbus angesichts des fallenden US-Dollars und des Drucks aus China den neuen Besitzern Aufträge über einen längeren Zeitraum garantieren könnte? Danach jedenfalls musste Airbus-Chef Thomas Enders die Mitarbeiter vor allem der französischen Standorte auf einen strengen Sparkurs einschwören. Denn die geplanten Verkäufe waren das Kernelement des Einsparprogramms Power 8 plus, in dessen Rahmen bis 2012 drei Milliarden Pfund eingespart und 10 000 Arbeitsplätze in 16 europäischen Ländern abgebaut werden sollen. Airbus wird nun die Entwicklungskosten für das neue Langstreckenflugzeug A350 zunächst selbst stemmen müssen. Die A350 musste auf Druck der Kunden mit Milliardenaufwand von Grund auf neu entwickelt werden. Durch den Einsatz von Verbundmaterialien aus Kohlenstoff anstatt von Metall soll die Maschine viel leichter werden und nicht mehr so viel Kerosin verbrauchen. Die ersten Exemplare sollen 2013 ausgeliefert werden.

„Um diese finanziellen Engagements zu kompensieren, wird von den betroffenen Werken das gleiche Effizienzniveau gefordert werden, das von neuen Partnern garantiert worden wäre", betonte Enders. Und das Unternehme prüfe nun massiv, welche Arbeitsplätze man in das nicht europäische Ausland verlegen könne. Gleichzeitig hält Enders an seinem Plan fest, Fabriken zu verkaufen. Die französischen Standorte Méaulte und Saint-Nazaire Ville würden nun wie die deutschen Werke Nordenham, Varel und Augsburg in eine eigene Gesellschaft ausgegliedert, schrieb der Airbus-Chef an die Beschäftigten. „Das ist eine Übergangsphase, die mittelfristig zu einem Verkauf an einen oder mehrere Finanzpartner führen soll." Derweil forderten die Beschäftigten des zum Verkauf stehenden Airbus-Werkes im deutschen Laupheim Klarheit über die Pläne. Daraufhin hieß es vonseiten des Konzerns, man hoffe auf einen erfolgreichen Abschluss der Verhandlungen über den Verkauf der Werke in Laupheim und im britischen Filton in den kommenden Wochen. Einen möglichen Käufer nannte das Unternehmen bislang nicht.

Sind die Chinesen wieder im Gespräch? Die chinesische Regierung hat schon im Vorfeld eine Möglichkeit, den Druck nicht nur auf Airbus, sondern auf alle europäische Unternehmen zu erhöhen. In dem Maß, in dem die chinesische Regierung einen weiteren Teil ihrer Devisenreserven an US-Dollar umtauscht und damit den Eurokurs in die Höhe treibt, werden europäische Unternehmen gezwungen, im US-Dollar-Raum zu produzieren. Und China gehört zum US-Dollar-Raum, weil die chinesische Währung stark an die amerikanische geknüpft ist. Schon Ende 2007 hatte EADS-Chef Louis Gallois ernüchtert festgestellt: „Wenn der Euro um zehn Prozent steigt, kostet uns das eine Milliarde US-Dollar." Die Airbus-Manager hatten für das Jahr 2007 mit einem Wechselkurs von durchschnittlich 1,35 kalkuliert.

„Der rapide US-Dollar-Verfall ist lebensbedrohlich für Airbus", so Enders: „Unser Geschäftsmodell liegt jenseits der Schmerzgrenze." Und das sagte er, nachdem Airbus gerade das größte Geschäft in seiner Geschichte mit den Chinesen gemacht hatte: Airbus konnte 160 Flugzeuge im Wert von 17,4 Milliarden US-Dollar verkaufen: 110 A320 und 50 A330. Unter diesen Umständen ist es nicht verwunderlich, dass Enders bereits im April ein weiteres Gemeinschaftsunternehmen in China gründete, um die Verbundstoffe für den A350 herzustellen. Damit werden offiziell etwa fünf Prozent des neuen Flugzeuges in China entwickelt und gebaut. Und Airbus' Chinachef Laurence Barron verhandelte im Frühjahr 2008 schon über das nächste Joint Venture, diesmal mit der damals noch selbständigen AVIC II. Es soll noch im Jahr 2008 unterschriftsreif werden.

Haier und Higher

Wie der Kühlschrankhersteller Haier
eiskalt die Welt erobert

„Mit leichter Hand das [einem unerwartet
über den Weg laufende] Schaf
[geistesgegenwärtig] wegführen"

Vom Freihandel profitieren Länder nur, wenn sie unterschiedliche Produkte produzieren und austauschen. Der Freihandel lebt vom Gleichgewicht mehrerer Handelspartner. Im Idealfall kaufen die Partner Produkte, die sie selbst nicht herstellen wollen oder können, und verkaufen dafür andere Produkte möglichst im gleichen Wert. Was passiert, wenn dieses Gleichgewicht aus den Fugen gerät? Wenn ein einziges Land einen großen Teil der Produkte selbst herstellen und zu unschlagbaren Preisen auf den Weltmarkt bringen kann?

China könnte ein solches Land werden, prognostizierte Wirtschaftsnobelpreisträger Paul Samuelson. In manchen Industriebereichen ist seine Prognose schon Realität. Ein Unternehmen, das China immer weiter in diese Richtung führt, ist Haier. Der Hersteller von Haushaltsprodukten und Unterhaltungselektronik aus der ehemals deutschen Kolonie Qingdao hat im Heimatmarkt einen Marktanteil von etwa 35 Prozent, weltweit sind es gut fünf Prozent. Keinem anderen chinesischen Unternehmen in der Volksrepublik ist es bisher gelungen, aus eigener Kraft in so großem Stil und unter eigener Marke für den Weltmarkt zu produzieren. Dabei hat sich das Unternehmen zu einem seltsamen Zwitter zwischen Marken- und Billighersteller entwickelt. Bei Aldi USA waren Haiers Klimaanlagen im Juni 2008 im Sonderangebot: für 89 US-Dollar. Haier ist inzwischen der drittgrößte Haushaltsgerätehersteller der Welt, nach Bosch Siemens und der Nummer eins, Whirlpool. Hinter einer der bekanntesten chinesischen Marken steht vor allem ein Mann in dunklem Pullover und mit akkuratem Scheitel, der eher wie ein Parteikader als wie ein moderner Manager aussieht. Zhang Ruimin, 59, gehört zur chinesischen Managergeneration der ersten Stunde, zu denen, die als Erste die Chance hatten, etwas zu wagen, nachdem Deng Xiaoping die Öffnungspolitik ausgerufen hatte, und zu den ersten chinesischen Managern, über die schon Anfang der 90er-Jahre international berichtet wurde. Zhang ist ein Selfmademan par excellence.

Der Sohn einer Arbeiterfamilie besuchte weder die Oberschule noch eine Universität. „Ich habe die Schule nicht freiwillig abgebrochen, die Kulturrevolution ist dazwischengekommen", sagt er mit einem vorwurfsvollen Unterton.

Als er seinen Posten bei der Stadtverwaltung 1984 gegen die Leitung der Allgemeinen Qingdaoer Kühlschrankfabrik eintauschte, hatte Zhang keinen Schimmer, worauf er sich einließ. Das Unternehmen unterschied sich nicht von anderen maroden Staatsbetrieben der Volksrepublik. Bis Mao die kleine Kühlschrankfabrik 1949 verstaatlichen ließ, war sie in Privathand. Dann brachten Misswirtschaft, fehlendes Management und mangelnde Qualitätskontrolle in Zeiten zentraler Planung das Unternehmen an den Rand des Zusammenbruchs. Anfang der 80er hatte die Fabrik über 1,4 Millionen Renminbi (heute 140 000 Euro) Schulden; 600 unmotivierte und demoralisierte Arbeiter stellten selten mehr als 80 Kühlschränke im Monat her, die noch dazu wegen ihrer schlechten Qualität nahezu unverkäuflich waren. Zhang übernahm mit seinem Posten als Direktor einen nahezu bankrotten Betrieb und fast hoffnungslosen Fall.

Er krempelte die Ärmel hoch und mit dem angelesenen Wissen über westliche und japanische Managementmethoden und Geschäftsmodelle strukturierte der Autodidakt das Unternehmen komplett um. Er forderte Leistung – und bezahlte nur noch nach Leistung. Techniker schickte er ins Ausland, damit sie Lehr- und Weiterbildungskurse besuchten, und baute die Logistik für den weltweiten Vertrieb auf. Doch vor allem machte er deutlich, dass er Qualitätsarbeit erwartete und jeder Arbeiter sich für die Produkte verantwortlich fühlen sollte. Als 1985 ein Kunde einen fehlerhaften Kühlschrank reklamierte, ging Zhang zusammen mit dem Kunden das gesamte Lager durch, um Ersatz zu finden. Von insgesamt 400 Kühlschränken waren 76 fehlerhaft, eine Fehlerquote von etwa 20 Prozent. Zhang ließ die Kühlschränke daraufhin in der Halle aufreihen, teilte Vorschlaghammer an die Arbeiter aus und ordnete an, die Geräte zu zertrümmern. Als die Arbeiter zögerten – ein Kühlschrank hatte einen Wert von etwa zwei Jahresgehältern –, sagte Zhang: „Zerstört sie. Wenn wir diese 76 Kühlschränke verkaufen, führen wir einen Fehler weiter, der unser Unternehmen in den Bankrott getrieben hat." Noch heute hängt einer der Hammer im Hauptquartier, als Warnung, wie weit es kommen kann, wenn man minderwertige Produkte herstellt, und um an den Tag zu erinnern, an dem Zhang klarmachte, was er erwartete:

Qualität, die er auch international verkaufen konnte. Produkte, mit denen man im Ausland punkten konnte und mit denen man sich nicht vor der westlichen Konkurrenz verstecken musste. Die Holzhammermethode wirkte. Die Arbeiter hatten verstanden. Auf dem Flur eines Produktionswerks von Haier hängt ein Plakat: Darauf sind unzählige Stufen, die zum Gipfel eines Berges führen. Auf den Stufen stehen die chinesischen Schriftzeichen für „Innovation", „Anstrengung", „Kampf" ...

So ungewöhnlich Zhangs Methoden sind, so simpel sind seine Prinzipien: Von den Besten lernen ist eines davon. „Von den Amerikanern lernen wir Innovationsgeist, von den Deutschen ihre strenge Qualitätsprüfung und von den Japanern die Solidarität einer qualifizierten Angestelltenschaft", erklärte Zhang seine Managementstrategie und fügte hinzu: „Die Stärken der anderen sind unser Muster." Muster, die man weiterentwickeln und verändern kann.

Zhang will sie in seinem Unternehmen zusammenführen. Nach amerikanischen Leistungskriterien entlässt Haier etwa zehn Prozent seines Führungspersonals, die Qualität misst Zhang am deutschen Standard. Die strengen Sicherheitsvorschriften hat er sich vom japanischen Konkurrenten Matsushita abgeguckt, die Just-in-time-Produktion hat er von Toyota übernommen, und auch sonst ist die Fabrikarbeit nach japanischem Muster organisiert.

Mithilfe der Technologie und der Lizenzen des deutschen Haushaltsgeräteherstellers Liebherr brachte Zhang das Unternehmen auf Vordermann. Die Kühlschränke aus Qingdao wurden nun unter dem Namen Liebherr – chinesisch „Haier" ausgesprochen – produziert. Bereits 1986 schrieb das Unternehmen schwarze Zahlen. 1988 übernahm die Qingdaoer Kühlschrankfabrik den Mikrowellenhersteller Qingdao Electroplanting Company, 1991 kamen mit der Qingdao Air Conditioner Plant und Qingdao Freezer zwei neue Sparten hinzu. Nach der Diversifizierung wurde Haier zur Gruppe. 1994 beendete Zhang die Kooperation mit Liebherr, zum Erstaunen der Deutschen. Zhang hatte genug gelernt. Er brauchte das Know-how der Deutschen nicht mehr. Die Lizenzen und der Name blieben. Die Mühe hatte sich gelohnt. Die Verkaufszahlen wuchsen seitdem um bis zu 83 Prozent pro Jahr. 1984 verkaufte das Unternehmen noch im Wert von 3,5 Millionen Renminbi (nach heutigem Wechselkurs um die 330 000 Euro), im Jahr 2000 waren es bereits 40,5 Milliarden (umgerechnet etwa 3,8 Milliarden Euro), also eine Steigerung um mehr als das 1 150-Fache. Und 2007 verkaufte Haier Weißwaren im Wert von knapp 108 Milliarden Renminbi (circa 10,1 Milliarden Euro).

Die Expansion ging immer weiter. Mittlerweile hat Haier mit mehr als 50 000 Angestellten Niederlassungen in 165 Ländern. Im Jahr 1984 wurde bei Haier ein einziger Kühlschranktyp hergestellt, heute sind es 96 Produktserien mit mehr als 15 100 unterschiedlichen Produkttypen. Nachdem das Unternehmen sich im Heimatmarkt etabliert hatte und auch der Export der weißen Güter erfolgreich war, begann Zhang im Ausland zu produzieren. Seit 1996 betreibt Haier eine Fabrik in Indonesien, seit 1997 in Malaysia und auf den Philippinen.

Selbst in die USA wagte sich Zhang vor, allerdings hatte er Respekt vor dem komplexen hoch entwickelten Markt. Ihm war klar, dass er mit einer breiten Palette an üblichen Produkten dort untergehen würde. Niemand in den USA hatte auf den chinesischen Hersteller gewartet. Und nur über den Preis wollte Zhang nicht in den Staaten bekannt werden. Haier sollte eine Marke werden, mit der man günstige Qualität verbindet. Zhang schlich sich über zwei unterentwickelte Nischen fast unbemerkt ein. Er stellte Kompaktkühlschränke für kleine Apartments oder für die Champagnerflaschen im Schlafzimmer her. Und er bot günstige Weinkühlschränke in gutem Design an: Die Konkurrenz, zum Beispiel La Sommelière, bot die Geräte für 1 600 US-Dollar an, Haier verkaufte sie für die Hälfte und verdiente doch mehr als die einstigen Marktführer.

Der Plan ging auf. „Die kleinen Kühlschränke für die chinesischen Wohnungen machen sich auch sehr gut in New Yorker Singlewohnungen. Wer eine größere Wohnung hat, sollte darüber nachdenken, ob er nicht einen kleinen Kühlschrank im Schlafzimmer braucht. Mit solchen Überlegungen haben wir in den Staaten einen Marktanteil von 20 Prozent bei den Kleinkühlschränken erzielt", stellte Zhang 1999 zufrieden fest. Zhang hatte nun Erfahrungen im Markt gesammelt und fühlte sich reif, einen Schritt weiter zu gehen. Unvermittelt ging er zum Großangriff über, indem er den amerikanischen Giganten

GE, Frigidaire und Maytag eine komplette Kühlschranksparte entgegenstellte.

Die Branche war überrumpelt und konnte nicht einmal behaupten, wer chinesische Kühlschränke kauft, zerstört amerikanische Arbeitsplätze, denn Haier eröffnete im Jahr 2000 in Camden, South Carolina, eine Fabrik für Kühlschränke, Spülmaschinen und Bierzapfanlagen – eine 40-Millionen-US-Dollar-Investition. Ziel waren Verkäufe im Wert von einer Million und zehn Prozent des US-Kühlschrankmarktes. 2002 zog Haier mit seiner amerikanischen Zentrale im Landmark Building in Manhattan ein. Vor allem der Minikühlschrank mit ausklappbarem Schreibtisch, der von der Konkurrenz anfangs müde belächelt wurde, ist unter Studenten ein Verkaufsschlager, sodass Haier in den USA mittlerweile einen Marktanteil von über 50 Prozent bei Kleinkühlschränken besitzt. Insgesamt hat das Unternehmen im amerikanischen Markt inzwischen einen Marktanteil von immerhin zehn Prozent bei Kühlschränken.

Vom Erfolg ermutigt, kaufte Zhang kurz nach dem Erwerb der Fabrik in Camden eine Produktionsstätte in Norditalien, um dem europäischen Markt gerecht zu werden. „Dort können wir keine billigen Sachen bauen und müssen die gleiche Qualität wie Whirlpool oder Siemens liefern."

Heute verkauft das Unternehmen im Jahr mehr als 20 Millionen Kühlschränke und damit die meisten weltweit. Mittlerweile benutzen über 280 Millionen Menschen in mehr als 160 Ländern Haier-Kühlschränke. Die chinesischen Geräte stehen überall im Regal: ob in den Wal-Marts der USA, den B&Q-Baumärkten in Großbritannien oder bei OBI in Deutschland. Seit einigen Jahren greifen die Chinesen vor allem auf Drittmärkten an: in Südostasien, im Nahen und Mittleren Osten und in Afrika. Selbst in Pakistan errichtete Zhang 2002 eine Fabrik. Dort verkauft Haier hauptsächlich die an den Lebensstil angepassten „wide-bodys", in denen besonders viel Essen Platz findet und man viel Eis herstellen kann. Vor allem solche Anpassungen an die besonderen Bedürfnisse der Kunden in verschiedenen Ländern machen Haier so erfolgreich. In Pakistan erreichten die Chinesen so über 35 Prozent Marktanteil im High-End-Bereich. „Immer mehr Kunden merken, dass Haier-Produkte auf ihre Anforderungen zugeschnitten sind", sagt Yang Mianmian,

Präsidentin der Haier Group, Nummer zwei nach Zhang. Haier produziert auch in fünf afrikanischen Ländern und ist damit der erste ausländische Kühlschrankhersteller, der den afrikanischen Boom ernst nimmt und auf die Kaufkraft der neuen afrikanischen Mittelschicht setzt. Den Irakkrieg sah man in Qingdao als eigene Eroberungschance und baute rechtzeitig die Handelsniederlassung in Jordanien aus. Wer sonst in der Welt dachte schon an den Kühlschrankbedarf im Irak? Bereits im Mai 2003 stiegen die Aufträge aus Bagdad um 68 Prozent im Vergleich zum Vorjahresmonat und auf ein Rekordniveau.

Der Wettkampf um Weltmarktanteile ist voll entbrannt. „Wenn es richtig ist, dass der Markt für Haushaltsgeräte im Mittleren Osten in den 60er- und 70er-Jahren den Amerikanern gehörte, in den 80er-Jahren den Japanern und in den 90er-Jahren den Koreanern, dann ist es jetzt an der Zeit, dass Haier ihren Platz einnimmt", verspricht eine Ausstellungstafel in der Qingdaoer Konzernzentrale.

Großaufträge kamen sogar aus Kuba. Der Staatsführer Fidel Castro hatte kurz vor seinem Rückzug aus der Öffentlichkeit dem Kampf gegen den amerikanischen Imperialismus ein anderes Gesicht gegeben. Er ließ die mehr als 300 000 Kühlschränke von Frigidaire, Kelvinator und Westinghouse, in denen sein Volk seit den 1950ern sein Essen lagerte, durch die modernen chinesischen Produkte ersetzen. Und zwar, um Energie zu sparen. Die alten, riesigen, imperialistischen Modelle waren Stromfresser. Doch das Volk dankte es nicht. Wo früher leicht zwei ganze Schweinebeine reingepasst hatten, finden nun gerade mal ein Schnitzel, Senf, Gemüse, Eier und einige Wasserflaschen Platz. Als Statussymbol kann der schlanke Chinese den stattlichen Retroamerikanern nicht das Wasser reichen.

Haier war auch eines der Unternehmen, die schon früh Kapital an der Börse einsammeln konnten. Bereits 1993 durfte Zhang einen Teil des Unternehmens, die Qingdao Haier Refrigerator, an der Schanghaier Börse listen. Das funktionierte so gut, dass die Behörden Zhang erlaubten, den Sprung an eine internationale Börse zu wagen. Seit 2005 ist das Unternehmen in Hongkong gelistet – allerdings durch die Übernahme der Hauptanteile des gelisteten Joint Ventures Haier-CCT Holdings.

Um den Börsenkurs zu beflügeln, versuchte Zhang kurz darauf, die amerikanische Maytag Corporation zu übernehmen. Das Traditionsunternehmen Maytag hatte die Durchschlagskraft der chinesischen Konkurrenz unterschätzt. Noch im August 1999 wurde die Aktie für 65,25 US-Dollar gehandelt. Das war ihr historischer Höchststand. Maytag kaufte den Staubsauger-Pionier Hoover und zwei Jahre später Amana, einen der angesehensten Küchengerätehersteller. Der Abstieg war schnell und hart. Im April 2005 rutschte der Kurs unter zehn US-Dollar. Der Waschmaschinenhersteller Maytag war ausgerechnet durch die amerikanische Dotcom-Krise unter Druck geraten, die für Haier wiederum eine große Chance darstellte.

Als mit der Wirtschaftskrise die Kaufkraft nachließ, wurde bei Kunden der Preis ein wichtigeres Kaufkriterium als die Treue zu einer Marke. Die großen Supermärkte reagierten schnell. Maytag wurde von Circuit City, Montgomery Ward und Heilig-Meyers aus dem Sortiment genommen. Stattdessen kam unter anderem Haier zum Zug, das ein besseres Preis-Leistungs-Verhältnis anbieten konnte. Maytags Manager hatten sich in Bezug auf China völlig verschätzt. Für sie war China nur ein neuer Absatzmarkt, nicht jedoch ein potenzieller Konkurrent zu Hause. Sie hatten zwar ein Gemeinschaftsunternehmen mit dem chinesischen Hersteller Royalstar gegründet, um in China Kühlschränke und Waschmaschinen zu produzieren und zu verkaufen, aber sie unterlagen gleich zwei Fehleinschätzungen. Sie glaubten ähnlich wie Siemens Mobile (siehe Kapitel Ningbo Bird, Seite 121 ff.), dass die chinesischen Kunden mehr Geld für ein amerikanisches Markengerät ausgeben würden. Und sie waren überzeugt, dass die Kunden, die in den USA Maytag-Produkte kauften, nicht zu Billiganbietern wie Haier wechseln würden. Doch Haier lockte nicht nur mit dem Preis, sondern auch mit größerer Produktvielfalt. „Whirlpool und Maytag sagen zu oft Nein, wenn es darum geht, Kundenwünschen zu entsprechen." Als der Einzelhändler Office Depot sich erkundigte, ob man nicht abschließbare Kühlschränke für Büros und Wohnheime herstellen könnte, winkten die Etablierten ab, Haier konnte liefern. Auf diese Art und Weise ist es Haier gelungen, die meisten seiner Waren über die zehn größten amerikanischen Einzelhändler abzusetzen.

Maytag setzte darauf, immer komplexere Produkte zu entwickeln und damit den Abstand zu den Billiganbietern zu halten. Die Kunden wollten jedoch dafür nicht bezahlen. Zunächst kam der Einbruch in China, die Auslastung der Joint-Venture-Fabrik mit einer möglichen Stückzahl von 1,2 Millionen fiel auf unter zehn Prozent. Das Gemeinschaftsunternehmen schrieb rote Zahlen. Die Amerikaner schickten ein Team von Expatriots nach China. Die Chinesen in den Schlüsselpositionen wurden ausgewechselt. Doch da die Strategie die falsche war, nützte auch das amerikanische Know-how nichts. Dafür importierten die US-Manager neue Kosten. 2004 gab Maytag auf und verkaufte sein Werk in China an den chinesischen Partner. Damit war Maytag China aber nicht los, da die Chinesen dem altehrwürdigen Hersteller ja auch im amerikanischen Markt zusetzten.

Das Übernahmeangebot von Haier im August 2005 kam aus heiterem Himmel. Doch Zhang bekam das Unternehmen nicht. Der amerikanische Hersteller Whirlpool bot mehr – und erbte die Probleme, die mit China zu tun hatten. Zwar konnten Maytag und Whirlpool durch ihre neu gewonnene Größe nun ein wenig billiger produzieren, nur waren die Geräte weiterhin zu teuer. Whirlpool hatte sich im Übrigen Ende der 90er-Jahre aus dem chinesischen Markt zurückgezogen, nachdem die Manager dort mehr als 50 Millionen US-Dollar an Verlusten angehäuft hatten. Maytag wäre es wohl besser bekommen, wenn es an die Chinesen verkauft worden wäre.

Zhang ließ sich von diesem Rückschlag nicht beeindrucken. Im Gegenteil, er setzte zum Beispiel früher als der Westen auf preiswerte FCKW-Kühlschränke und baute seinen Marktanteil damit weiter aus.

Zhang beschloss, sich in eine zweite und völlig andere Branche zu begeben, die zudem technologisch anspruchsvoller war: die Unterhaltungselektronik. Von vornherein setzte er dabei auch auf die westlichen Märkte. 2005 nahm sich die Haier-Gruppe den europäischen TV-Markt vor und präsentierte auf der CeBIT ihre Strategie. „Unser Ziel ist es, bis 2008 die Nummer drei unter den Flachbildschirmherstellern in Europa zu sein", sagte Paolo Mainardi, Europachef der Haier-Gruppe. Mit eigenen Plasma- und LCD-Fernsehern will Haier bis 2008 weltweit einen Marktanteil von zehn Prozent erreichen. Das entspricht etwa zwölf Millionen verkauften Geräten. Und auch im TV-Bereich suchten sich die Chinesen wieder eine Nische: Fernseher für Kinderzimmer. Der Fernseher in Gestalt eines Frosches hatte Nachtlichter in den Augen und ein System, mit dem man die Fernsehzeit auf ein bis vier Stunden begrenzen konnte. Nachdem der Fernseher erfolgreich war, entwickelten die Chinesen eine ganze Linie von Kinderfernsehern auf der Basis verschiedener Produktcharaktere.

Außerdem mischt Haier in der Handy- und Computerindustrie mit und hat ein Finanzierungsunternehmen zur Erfüllung der Kundenwünsche.

Im November 2007 unterzeichnete Haier einen Deal mit Ingram Micro, einem der größten IT-Distributoren der Welt. 400 000 Computer im Wert von insgesamt 250 Millionen US-Dollar sollen über Ingram verkauft werden. Damit läuteten die Chinesen die nächste Stufe der Übersee-Expansion ein. Mit hohen Investitionen hat Haier es innerhalb von nur zwei Jahren geschafft, die Nummer vier der chinesischen PC-Hersteller zu werden. Die Verkäufe lagen 2007 bei 1,6 Millionen, mit Schwerpunkt in China. 2008 sollen sie sich verdoppeln – mit dem internationalen Markt als Schlüsselmarkt. Kurz zuvor hatte Haier mit Intel eine Vereinbarung über Forschung und Entwicklung geschlossen.

Die Konkurrenz wartet nur darauf, dass Haier sich mit den verschiedenen Geschäftsbereichen verzettelt.

Doch mit Zhang ging es bei Haier bisher nur steil nach oben. Der Mann ohne Business School und MBA ist fast ein Mythos in der chinesischen Geschäftswelt. Kein Wunder, dass die kommunistische Propaganda vor einigen Jahren einen Film über ihn drehte, in dem er ähnlich wie Mao das Land aus der Abhängigkeit führt. Das amerikanische Wirtschaftsmagazin *Fortune* setzte den Haier-Chef 2003 an die 19. Stelle der einflussreichsten Manager der Welt. 2007 war Haier-Präsidentin Yang Mianmian auf Rang 43 der *Forbes*-Liste der einflussreichsten Frauen der Welt. Und auch beim Nachwuchs ist das Unternehmen beliebt: 18 000 chinesische Studenten, die im Frühjahr 2003 gefragt wurden, für welche Firma sie am liebsten arbeiten würden, wählten Haier noch vor IBM und Microsoft zu ihrer Traumfabrik.

Zhangs Erfolg ist greifbar: Umsätze von über zehn Milliarden US-Dollar und Nettogewinne von über 93 Millionen sprechen eine klare Sprache. Mit einem Marktanteil von gut 25 Prozent im Bereich der Kühlschränke steht das Unternehmen in China auf Platz eins. Dazu beigetragen hat die neue Produktionsanlage in Hefei, die noch 2008 ihre Höchstkapazität von 1,45 Millionen Einheiten erreichen wird. Auch die Klimaanlagen des Unternehmens finden steigenden Absatz. Hier erhöhten sich die Einnahmen um fast 19 Prozent.

Für das erste Quartal des Jahres 2008 gab Haier einen Nettogewinn von 172 Millionen Yuan bekannt, ein Anstieg um 31,8 Prozent zum Vorjahresquartal.

Von den etwa 50 000 Angestellten arbeiten inzwischen mehr als 5 000 in 15 ausländischen Werken. Schon im Jahr 2002 umfasste der Auslandsumsatz mit etwa einer Milliarde US-Dollar zwölf Prozent des Gesamtumsatzes – was eine Steigerung um 40 Prozent im Vergleich zum Vorjahr bedeutete. 2006 waren es 3,3 Milliarden und knapp 25 Prozent am Gesamtumsatz. Dabei verkauft Haier alle Produkte unter eigenem Namen. „China kann nicht ewig von billiger Verarbeitung leben. China braucht seine eigenen großen Marken", erklärte Zhang. 2006 kaufte Haier eine Kühlschrankfabrik von Sanyo Electric in Thailand mit einer jährlichen Kapazität von einer Million Einheiten. Der letzte Coup war 2007 die Übernahme der indischen Fabrikanlagen von Anchor Daewoo für einen unbenannten Betrag. Dazu gehörte auch eine Kühlschrankfabrik, mit der Haier in Indien eine Produktionskapazität von 350 000 Geräten dazugewonnen hat. Haier plant derzeit, indische Marken zu übernehmen. „Im Moment sind Schätzungen, Verhandlungen und Prüfungsprozesse im Gange, um eine Marke zu akquirieren", sagte Pranay Dhabhai, Direktor von Haier Indien im Frühjahr 2008. Im Zuge der Expansion brachte Haier Indien eine Reihe von Klimaanlagen und neun neue Kühlschrankmodelle auf den Markt. Seit 2007 hat Haier ein Joint Venture mit dem japanischen Hersteller Sanyo, um Kühlschränke unter der Marke Sanyo in Asien zu bauen und zu verkaufen. Zwar hatten chinesische Unternehmen wie Lenovo und TCL in der Vergangenheit mit der Übernahme von Marken zunächst Geld verloren, aber Haier ist optimistisch und schielt

weiterhin auf amerikanische und europäische Marken, die es
international noch erfolgreicher machen sollen.

Haier braucht den Umsatz im Westen auch, um damit die
steigenden Produktionskosten und die schrumpfenden Margen
in China auszugleichen. Die Produktionskosten sprangen 2007
um über 20 Prozent nach oben, besonders wegen der höheren
Kosten für Material wie Kupfer und Stahl. Bei Haier ist man
jedoch zuversichtlich. Grund dazu hat das Unternehmen: Obwohl in den USA wegen des Rückgangs im Immobilienmarkt
immer weniger Haushaltsgeräte gekauft werden, legen auch
dort seine Verkäufe zu. Die chinesischen Klimaanlagen erreichten Anfang 2008 im US-Markt einen Anteil von 18 Prozent und
setzten sich über den Preis gegen die Marken aus Japan, den
USA und Südkorea durch. Comet, einer der größten Haushalts-
geräteverkäufer in Großbritannien, wirbt inzwischen für Haier.
Mit aufwendigen Plakaten stellte das Unternehmen eine „weltweit führende Marke" vor. Allein im Jahr 2007 stieg der Wasch-
maschinenverkauf im Ausland um 40 Prozent. Inzwischen hält
Haier 30 Prozent des europäischen Marktes.

Den jüngsten Erfolg bei seinen Auslandsoperationen konnte
Haier in Mazedonien verbuchen. Dort gewann der chinesische
Konzern in Konkurrenz zu mehr als 20 ausländischen Firmen
die Ausschreibung über den Einkauf von 100 000 PCs seitens
der Regierung. Eine Woche vor der offiziellen Ausschreibung
hatte Mazedonien unerwartet die technischen Ansprüche an
die Produkte erhöht. Dazu sagte Gao Yicheng, Generaldirektor
der PC-Abteilung des Konzerns, gelassen: „Selbst für namhafte
internationale Konzerne erfordert ein Umbau des Prototyps bis
zu zwei Monate. Dennoch haben wir unseren Teamgeist und
unser Innovationsvermögen voll zur Entfaltung gebracht. Wir
haben ein Ziel festgelegt, das Sieg lautet." Der Auftrag ist auch
deswegen wichtig, weil die Ausstattung der Regierung meist
einen Anstieg der Nachfrage in der normalen Bevölkerung zur
Folge hat. Was die Regierung benutzt, so die Vorstellung im
Volk, ist preiswert, gut und haltbar.

Seit Mitte Mai 2008 verhandelt Haier mit General Electric,
das seine Haushaltsgerätesparte verkaufen will. General Electric
Appliances ist jene traditionsreiche Marke, unter der der US-
Elektronik-Riese früher Weiß- und Braunware herstellte, also

Waschmaschinen, Küchenherde, Kühlschränke und Radios. Die Braunwarensparte wurde bereits 1987 verkauft, die Weißwarensparte (inklusive Klimageräte und Wasseraufbereitungsanlagen) bringt zwar rund sieben Milliarden US-Dollar Umsatz ein, ist für GE aber längst nicht mehr so interessant wie früher. „GE leidet bei Haushaltsgeräten unter steigenden Produktionskosten – vor allem Arbeitskräfte und Rohstoffe werden teurer. Das drückt die Margen", so Phil Park vom Marktforschungsinstitut Euromonitor International. Die Sparte wächst langsamer als der Rest des Konzerns. Mit Infrastruktur, Geldservices und Energie erwirtschaftete GE 2007 ein Vielfaches – einen Umsatz von 172 Milliarden US-Dollar. Und während GE ansonsten weltweit tätig ist, werden die Haushaltsgeräte hauptsächlich in den USA abgesetzt. Branchenkenner gehen davon aus, dass Kaufbeträge von hohen einstelligen Milliarden-US-Dollar-Summen inzwischen von Haier und chinesischen Finanzinstitutionen allein gestemmt werden können. 2005 beim verlorenen Bieterverfahren um Maytag mussten sich die Chinesen noch mit Bain Capital und der Blackstone-Gruppe zusammentun. Damals ging es „nur" um 1,28 Milliarden US-Dollar. Für diese Art von Coup sind die Chinesen jetzt reif. Nicht nur, weil das Unternehmen jetzt stärker ist, sondern auch, weil der Staat Haier leichter unter die Arme greifen kann. Aber die Chinesen sind auf der Bieterseite nicht allein. Auch der koreanische Hersteller LG ist interessiert. Es werde die Verhandlungen „wachsam beobachten", sagte CEO Nam Yong Ende Mai.

Sowohl Haier als auch LG sind schon im amerikanischen Markt aktiv, könnten allerdings mit der starken Marke GE um einiges schneller wachsen. Schon jetzt verliert GE im zentralen Stammmarkt gegen die asiatische Konkurrenz an Boden. „Haier und LG Electronics haben GE mit pfiffigem Design und kühnen Farben Marktanteile abgenommen", sagte Analyst Park. Haier hat mit 1,4 Prozent Marktanteil jedoch erst einen Brückenkopf auf dem US-Markt. Ein Kauf von GEs Aktivitäten wäre für die Chinesen der Durchbruch auf dem weltweit größten Markt.

Allerdings müssen sich die vorstürmenden Chinesen noch etwas gedulden. „Es wird ein langer Verkaufsprozess", so GE-Chef Jeffrey Immelt in Seoul. Es gebe jede Menge Anfragen von Firmen aus dem Ausland und GE überlege noch, ob nicht ein

Spin-off sinnvoll wäre. Haier wird hart kämpfen, und die Chancen stehen nicht schlecht – und wenn die Übernahme nicht
klappen sollte, findet sich mit Sicherheit ein anderes Unternehmen, das verkaufen will. Die Zeit spielt eher für Haier, denn
je mehr das Unternehmen produziert, desto billiger kann es
anbieten. Und je mehr die USA sich in Richtung Rezession bewegen, desto mehr lassen sich die Kunden vom Preis überzeugen.
Gegenüber den Südkoreanern hat China einen Vorteil, den es
am Ende ausspielen kann. Es kann den GE-Managern leichteren
Zugang zum chinesischen Markt in anderen Sparten anbieten.
Das könnte am Ende das Zünglein an der Waage sein. Danach
stellt sich die Frage, ob Haier den Markennamen beibehalten
oder wie Lenovo und IBM so früh wie möglich auf die eigene
Marke umstellen wird. Um zumindest darauf vorbereitet zu sein,
arbeiten die Manager aus Qingdao weiter an ihrem Image. Während der Olympischen Spiele im August 2008 konzentrierte sich
das Unternehmen darauf, der Marke einen Bekanntheitsschub
zu geben. Und damit die einzigartige Zwitterstellung als Billig-
und Markenhersteller in der Welt auszubauen.

Haier ist eines von 43 Unternehmen, die Partner oder Sponsoren der Sommerspiele sind. Eine ganze Produktpalette gab es
für Olympia. Sportsponsoring ist für den umtriebigen Zhang
nichts Neues: Haier ist auch Sponsor der NBA, denn Zhang hat
schnell gemerkt, dass man über Sport viele Kunden erreichen
kann. Mit dem Sportspektakel ist Haier dem endgültigen internationalen Durchbruch ein Stück näher gekommen. Das sieht
auch die chinesische Regierung so. Sie rechnet damit, dass die
chinesische Industrie in den kommenden Jahren mindestens
50 global agierende Unternehmen hervorbringt. Die Marken
sollen dann in einer Bekanntheitsliga mit Coca-Cola oder
Toyota spielen.

Bisher sind die chinesischen Topmarken international ver-
hältnismäßig unbekannt – und das, obwohl sie Millionen umsetzen. „Chinesische Marken sind bisher zu wenig global, um
unter die 100 weltweit wertvollsten Marken zu kommen", be-
merkt Ruth Lieberherr, Pressesprecherin bei Interbrand Zintz-
meyer & Lux, die jährlich den Wert internationaler Marken
ermitteln. „Wir erhoffen uns von den Olympischen Spielen
einen internationalen Durchbruch", sagte Claudia Rehm von

der Haier Deutschland GmbH. Die Vergangenheit zeigte, dass Sponsoren mit einer Umsatzsteigerung von jährlich durchschnittlich 7,5 Prozent von den Ereignissen profitieren. Etwa Mitte 2009 wird man bei Haier wissen, was die Olympischen Spiele gebracht haben.

Doch schon jetzt ist Zhang mit Haier etwas für das Land der Produktpiraten völlig Neues gelungen: eine Marke made in China. Mittlerweile hat Haier ebenfalls Probleme mit Produktpiraten aus China, die sich für gewöhnlich lieber den westlichen Qualitätsprodukten widmen. Der US-Zoll hat erst kürzlich eine Schiffsladung gefälschter Haier-DVD-Player sichergestellt, die unter den Namen „New Haier" oder „Shandong Haier" verkauft werden sollten. Schon allein daran lassen sich Stellenwert, Qualität und Erfolg der Marke Haier messen.

Störsender und Chinesin

Wie Rupert Murdoch aalglatt
ins Herz des Drachen wollte

 Das Strategem des schönen Menschen/
der schönen Frau

„Wir sind in China an die Wand gefahren" – dieses bündige
Resümee zog Rupert Murdoch am 16. September 2006 auf einer
Pressekonferenz in New York. Und er ist nicht oft an die Wand
gefahren.

Mit 22 Jahren hatte Murdoch nach dem Tod seines Va-
ters dessen Provinzblatt in Adelaide übernommen auf diesem
Grundstein ein Imperium geschaffen, das heute rund um den
Globus Zeitungen, Zeitschriften, Fernsehsender, Filmstudios,
Verlage, Satelliten- und Internetaktivitäten kontrolliert. Die
Familie hält 23 Prozent der Aktien. In Deutschland ist Murdoch
mit 25 Prozent am Bezahlfernsehen Premiere beteiligt. 2007
landete er seinen jüngsten Coup: Er kaufte für fünf Milliarden
US-Dollar das legendäre *Wall Street Journal* (inklusive Dow-
Jones-Konzern). Doch an China scheiterte er.

Mehr als zehn Jahre lang hatte der erfolgsverwöhnte Medienunternehmer um Chinas Gunst geworben. Zuerst auf die
schneidige Tour. Doch damit biss er auf Granit. Dann begann
der australische Pressezar, der Pekinger Führung aus der Hand
zu fressen. Genützt hat es ihm nichts. Als Murdoch schließlich
ungeduldig wurde und kräftig aufs Gaspedal trat, knickte Peking
das zarte Pflänzchen seiner chinesischen Unternehmungen
kurzerhand ab. Dabei hatte alles so gut angefangen.

Im Sommer 1993 segelten Murdoch, seine damalige Frau
Anna und die drei Kinder auf der Familienjacht Morning Glory
im Mittelmeer, als per Satellitentelefon ein Anruf einging.
Am anderen Ende der Leitung: Richard Li. Vielleicht hätte
der erfahrene Murdoch den damals gerade 26-Jährigen unter
anderen Umständen abgewimmelt. Doch Richard Li ist der
Sohn von Li Ka-shing, dem reichsten Mann Hongkongs. Er
hatte Murdochs Ohr und machte ein Angebot: Die Firma seines Vaters, Hutchison Whampoa, wolle ihr Satellitenfernseh-
Netzwerk Star TV abstoßen. Das Sendegebiet erstreckte sich
von Japan bis ins östliche Mittelmeer und umfasste neben
Südostasien und Indien auch den Markt der Märkte: das Reich
der Mitte. Star TV war wie geschaffen für Murdoch. Der Sender war der fehlende Baustein in seinem Unternehmen, der
News Corp zum ersten weltumspannenden Medienkonzern
überhaupt machen würde. Vor allem war Star TV der ideale
Türöffner nach China.

Per Telefon, ohne den Segeltörn zu unterbrechen, stieg Murdoch für 525 Millionen US-Dollar mit 64 Prozent bei Star TV ein. Mit dem Hongkonger Netzwerk in der Westentasche, so der Plan, würde er das Reich der Mitte im Sturm erobern. Zwar hatte Star TV keine Sendeerlaubnis in China und obendrein war es Firmen in ausländischem Besitz generell nicht gestattet, ins Geschäft mit Medieninhalten in China einzusteigen, aber für Murdoch waren das nur Formalitäten: „Die Kommunistische Partei", scherzte der Medienmogul, „ist doch schließlich die größte Handelskammer der Welt."

Inzwischen schrillten bei der „größten Handelskammer der Welt" die Alarmglocken. Ein in der britischen Kronkolonie Hongkong registrierter Satellitensender, den jeder in China empfangen konnte, war schon schlimm genug. Doch bislang hatte der Sender dem Chinesen Li Ka-shing und dessen Sohn Richard gehört. Beide hatten zwar schon mit dem einen oder anderen Bauprojekt in Peking Ärger verursacht, politisch jedoch waren sie loyal. Von ihnen waren keine größeren Ärgernisse zu befürchten. Jetzt aber war Star TV in der Hand des Erzkapitalisten Rupert Murdoch – und immer noch von jedermann frei zu empfangen. Aus Pekinger Sicht eine politisch unmögliche Situation: ein Freibrief für News Corp im China der frühen 90er, wenige Jahre nach dem Tiananmen-Aufstand. Die Idee war fast so abwegig wie freie Senderechte für die BBC in Breschnews Sowjetunion.

Murdoch stellte die chinesische Führung vor zwei Probleme. Erstens war er ein politisches Risiko. Bekanntlich steht China nicht in dem Ruf, Laissez-faire walten zu lassen – vor allem nicht im Medienbereich. Obendrein waren speziell Murdochs marktliberale, nicht selten säbelrasselnd proamerikanische Ansichten in Peking gut bekannt, genauso wie die Tatsache, dass der Unternehmer, wenn es drauf ankam, nicht zögerte, ins Redaktionsgeschäft seiner Zeitungen und Fernsehsender einzugreifen. Zweitens war Murdoch ein wirtschaftliches Problem. Peking konnte kein Interesse daran haben, die damals noch rückständigen heimischen Medienunternehmen im „freien Wettbewerb" mit Murdochs multinationalem Konzern unter Druck setzen zu lassen. Es ging schließlich nicht nur um politischen Einfluss, sondern auch um Werbeeinnahmen. Doch die Annäherungsversuche des Australiers boten Peking auch eine strategische Chance. Wenn es ihnen gelänge, Murdochs Know-how und Finanzkraft anzuzapfen, könnte der mächtige Unternehmer der staatlich kontrollierten Medienlandschaft in China einen wertvollen Dienst erweisen.

Und Peking war in einer erstklassigen Verhandlungsposition. Denn anders als Murdoch war der chinesischen Führung von Anfang an klar, dass der ausländische Tycoon sie weit mehr brauchte als sie ihn. Sie hatte deshalb keinen Grund, sich von Murdoch Tempo oder Konditionen der Geschäfte vorschreiben zu lassen. Die chinesische Führung konnte warten – die Zeit spielte für sie. Denn Murdoch war zwar der erste, aber nicht der einzige Medienunternehmer, der begehrliche Blicke auf Chinas verheißungsvolles Marktpotenzial warf. Die Konkurrenz bei Time Warner, CNN und Disney war schließlich auch nicht auf den Kopf gefallen. Wie eine Schar von Konkubinen um die Gunst des Kaisers buhlten, wetteiferten Murdoch und seine Konkurrenz bald in einem veritablen Schönheitswettbewerb um das Privileg, in China investieren zu dürfen. Doch so weit war es noch nicht, und für Peking hatte ohnehin das politische Problem Priorität.

Mit der blutigen Niederschlagung des Tiananmen-Aufstands hatte sich Peking international zum Paria gemacht. Zwar vertraute China zu Recht darauf, dass die internationale Gemeinschaft es sich auf Dauer nicht leisten konnte, das Riesenreich zu isolieren – China war schließlich nicht Burma –, dennoch war die Stimmung angespannt. Die Reformer wussten, dass sie die Neuerungen ohne westliche Investitionen nicht hinbekommen würden, unterschätzten aber zunächst den Druck, unter dem die westlichen Unternehmen hinsichtlich der Erschließung neuer Märkte standen. Während China seinen Spielraum also unterschätzte, überschätzte sich der Westen. Man war nach dem Zusammenbruch des Ostblocks noch in Champagnerlaune und wähnte sich auf der Siegerstraße. China fühlte sich in die Defensive gedrängt. Mit ganz besonderem Misstrauen hatte die chinesische Führung den Fallout des Tiananmen-Desasters in der westlichen Presse beobachtet. Und von jetzt an wurde niemand so genau unter die Lupe genommen wie Rupert Murdoch.

1993 hatte Murdoch sein Medienimperium gerade erst aus einer tiefen Krise gerettet. Die Investitionen für seinen britischen Satellitensender BSkyB hatten seinen Konzern an den Rand des Zusammenbruchs geführt, und seine Kritiker hatten schon den Nachruf auf News Corp bereitgehalten. Doch der hemdsärmelige Unternehmer hatte es den Schlaubergern mal wieder gezeigt: Der britische Sender war über den Berg und schrieb mit einem Jahresgewinn von 350 Millionen US-Dollar schwarze Zahlen, die sich gewaschen hatten. Damit hatte Murdoch sein schwankendes Medienreich nicht nur vor dem Kollaps bewahrt. Er hatte es zurück auf Expansionskurs geführt. Mit BSkyB hatte er der Welt ihre mediale Zukunft gezeigt. Jetzt war er bereit für die nächste Runde, den Run auf China. Bei News Corp herrschte Kaiserwetter. Murdoch lud zum Fest – an einer der edelsten Adressen weltweit.

Der Herrscher von News Corp feierte sich in Banqueting House, einem Teil des alten britischen Königspalastes Whitehall am Trafalgar Square. Whitehall ist auch der Name des Regierungsviertels und das Synonym für *Her Majesty's government*, so wie das Regierungsviertel Zhongnanhai in Peking ein Synonym für die Regierung im Reich der Mitte ist. Nach Whitehall also hatte Murdoch einige Hundert handverlesene Führungskräfte aus der Werbung und den Medien geladen, um mit ihnen zwischen ionischen Säulen und prachtvollen Rubens-Gemälden seinen Triumph auszukosten.

Mit neuartigen Kommunikationsmitteln wie seinem BSkyB-Satelliten, so klopfte Murdoch sich in seiner Festrede auf die Schulter, lasse sich nicht nur eine Menge Geld verdienen. Denn die Neuen Medien, erklärte der Pressemagnat zur Überraschung seiner Gäste, seien vor allem ein Werkzeug zur Weltverbesserung. Murdoch sprach davon, wie die neuen Massenkommunikationsmittel im Verein mit dem freien Spiel der Marktkräfte weltweit der Demokratie zum Durchbruch verhelfen würden. George Orwell, so dozierte Murdoch, habe schiefgelegen. Die Massenmedien dienten nicht der totalitären Herrschaft, wie der britische Schriftsteller es in seinem Klassiker *1984* geschildert hatte. Im Gegenteil: „Fortschritte in der Telekommunikation sind eine unzweideutige Bedrohung für totalitäre Regimes auf der ganzen Welt. Faxgeräte geben Dissidenten die Möglichkeit, die staatlich kontrollierten Printmedien zu umschiffen. Und Satellitensender geben informationshungrigen Bürgern in vielen repressiven Staaten die Möglichkeit, staatliche Fernsehsender zu umgehen."

Murdoch hatte wohl für einen Moment vergessen, was er in China noch vorhatte, und bei diesen Worten eher an Russland und die frühere Sowjetunion gedacht. Die Chinesen jedenfalls, nicht gewohnt, mit der Flüchtigkeit des westlichen gesprochenen Wortes zu rechnen, trauten ihren Ohren nicht. Für die chinesische Führung in Zhongnanhai war die Sache klar: Die Whitehall-Rede war eine offene politische Herausforderung an China. Die Referenten der Politbüromitglieder, in Strategie geschult, wunderten sich, wie man so ungeschickt sein konnte.

Prompt landete Murdochs Rede auf der Tagesordnung im Politbüro. Die chinesische Führung war sich einig: Mit dem westlichen Pressezaren war nicht zu spaßen. Auf Geheiß von Staats- und Parteichef Jiang Zemin setzte Peking eine Sonderkommission unter der Federführung Ding Guang'ens ein.

Ding war ein Apparatschik der alten Schule. Der bodenständige Funktionär hätte in Deutschland vielleicht eine gediegene Karriere im Verwaltungsdienst der hanseatischen SPD gemacht und in seiner Freizeit Modelleisenbahnen gesammelt. In seiner chinesischen Heimat hatte er es stattdessen zum Eisenbahnminister gebracht – ein Posten, auf dem er 30 Jahre lang ausharrte und auf dem er sicher bis zur Pensionierung geblieben wäre, wenn er nicht ein guter Bridgespieler gewesen wäre. Der Reformer und Mao-Nachfolger Deng Xiaoping spielte zeit seines Lebens leidenschaftlich gern Bridge und hatte es mit der Zeit auf ein Niveau gebracht, auf dem es schwierig wurde, ebenbürtige Gegner zu finden. Ding Guang'en kam ihm wie gerufen, und Deng, der Patriarch der KP, sorgte dafür, dass sein Bridgepartner die Karriereleiter hochfiel. 1993 wurde Ding Mitglied des Politbüros, ein Jahr später Vorsitzender der Propagandaabteilung der KP. Der Mann mit dem schnurgeraden Seitenscheitel war unspektakulär, grundsolide und standhaft. Mit neumodischem Firlefanz war er nicht zu beeindrucken. An diesem kernigen Funktionär sollte sich Murdoch die Zähne ausbeißen.

Für Ding und seine Mannen von der SoKo Murdoch war es ein Leichtes, den vorlauten Australier auszubremsen: Da der

Hongkonger Sender Star TV per Satellit übertragen wurde, setzte Ding durch, dass der Besitz von Satellitenschüsseln in ganz China strengstens verboten wurde. Auch wenn sich zunächst niemand daran halten würde, hatte Ding nun einen legalen Hebel, den Konsum von Star TV zu regulieren. Murdoch verstand die Botschaft: Das Satellitenschüsselverbot war das Aus für seine Chinapläne – außer es würde ihm gelingen, die chinesische Führung davon zu überzeugen, dass er seine Whitehall-Rede nicht so gemeint habe.

Doch Ding Guang'en hatte Weisung gegeben, ihm jedes Gesuch von Murdoch um ein offizielles Gespräch in China zu melden. Treffen mit KP-Vertretern von höherem Rang als Vizeminister waren von Ding prinzipiell untersagt, Joint Ventures und Geschäfte aller Art ausdrücklich verboten. Gleichzeitig legte Ding ein umfangreiches Murdoch-Dossier an, das von nun an stets auf dem neuesten Stand gehalten wurde. Murdoch stand mit seiner Investition von mehr als einer halben Milliarde US-Dollar draußen vor der Tür. Er hoffte, dass die Kommunisten angesichts der großen Summe weiche Knie bekommen würden, doch sie blieben standhaft. Murdoch tat alles, was in seiner Macht stand, um die Scharte auszuwetzen, und tappte dabei völlig im Dunkeln. Denn niemand, der in China etwas zu sagen gehabt hätte, sprach mit ihm. Die nächsten vier Jahre verbrachte Murdoch in vorauseilendem Gehorsam und mit schwerfälligen Annäherungsversuchen.

Zuerst war ihm das Ausmaß des Problems nicht voll bewusst. Murdoch dachte, dass es sich bei der heftigen Reaktion aus Peking letztlich um ein Missverständnis handeln musste. Ein paar leichthin dahergesagte Worte in einer PR-Rede vor einer Schar Londoner Werbeyuppies konnten doch nicht der Grund dafür sein, dass Peking sich mit ihm das Geschäft vermiesen würde. Seiner Einschätzung nach war die chinesische Führung in Wirklichkeit verärgert, dass der Star-TV-Satellit den World Service der BBC in China ausstrahlte. „Die Chinesen", erklärte Murdoch später seinem Biografen, „konnten die BBC auf den Tod nicht ausstehen." Also strich Star TV der BBC den Sendeplatz. Selbstverständlich eine „rein wirtschaftliche Entscheidung", wie es bei Star TV hieß. Der damalige britische Gouverneur von Hongkong, Chris Patten, hatte einen anderen

Namen dafür: „allerschäbigster Verrat". Dafür durfte Murdoch ein Büro von Sky News in Peking eröffnen. Als Chris Patten fünf Jahre später in einem Buch, das in einem Verlag der News Corp erscheinen sollte, mit Peking abrechnen wollte, ließ Murdoch den Buchvertrag kurzerhand auflösen.

Noch im selben Jahr, 1993, stand die nächste Entscheidung ins Haus: Murdoch stieß seine profitabelste Tageszeitung ab – die Hongkonger *South China Morning Post*. Die Eingliederung Hongkongs in die Volksrepublik stand kurz bevor. Murdoch fürchtete zu Recht, dass kritische Berichterstattung in der von Peking unabhängigen Tageszeitung auf ihn zurückfallen würde.

Doch sein gediegener Gegenspieler Ding reagierte nicht auf die *Goodwill*-Gesten. Nicht zuletzt, weil Murdoch nicht nur politisch eine Bedrohung war – das zumindest hatte dieser inzwischen erkannt –, sondern auch wirtschaftlich, ein Punkt, den der Medientycoon hartnäckig nicht zur Kenntnis nahm. Murdoch sah deshalb keinen anderen Ausweg aus der verfahrenen Lage, als sich immer hartnäckiger bei den Chinesen einzuschmeicheln. Irgendwann würde die Charmeoffensive schon Wirkung zeigen.

Was ihm fehlte, war ein geeigneter chinesischer Partner, bei dem er sich beliebt machen konnte. Den fand er im Clan von Deng Xiaoping. Zwar hatte Deng schon 1992 alle Ämter in Staat und Partei offiziell niedergelegt und die Alltagsgeschäfte an Jiang Zemin und seine Mannschaft weitergereicht, doch sein Prestige verlieh seinem Wort nach wie vor großes Gewicht. Dies hatte er während der sogenannten Großen Reise in den Süden bewiesen, als es ihm gelungen war, den Widerstand der Hardliner in Peking zu brechen, die nach der Niederschlagung der Protestbewegung keine Lust mehr auf Öffnungsexperimente hatten. Der Machtkampf dauerte drei Wochen. Doch Deng setzte sich schließlich durch. Das beeindruckte Murdoch. Er warf sich den Kindern des Patriarchen an den Hals. Die Gelegenheit bot sich, als Linda Lau, Murdochs frisch gekürte Chefin fürs Chinageschäft, Wind von den schriftstellerischen Ambitionen der Tochter Dengs bekam. Deng Rong signalisierte Interesse an einer englischen Ausgabe ihres Buches *Mein Vater Deng Xiaoping*.

Wie viel Murdoch für die englischen Rechte an Deng Rongs Buch gezahlt hat, bleibt sein Geheimnis. Gerüchten zufolge ließ er sich den Türöffner zur Deng-Familie rund eine Million US-Dollar kosten. Der Verlag HarperCollins – ein Unternehmen der News Corp und derselbe, der Jahre später den Buchvertrag mit Chris Patten aufkündigte – brachte auf Murdochs Geheiß die zahme Biografie heraus. Zumindest in ihrem Buch erwecke Deng Rong den Anschein, so mokierte sich die *New York Times*, dass sie „kaum des Schreibens mächtig" sei.

Als Nächstes wurde Deng Pufang das Zielobjekt von Murdochs Kuschelkurs. Der querschnittsgelähmte Pufang nutzte den Einfluss seines Vaters, um sich in China für die Belange behinderter Menschen einzusetzen. Er war in der Kulturrevolution aus einem Fenster gesprungen, nachdem ihn Maos Rote Garden in einen radioaktiv verstrahlten Raum gesperrt hatten. 1995 plante er mit einer 30 Mann starken Truppe körperbehinderter Darsteller eine Tournee durch Australien, um für seine Sache zu werben und Spenden einzutreiben. Beim australischen Publikum weckte das Event allerdings kein großes Interesse. Die Tournee drohte ins Wasser zu fallen. Mit seinem Geld und seinem Einfluss rettete Murdoch die Veranstaltungen und lud zum krönenden Abschluss die gesamte Theatertruppe in ein Luxus-Ferienresort auf der australischen Insel Hayman ein – damals eines der teuersten und edelsten Spas weltweit. Die Anreise in Murdochs Privatjet gehörte mit zum Programm.

Wenige Monate nach dem Buchdeal mit Deng Rong hatte der Vater der chinesischen Wirtschaftsreformen seinen letzten öffentlichen Auftritt. Sein Nachfolger Jiang Zemin hatte seine Herrschaft noch nicht gefestigt. Was er nicht gebrauchen konnte, waren Leute wie Murdoch, die weiterhin so taten, als habe er nichts zu melden, und sich stattdessen an den Deng-Clan hielten. Je besser sich die Bande der nicht ganz uneigennützigen Freundschaft zwischen Murdoch und den Kindern Dengs entwickelten, desto mehr verstand Chinas Führungsmannschaft Murdochs Bemühungen als einen Affront gegen ihre Autorität.

Murdoch kannte sich in der Kryptologie des Pekinger Machtapparates einfach nicht gut genug aus, um die richtigen Beziehungen zu kultivieren. Das ist ihm nicht zum Vorwurf zu machen – die Partei spielt nun einmal mit verdeckten Karten –, eher schon, dass er seine Möglichkeiten, im Spiel um Einfluss und Beziehungen mitzuhalten, fatal überschätzte. So stocherte er aufs Geratewohl in den von Intrigen gekennzeichneten Beziehungsgeflechten herum und schoss sich dabei jedes Mal selbst ins Knie.

Bruce Dover, bis 1998 Murdochs Mann in China, hat die Pannenserie in seinem Buch *Ruperts Adventures in China* dokumentiert: Als Vertreter der Pekinger *Volkszeitung* Murdoch zu verstehen gaben, dass sie an einem Geschäft mit ihm interessiert seien, schien Bewegung in die Sache zu kommen. Denn die *Renmin Ribao*, so der chinesische Name der Zeitung, ist das Sprachrohr der KP und das chinesische Äquivalent zur sowjetischen *Prawda.* Murdoch atmete auf. Dieses Angebot, glaubte er, konnte nur eines bedeuten: China hatte ihm endlich Absolution erteilt.

Die Idee: Die *Renmin Ribao,* auf der Suche nach neuen Einnahmequellen, wollte in Zusammenarbeit mit Murdoch ein Finanzmagazin herausbringen. Seltsam nur, dass sie kein Geld in das Joint Venture stecken wollte – das überließ sie ihrem neuen Partner. Und seltsamer noch, dass sie offenbar übersehen hatte, dass es ausländischen Firmen in China generell untersagt war, sich in irgendeiner Form am Geschäft mit Printmedien zu beteiligen. Der Vertrag mit der *Renmin Ribao* war derart schwammig gehalten, dass Murdoch für seine – allerdings recht kleine – Investition von fünf Millionen Dollar nichts bekam als einen feuchten Händedruck. Doch das spielte aus der Sicht des Australiers keine Rolle. Schließlich war der Deal die große Chance, sich in China an eine mächtige Seilschaft anzuhängen. Einmal mehr zeigte sich, dass Murdoch und seine Berater sich im Labyrinth der Pekinger Parteipolitik einfach nicht genug auskannten, um zu wissen, wann sie auf welches Pferd setzen mussten. Der Ansprechpartner von News Corp bei der *Renmin Ribao* war der pensionierte Panzergeneral Zhu Xinmin, dem seine Kollegen von der Volksbefreiungsarmee den wohlverdienten Ruheposten an untergeordneter Stelle bei der schläfrigen Parteizeitung verschafft hatten. Er hatte keine Ahnung vom Murdoch-Drama in der Parteiführung. Die wirtschaftlichen Implikationen von Murdochs Annäherungsversuchen durchschaute er nicht; vom

Ärger in der Führungsriege um Jiang Zemin und Premier Li Peng wusste er ebenfalls nicht – so hoch reichten seine Verbindungen nicht. Zhus Standing in der Hierarchie genügte noch nicht einmal, um vom Leiter der SoKo Murdoch Ding Guang'en persönlich zur Schnecke gemacht zu werden. Als Ding Wind von dem *Renmin-Ribao*-Deal bekam, bestellte er stattdessen Zhus Vorgesetzten Shao Huaze in die Propagandaabteilung der KP. Der Plan mit dem Finanzmagazin war erledigt.

Offiziell kam es dennoch zu einer stark verwässerten Zusammenarbeit zwischen News Corp und der *Renmin Ribao*. Allen Animositäten zum Trotz wollten die Chinesen Murdoch einen schmerzhaften Gesichtsverlust ersparen. Trotzdem, der Schuss war kräftig nach hinten losgegangen. Murdochs Annäherungsversuche hatten wieder mal nichts gebracht.

Zwei Jahre lang hatte Murdoch nunmehr versucht, in China Geschäfte nach seiner Fasson zu machen, und war keinen Zentimeter von der Stelle gekommen. Die Gründe lagen nach wie vor auf der Hand. Erstens hielt Peking ihn politisch für nicht zuverlässig. Zweitens wollte die chinesische Führung ihren potenziell äußerst lukrativen Fernsehmarkt nicht einem ausländischen Unternehmen ausliefern.

Doch auch die härtesten Betonköpfe in Peking konnten nicht übersehen, dass der chinesische Fernsehmarkt sehr rückständig war. Eine Infusion von Geld, Ideen und Know-how würde dem Geschäft guttun. Und wo Murdoch schon mal da war – und allem Anschein nach ohnehin nicht die Absicht hatte, wieder zu gehen –, konnte er sich doch auch einmal nützlich machen.

Indessen saßen Murdochs Chinaexperten bei Star TV in Hongkong fest und wussten nicht mehr ein noch aus. Das Ende der Fahnenstange, so schien es, war erreicht – wenn nicht ein Wunder geschähe.

Im Herbst 1995 spazierte das Wunder in Form eines 1,90 Meter großen Festlandchinesen mit dem Bauchumfang eines Bierfasses und dem fröhlich lärmenden Selbstbewusstsein eines Industriekapitäns aus Wirtschaftswunderzeiten in das Hongkonger Büro des Star-TV-Chefs Gary Davey. Der wuchtige Liu Changle war für das Star-TV-Team ein unbeschriebenes Blatt. Misstrauisch beäugten sie den Selfmademan mit der

geheimnisvollen Vergangenheit und den großen Ambitionen.
Liu wollte der chinesische Rupert Murdoch werden. Dazu wollte er gemeinsam mit dem Chef von News Corp einen neuen
chinesischen Sender ins Leben rufen. Seine Bedingungen:
50 Prozent Beteiligung an dem Joint Venture und die redaktio-
nelle Kontrolle über den Sender. Murdoch war nicht begeistert.
Bislang war er der Devise gefolgt, nur Firmen zu besitzen, die er
kontrollieren konnte. So wollte er es eigentlich auch in China
halten. Andererseits war ein mittelprächtiger Deal immer noch
besser als gar keiner. Unschlüssig sagte Murdoch Jein. Als Liu
im Dezember 1995 in Peking eine Party gab, schickte Murdoch
Davey hin. Aus Murdochs Sicht ein unverbindlicher Besuch:
Davey sollte schauen, ob Liu den Mund zu voll genommen
hatte. Dann würde man weitersehen.

In Hongkong hatte Liu mit seinen Beziehungen angegeben.
In Peking zeigte sich, dass er nicht zu viel versprochen hatte.
Ehrengast bei seiner Feier war kein Geringerer als Luo Gan,
Sicherheitschef, Mitglied des Zentralkomitees und vor allem:
neben Ding Guang'en der zweite Spitzenmann in der SoKo
Murdoch, gerade jener Organisation also, die dem australischen
Medienmagnaten bei jedem seiner Schritte in China einen
Knüppel zwischen die Beine warf.

Nachdem viel Wein und scharfer Maotai-Schnaps geflossen
waren und alle Beteiligten in feierlichen Bonmots zum Thema
Völkerverständigung schwelgten, packte der mächtige Luo
Gan Gary Davey und Liu Changle mit freundschaftlichem
Griff am Nacken und steckte ihre Köpfe zusammen. „Jetzt",
sprach er ihnen eindringlich von hinten ins Ohr, „müsst ihr
euch zusammenraufen und die Sache ins Rollen bringen."
Und das taten die beiden. Wenn auch mit unterschiedlichem
Erfolg.

Für die Chinesen kam ein prächtiger Deal heraus. Politisch
war die potenzielle Gefahr Murdoch gebannt – denn die Redak-
tion des Senders war Liu Changle vorbehalten, einem Mann,
dem Peking vertraute. Außerdem war das Unternehmen auch
kommerziell harmlos. Das Satellitensignal deckte zwar nach
wie vor ganz China ab, doch legal war der neue Sender nur in
Luxushotels, regierungsamtlichen Wohnanlagen und speziell
für Ausländer vorgesehenen Wohnblocks zu empfangen. Ein

weiterer Vorzug war, dass die chinesischen Rundfunkanstalten sich an dem ausländischen Sender im fernen Süden ein Beispiel nehmen konnten. Denn das chinesische TV sah 1996 noch so aus wie DDR-Fernsehen und konnte ein paar neue Ideen gut gebrauchen. Der Fernsehsender Phoenix wurde im März 1996 geboren. Kurz nachdem er auszustrahlen begann, bekam die nationale Sendeanstalt CCTV eine tüchtige Abreibung vom Politbüro und die Order, sich an Phoenix ein Beispiel zu nehmen und seine Standards aufzubessern. Auch die Provinzsender in Schanghai, Kanton und anderswo waren von der ansprechenden Programmgestaltung bei Phoenix angetan und fingen sofort an, nach Kräften zu kopieren. Für Chinas Fernsehindustrie war Phoenix ein voller Erfolg.

Aus der Sicht von Murdoch nahm sich die Angelegenheit dagegen nicht gerade triumphal aus. Mit seiner auf eine Handvoll Privilegiertenhaushalte eng begrenzten Sendeerlaubnis war Phoenix weit entfernt von dem riesigen Markt mit seinen 1,3 Millionen potenziellen Kunden, der Murdochs Lust auf China geweckt hatte. Außerdem ging seine Funktion bei Phoenix nicht über die eines Risikokapitalgebers hinaus. Das war keine Rolle, mit der er sich zufriedengeben wollte. Er wollte einen Kanal unter seiner direkten Kontrolle, und er wollte ihn über ganz China ausstrahlen – schon bald. In seiner Ungeduld verstand er nicht, dass ein Geschäftsmodell wie bei Phoenix für ihn der einzige Weg nach China war.

Auf einmal schien ihm das Glück hold. Denn die chinesische Führung hatte einen wichtigen Grund, ihre Reaktion auf das Werben Murdochs zu überdenken. Für Oktober 1997 war der Staatsbesuch des chinesischen Präsidenten Jiang Zemin in den USA geplant. Die Reise war vor allem als Charme-Offensive gedacht. Bei einer solchen Goodwill-Tour hängt vieles von einer positiven Berichterstattung in den Medien ab. Und Rupert Murdoch ist einer der einflussreichsten Medienmacher überhaupt. Es ist nicht schwer zu erraten, zu welchem Schluss die Chinesen kamen.

Im Mai 97 signalisierte das chinesische Außenministerium, dass Murdoch ruhig einmal um einen Besuch beim damaligen Vizepremier Zhu Rongji bitten dürfe. Auf diese Gelegenheit hatte Murdoch seit vier Jahren gewartet. Im Juni machte er dem

mächtigen Politiker, der zwei Jahren später Premierminister
werden sollte, in Peking seine Aufwartung.

Sie trafen sich im Regierungsviertel Zhongnanhai nördlich
der Verbotenen Stadt. Wohlwollend forderte Zhu Murdoch auf,
doch einmal die Erfolgsgeschichte von News Corp zu erzählen.
Um konkrete Geschäfte ging es bei dem Besuch nicht, doch das
Gespräch war angeregt und harmonisch. Der wirtschaftlich interessierte Zhu nutzte jede Gelegenheit, um von Unternehmern
und Topmanagern zu lernen. Zum Schluss gab Zhu dem Medienmann einen guten Rat mit auf den Weg. „Ich habe gehört",
sagte der Vizepremier, „dass Sie die amerikanische Staatsbürgerschaft angenommen haben, als das Ihren Geschäftsinteressen
förderlich war. Haben Sie schon mal darüber nachgedacht,
chinesischer Staatsbürger zu werden?"

Was hatte das zu bedeuten? Murdoch war baff. Zhu lachte
gutmütig. „Nur ein Scherz." Geschickt hatte Zhu eine Schwäche Murdochs offengelegt. Man könnte sogar weiter gehen.
Zhu hatte Murdoch empfangen wie eine Tributgesandtschaft.
Dennoch waren beide zufrieden mit dem Gespräch. So ist das
in den Machtverhältnissen der Konkubinenwirtschaft.

Von nun an spürte Murdoch Rückenwind. Er wähnte sich
auf dem besten Wege, sein politisches Problem zu lösen. Dass es
für China trotzdem keinen Sinn hatte, ihm eine längere Leine zu
lassen, als für China nützlich war, verstand er dabei nicht.

Wenig später war er bei seinem alten Gegenspieler Ding
Guang'en geladen. Der wackere Propagandachef empfing ihn
in der Großen Halle des Volkes. Die Große Halle ist ein stalinis-
tisches Ungetüm, in dem alljährlich das chinesische Parlament
tagt. Das monströse Gebäude nimmt die gesamte Westseite
des Tiananmen-Platzes ein – immerhin der größte städtische
Platz der Welt – und ist mit seinem zugigen Portikus und den
überdimensionierten pseudogriechischen Säulen ganz darauf
ausgelegt, Passanten und Besucher einzuschüchtern. Mit dieser
Stein gewordenen Machtdemonstration im Rücken war es Ding
ein Leichtes, sich jovial zu geben.

„Wie ich höre, haben Sie ein Medienunternehmen, Mister
Murdoch", sagte Ding. „Erzählen Sie doch mal, was macht Ihre
Firma denn so?" Es kommt wahrscheinlich nicht häufig vor, dass
sich jemand Murdoch gegenüber diesen Ton herausnimmt. Wie

vor ihm Zhu kam Ding seinem westlichen Gast auf die ironische
Tour – und ließ ihn deutlich spüren, wer das Sagen hat.

Murdoch erklärte brav, was Ding längst wusste, und setzte zu
einer umständlichen Entschuldigung für sein früheres Betragen
an. Ding ließ ihn eine Weile zappeln – Murdoch konnte nicht
wissen, ob der mächtige Funktionär ihn vorführen wollte –,
bevor er ihm das Wort abschnitt. „Wir sollten die Vergangenheit ruhen lassen", sprach der Propagandachef die erlösenden
Worte, „und einen neuen Anfang machen."

Dings Untergebener Zeng Jianhui, Minister beim Informa-
tionsamt des Staatsrats (SCIO), ergänzte, dass in der kommenden Woche Jiang Zemins Amerikareise anstünde. Es sei der
Wunsch der chinesischen Führung, so Zeng, dass die Medien
akkurat und objektiv über den Besuch berichteten. Um bei
der fairen Berichterstattung zu helfen, holte er einen Stapel
Videokassetten aus seinem Koffer – „Hintergrundinformatio-
nen" zum US-Besuch von Jiang, die doch, so Zeng, bitte an die
Redaktionen von News Corp in Amerika und Europa weiterzu-
reichen seien.

Als Murdoch abreiste, waren alle glücklich über das Gespräch. Der News-Corp-Chef bekam endlich Zugang zu den entscheidenden Stellen. Und die Chinesen hatten ihren westlichen
Gegenpart durch jahrelanges Stillhalten so weich gekocht, dass
dieser ihnen jetzt aus der Hand fraß. Die Vorbereitungen für die
Jiang-Reise machten gute Fortschritte – und sie hatten Murdoch
dafür nicht einmal eine Gegenleistung erbringen müssen. Ein
freundliches Schulterklopfen und ein paar aufmunternde Worte
hatten genügt. Auch Hongkonger Phoenix-Journalisten durften
in der offiziellen Delegation der Chinesen mit Jiang in die USA
reisen. Eine Reise, an der auch der Kollege Georg Blume für die
Zeit und ich für die *WirtschaftsWoche* teilnahmen. Für die Pressekonferenz von Bill Clinton und Jiang Zemin im Presseraum
des Weißen Hauses wurden wir von den Amerikanern auf die
chinesische Seite gepackt.

Während das für die deutschen Blätter normale Berichterstattung war, konnte Murdoch dies bei seinen westlichen
Kollegen gut verkaufen. Phoenix war nunmehr „drin".

Gut ein Jahr später war es endlich so weit. Im Dezember
1998 wurde Murdoch zum lang ersehnten Treffen mit Präsident

Jiang Zemin vorgelassen. Denn Jiang war zufrieden mit dem
Medienmann und lobte den „Fleiß, mit dem der internationale
Medienmogul Rupert Murdoch zur objektiven Berichterstattung über China beiträgt. News Corp trägt dazu bei, China in
der Welt voranzubringen, und wir wissen das zu schätzen." Ein
Kompliment, mit dem Murdoch nicht unbedingt bei seinen
westlichen Peers hausieren gehen konnte, doch das konnte ihm
herzlich egal sein. Denn endlich hatte er das politische Problem aus dem Weg geräumt, das ihm seit 1993 die Chinaträume
verhagelt hatte.

Jetzt aber zeigte sich, dass hinter den politischen Anfangs-
schwierigkeiten die wirtschaftlichen Probleme begannen. Denn
ob Murdoch nun als politisch zuverlässig galt oder nicht – warum sollte Peking ihm einen Teil des chinesischen Marktes
geben? Oder besser gefragt: Was sollte China dafür bekommen?
Berauscht von seinen politischen Erfolgen, ignorierte Murdoch
den offensichtlichen Sachverhalt. Bei Star TV hieß es deshalb
von jetzt an: Feuer frei.

Dann zog China auch in Murdochs Privatleben ein. 1998
lernte er auf einer Chinareise die 29-jährige News-Corp-Mit-
arbeiterin Wendi Deng kennen. Wenige Monate später ließ er
sich nach über 30 Jahren von seiner Frau Anna scheiden und
heiratete Wendi. Eine Frau, bei der die Leidenschaften und der
berufliche Ehrgeiz in die gleiche Richtung neigen. Die Ehe ver-
setzte selbst seriöse Wirtschaftszeitungen in Erregung: „Die Frau
des Chefs schwingt bei News Corp das Zepter" titelte das *Wall
Street Journal* 2000 und erzählte penibel ihre private Geschichte.
Gewaltig rauschte es daraufhin im internationalen Blätterwald
von Australien über Taiwan bis England. Nicht etwa, weil die
zarte Deng mit ihren 31 Jahren noch recht jung war und Rupert
Murdoch mit 69 Jahren schon sehr alt. Auch nicht, weil sie
ihm Schildkrötennackenschuhe, einreihige Anzüge und neue
Vorhänge im New Yorker Penthouse verpasst hatte. Wendi sollte
sich von nun an um das Chinageschäft kümmern.

Wendi ist beruflich im chinesischen Mediengeschäft groß
geworden. Und sie hat es von der Pieke auf gelernt, Gelegenheiten beim Schopf zu packen und Chancen zu nutzen, um sich
aus der Masse der 1,3 Milliarden Menschen in China emporzu-
arbeiten. Sie war genau die Person, die Murdoch helfen konnte,

das Chinageschäft voranzubringen. Schon als Halbwüchsige hörte sie genau zu, wenn ihr Vater, ein Fabrikdirektor, abends bei chinesischen Maultaschen von seinen guten Beziehungen schwärmte, die ihn weiterbringen. Mit 16 wurde Wendi klar, dass sie in der Welt nur etwas werden konnte, wenn sie Englisch lernte. Als sie Jack und Joyce Cherry traf, amerikanische Expatriots, die im südchinesischen Kanton lebten, witterte sie ihre Chance. Joyce gab Entwicklungshilfe: Sie nahm Wendi bei sich auf, brachte ihr Englisch bei und besorgte ihr einen Studienplatz in den USA. Derweil verliebte sich ihr Ehemann in den jungen Hausgast und verließ seine Frau. Wendi heiratete den 50-Jährigen und studierte an der California State University in Los Angeles, ihre Karriere fest im Blick.

Sie war eine der besten Studentinnen. Wendi lebte die Konkubinenwirtschaft im Privaten und kopierte damit ein chinesisches Erfolgsmodell. Sie findet, dass gleichaltrige Männer zwar unerfahrener sind, sich jedoch im internen Benchmarking durchaus behaupten können. Nach vier Monaten Ehe hatte sie einen Lover: David Wolf, ein knackiger Sinologe. Der gehörnte Ehemann gab klein bei. „Die Beziehung zu ihm war nur eine Vaterbeziehung", kommentierte die geschmeidige Herzensbrecherin. „Die Scheidung ist unausweichlich." Die strategische Partnerschaft hielt noch über zwei Jahre, gerade lange genug für eine Greencard. Ihr Exmann hauchte ihr noch ein „Ich habe sie wirklich geliebt" nach. Doch Wendi wusste, dass man auf Liebe nicht klagen kann, und dachte an den nächsten Schritt: Zur Elite gehört nur, wer auch eine Eliteuniversität besucht hat. Sie bewarb sich in Yale, wurde prompt genommen und verließ die Kaderschmiede des Kapitalismus 1996 mit einem hervorragenden Managementabschluss.

Nach nur acht Jahren tauchte die 25-jährige Wendi wieder in China auf – als Teil der Crème de la Crème, als Mitglied der neuen Elite einer aufstrebenden Weltmacht, wie die Pekinger Führung sie sich nicht besser wünschen konnte: eine junge, gut aussehende, akzentfrei Englisch sprechende, finanziell unabhängige Ex-Ehefrau mit einem amerikanischen Eliteuniabschluss, die trotz ihrer Greencard ins Reich der Mitte zurückkehren wollte.

Hut ab, dachte sich Bruce Churchill, stellvertretender Chef beim Hongkonger Murdoch-Sender Star TV, und bot ihr nicht

nur ein Praktikum an. Sie zog die Entwicklung des China-
geschäftes an sich, hatte Erfolg und bald darauf einen festen
Job. In der Chefetage ging sie fortan ein und aus. Sie verströmte
nicht nur gutes Parfüm, sondern auch gute Ideen. Und ihre
Überzeugungskraft strahlte über den internen Bereich hinaus:
Fast alle männlichen Ausländer im chinesischen Fernsehge-
schäft kannten und umschwänzelten bald die „TV-Prinzessin".
Sie war bekannt in Peking. Kein Wunder, dass man bei Star TV
auf Deng kam, als Rupert Murdoch eine Übersetzerin für China
brauchte.

Der Rest war für Wendi Routine. Womöglich war es auch
das, was Murdoch an ihr faszinierte. Nach wenigen Monaten
hielten die beiden beim Dinnermeeting Händchen, erst unter
dem Tisch, dann ganz offen. Murdoch verließ seine Frau und
heiratete die glückliche Wendi, bei Kerzenschein auf seiner
Jacht Morning Glory im müffelnden New Yorker Hafen. Die
Symbiose zwischen Geschäft und Liebe war damit offiziell
besiegelt. Wendi legte alle irdischen Ämter bei Star TV nieder
und nahm ihren Platz im Küchenkabinett des Familienbetriebs
Murdoch ein. „Der alte Murdoch hat nie gezögert, Familienmit-
glieder in sein Geschäft einzuspannen", moserte das *Wall Street
Journal*, als sei dies ein Akt der Unzucht. Murdoch hingegen
dachte unternehmerisch: Der Chinamarkt ist wichtig. Wendi
kennt das Geschäft und die Chinesen. Er vertraut ihr. Und sie
kostet nichts extra. Murdoch war überzeugt, dass er in ihr den
Schlüssel zum chinesischen Markt gefunden hatte.

Wendi war für China wie bestellt. Seit es sie gab, atmete Murdochs Mannschaft entspannter. Sie stellte Murdochs
Chinakonzept vom Kopf auf die Füße. Nicht mehr mit pres-
tigeträchtigen Großprojekten sollte sich News Corp profilieren. Wendi baute auf viele kleine Mosaiksteine, die sich erst
in Zukunft zu einem Gesamtkunstwerk fügen würde. Diese
Strategie überzeugte Murdoch, und Wendi durfte in China
Testshoppen – mit gut 35 Millionen US-Dollar. Sie besichtigte
über 100 Internet-Start-ups und investierte in mindestens vier.
Für allein zehn Millionen US-Dollar beteiligte sich Wendi zu
zwölf Prozent an dem Topportal renren.com. Murdochs Sohn
James half ihr dabei. Bei einem Projekt konnte sie auf ihre
Kontakte aus der Yale-Zeit zurückgreifen. Selbst den Analysten

gefiel das: „Wendi gibt News Corp ein chinesisches Gesicht in China", fand Joseph Ravitch, Chefanalyst für Medienkonzerne bei Goldman Sachs. In dieser Rolle sei sie multifunktional. „Sie repräsentiert nicht nur das Unternehmen, sondern auch den Besitzer. Das ist wichtig in China."

Murdochs Drang zum Chinageschäft brachte die Familienstrukturen aus dem Lot. Seine Kinder fanden es nicht komisch, dass der unberechenbare Papa eine mit ihnen Gleichaltrige mit an den Mittagstisch setzte und die sich auch noch mit dem wichtigsten Zukunftsmarkt befassen durfte. Die etwas jüngere Elisabeth Murdoch hängte den Job als Managing Director bei dem Londoner Fernsehsender BSkyB an den Nagel, um sich selbständig zu machen. Anfang November 2000 erschien nicht Elisabeth, sondern Wendi – ohne Funktion, aber in einem leuchtend lila Hosenanzug – zum jährlichen Aktionärstreffen. Sohn James, der 2000 mit 27 Jahren Chef von Star TV in Hongkong wurde, hatte es noch schwerer. Er war offiziell für das Chinageschäft verantwortlich. Zwar präsentierten sie sich nach außen als Team und Wendi passte auf, dass nicht sie, sondern James Murdoch die Verhandlungen zu Ende führte. – „Sie gibt James das Recht, die Entscheidungen zu fällen", so ein Verhandlungspartner in Peking bedeutungsvoll –, aber die besseren Kontakte und das Gespür für den Markt hatte allemal sie. In China kannte niemand James Murdoch. Aber die gesamte Branche wusste um Wendi Deng. Ihr Aufstieg machte auch in chinesischen Zeitungen Schlagzeilen. Die pragmatischen Chinesen hatten Wendi bereits ins Herz geschlossen. Die strategische Gattin bekam bereits über 100 E-Mails am Tag mit chinesischen Geschäftsideen. Doch sollte das auch bedeuten, dass die Regulierungsbehörden nun nachsichtig werden würden?

Star TV machte sich daran, groß in TV-Inhalte für das chinesische Fernsehen zu investieren – dabei hatten sie außerhalb von Luxushotels und Oberklasse-Compounds noch immer keine Sendeerlaubnis, und auch keine handfeste Aussicht, eine zu bekommen. Niemand in Peking hatte ihnen irgendetwas versprochen. Murdoch konnte sich allenfalls darauf berufen, dass Premierminister Zhu Rongji bei verschiedenen öffentlichen Gelegenheiten gesagt hatte, dass er gern Phoenix sehe. Warum Zhu das sagte, war nicht so klar. Gab es eine Auseinandersetzung innerhalb der Führung über die Medienausrichtung? Oder wollte Zhu die Berichterstattung über chinesische Korruption unterstützen, die ihm das Regieren schwierig machte?

Murdoch jedenfalls war überzeugt, dass dies ein gutes Zeichen war. Zur Sicherheit nahmen er, Wendi und sein Sohn James mit Jiang Zemins Sohn Mianheng Kontakt auf. Auch diesen Kontakt gab es nicht umsonst. Im Winter 2000 investierte der Tycoon 60 Millionen US-Dollar in das Telekomunternehmen des chinesischen Prinzen. Inzwischen konnte Murdoch fast als alter Freund von Jiang durchgehen. Im Herbst 1999, als Staatspräsident Jiang Zemin zu einem Staatsbesuch nach England reiste, hatte er im Murdoch-Blatt *London Times* ein Interview mit Fragen bekommen, wie er sie von der zensierten Presse zu Hause gewohnt war. Der Proteststurm im englischen Blätterwald kümmerte Murdoch wenig. Seine Strategie legte er gern offen: „Wir wollen uns in China etablieren. Warum sollen wir sie ärgern. Soll das doch jemand anders tun."

Ärgerlich war nur, dass die Konkurrenz inzwischen ebenfalls in China angekommen war. So hatte Murdoch sich das mit der Programmvielfalt nicht vorgestellt. Von anderen Branchen hätte er lernen können, dass es ein ebenso beliebtes wie wirkungsvolles Spiel ist, westliche Unternehmen auf dem eigenen Markt auszubremsen. Bereits 1999 hatte Time Warner unter der Führung von CEO Jerry Levin das Fortune Global Forum in Schanghai organisiert, ein Treffen globaler Medienleitfiguren, bei dem kein Geringerer als Jiang Zemin als Ehrengast geladen war und auch erschien. Schlimmer noch, 2001 stieg Time Warner mit einer Mehrheitsbeteiligung bei dem in Hongkong stationierten Fernsehsender CETV ein und bekam damit neben Murdoch einen Fuß in den nach wie vor sehr schmalen Türspalt zum chinesischen Fernsehmarkt.

Um sich seinen Vorsprung nicht von Jerry Levin anfressen zu lassen, musste auch bei Star TV ein eigener Sender her. Selbst wenn Murdoch damit seinen alten Partner, den Peking-Protegé Liu Changle von Phoenix, vor den Kopf stieß. Denn Teil der Abmachung mit Liu war gewesen, dass News Corp seinen eigenen chinesischen Sender vom Netz nahm. Egal. Denn nun, davon war Murdoch überzeugt, war der Zeitpunkt, Nägel mit Köpfen zu machen.

Xing Kong Wei Shi war der Name des neuen Senders, zu Deutsch „Sternenhimmel". Mitte 2001 war Xing Kong startklar. Jetzt konnte es beginnen, das Hauen und Stechen um Werbekunden. Xing Kongs Hauptkonkurrenten waren Time Warners CETV – und Murdochs eigener Joint-Venture-Kanal Phoenix. Die Verkäufer von Sendezeiten für Werbespots hatten ihre liebe Not, den Kunden klarzumachen, dass die Sendeerlaubnis der drei noch immer auf dasselbe alte Minisegment begrenzt war: Luxushotels, regierungsamtliche Wohnanlagen und Wohnsiedlungen für Ausländer. Inoffiziell erreichten die Sender zwar weit mehr Zuschauer, aber damit waren die Werbekunden nicht zu beeindrucken. Welche Folgen würde es für ihre Produkte haben, wenn sie Spots auf einem Sender schalteten, der illegal nach China sendete? Die drei Sender waren deshalb darauf angewiesen, dass die chinesischen Behörden den offiziellen Sendebereich beträchtlich ausdehnten.

Für Peking eine perfekte Verhandlungssituation. Erstmals hatte es die chinesische Führung geschafft, die mächtigsten multinationalen Unternehmen gegeneinander in Stellung zu bringen, noch bevor diese überhaupt richtig Fuß im Markt gefasst hatten. Die Medienunternehmen waren so versessen auf das Vorrecht, in China investieren zu dürfen, dass es der chinesischen Führung ein Leichtes war, sich die Rosinen aus den Angeboten zu picken und seine Konkubinen nach Belieben gegeneinander auszuspielen. Peking brauchte sich zu nichts zu verpflichten. Die Ausländer mussten eifrig um die Wette schleimen.

Jerry Levin von Time Warner bezeichnete Jiang Zemin als seinen „guten Freund", mit dem einige Stunden zu verbringen er „das Privileg" gehabt habe. Er sei beeindruckt von Jiangs „Aufrichtigkeit, Offenheit und seinen gedankenreichen Ratschlägen". Kurz darauf fiel die neueste Ausgabe des *Time Magazine* der chinesischen Zensur zum Opfer. Indessen verspottete Murdoch – wie stets darauf bedacht, sich von seinen Rivalen nicht die Butter vom Brot nehmen zu lassen – den Dalai-Lama in einem Interview in *Vanity Fair* als „einen sehr politischen, alten Mönch, der in Gucci-Schuhen rumschlurft". Murdochs Sohn James setzte noch einen drauf. Als die chinesischen Behörden der Falun Gong den Garaus machten, applaudierte er öffentlich

und bezeichnete die Sekte als einen „apokalyptischen Kult". Als
Nächstes bezichtigte er die westlichen Medien – außer News
Corp, versteht sich –, „durch ihren Fokus auf Menschenrechte
ein irreführendes, negatives Bild von China" zu zeichnen, und
gab den Hongkonger Demokratieaktivisten den guten Rat, sie
mögen sich doch „mit der Realität arrangieren" und endlich
Ruhe geben. Angenehm für die Murdochs dabei war, dass sie
sich für diese Meinung nicht stark verbiegen mussten und im
Gegensatz zu den anderen Medienmogulen auf großes Verständnis stießen.

Star TV wähnte sich auf der Gewinnerstraße. Doch wer wirklich die Katze im Sack hatte, das waren nicht Murdoch oder die
Konkurrenz von Time Warner, sondern die Chinesen. Denn die
konnten die eifersüchtigen Rivalen für ihre Zwecke einspannen.
Und sie wussten genau, wie weit sie gehen konnten – sehr weit.

Im September 2000 hatten die Propagandaabteilung der KP
und die SCIO einen englischsprachigen Nachrichtenkanal ins
Netz geschickt. CCTV 9, so der Name, sollte international eine
offizielle chinesische Perspektive auf das Reich der Mitte ins
Spiel bringen. Das konnte natürlich nur funktionieren, wenn
der Sender auch außerhalb Chinas ausgestrahlt wurde. Doch
internationale Kabel- und Satellitenbetreiber hatten verständ-
licherweise wenig Interesse an der drögen Propagandakost.
Dass Murdoch und Time Warners Jerry Levin nach Kräften um
Zuneigung buhlten, traf sich in diesem Fall gut. Peking schlug
den liebestollen Konkubinen einen Deal vor: Time Warner
sollte den Parteisender an der amerikanischen Ostküste ins
Netz einspeisen, Murdoch ihn über das Fox-Netzwerk an der
Westküste ausstrahlen und obendrein mit seinem BSkyB-Netz
CCTV nach Europa bringen. Das Ganze selbstredend kostenfrei.
Im Gegenzug sollten Murdoch und Levin Zugang zum Kabel-
TV-Netzwerk der Südprovinz Guangdong erhalten. Allerdings
nur zu rund 600 000 Zuschauern (zum Vergleich: Guangdong
hat rund 80 Millionen Einwohner). Ein mageres, ja lausiges
Angebot für die chinesischsprachigen Sender von Murdoch
und Levin, zumal die Umgangssprache in Guangdong nicht
Hochchinesisch oder Mandarin ist, sondern Kantonesisch – ein
Dialekt, der sich vom Mandarin etwa so stark unterscheidet wie
das Deutsche vom Dänischen.

Der Vorschlag der SCIO war eine bodenlose Unverschämtheit. Doch die Chinesen hatten ihre Verhandlungsposition nicht überschätzt. In der euphorischen Unternehmensprosa von News Corp hörte sich das so an: „China hat seinen Fernsehmarkt für News Corporations Phoenix-Sender geöffnet." Und im Eifer des Gefechts gingen Murdoch und sein Star-TV-Team in Hongkong ihrem eigenen Jubelgeschrei auf den Leim.

„Wir werden nichts ins Programm nehmen, was in China anstößig ist", erklärte Wang Yukui, damals als Sprecher für News Corp in Peking tätig. „Wenn Sie das Selbstzensur nennen wollen, dann ist es natürlich in der Tat so, dass wir uns selbst zensieren." Der Sender werde sich vor allem auf leichte Unterhaltung konzentrieren, führte James Murdoch aus und gab sich zuversichtlich. „Gameshows funktionieren immer. Ich mag Gameshows", erklärte der News-Corp-Erbe.

„Stellen Sie etwas her, das jeder sehen will, und Sie können sich ziemlich sicher sein, dass Sie früher oder später die Distributionsprobleme knacken." So erklärte James Murdoch die neue Star-TV-Strategie in China. Offenbar hatte er nicht mehr präsent, dass die Medien – und selbst Gameshows – in China strenger staatlicher Kontrolle unterliegen. Der Grund für den Übereifer war, dass der alte und der junge Murdoch auf ihre guten Beziehungen vertrauten und noch immer nicht verstanden hatten, dass Peking zwar bereit war, die Ausländer machen zu lassen, soweit es China nützte – aber keinen Zentimeter weiter. Auch mit den besten Beziehungen nicht.

Xing Kong, der Sternenhimmel, ging im März 2002 ins Netz. Das Programm sollte sich in der Hauptsache aus Originalproduktionen zusammensetzen, die Murdoch in China herstellen ließ. Innerhalb von zwölf Monaten waren 60 Prozent oder 700 Stunden lokal produzierter Programmanteil angepeilt. Schätzungen zufolge steckte Murdoch allein in der Start-up-Phase mehr als 60 Millionen US-Dollar in den Sender.

Indessen wussten die chinesischen Verhandlungspartner Murdochs Investitionen in China gut zu nutzen. Denn dem Medientycoon war es – wie auch seiner Konkurrenz – nicht gestattet, im Reich der Mitte auf eigene Faust zu produzieren. Vielmehr hatte er die Arbeit von lokalen Firmen erledigen zu lassen – und dafür zu sorgen, dass die chinesischen Produktionsfirmen die Qualitätsstandards einhalten konnten. So blieb ihm nichts anderes übrig, als so lange in großem Stil Geld und Know-how in die chinesische Medienlandschaft zu pumpen, bis die nicht mehr auf seine Hilfe angewiesen war.

Und das war nur der erste Teil des einseitigen Wissenstransfers, den leisten zu dürfen Murdoch sich so lange und so eifrig beworben hatte. Teil zwei bestand in Produktklau in enormem Ausmaß. 2003 gab es mehr als 600 Fernsehanstalten in China – ein Wirrwarr von meist regionalen Sendern, die in der Regel keinen Grund sahen, sich in puncto Copyright einen Zwang anzutun. Murdoch glaubte derweil, sich in China Marktanteile erobern zu können, indem er den Markt mit Produkten überschwemmte, die einfach besser gemacht waren als die heimischen. Doch seine Sendungen mochten so populär sein, wie sie wollten, Sendeerlaubnis gab ihm die KP dafür trotzdem nicht. Sendeerlaubnis hatte dagegen die chinesische Konkurrenz, die abkupferte, was das Zeug hielt. So fand etwa eine Datingshow aus dem Haus Murdoch, *Ein besonderer Mann, eine besondere Frau*, zu immer neuen Auflagen – für die Star TV keinen Pfennig sah. Die Sendung lief in einer ganzen Reihe von Regionalsendern, unter fantasievollen Namen wie *Ewige Liebe, Heut Nacht lernen wir uns kennen* und *Für wen schlägt dein Herz*. Die geklonten Produktionen kamen oft schon ein paar Wochen nach dem Original ins Fernsehprogramm. Als Murdochs Xing Kong *American Idol* brachte, dauerte es nicht lange, bis eine chinesische Molkerei eine maßstabsgetreue Kopie des Hitformats im lokalen Fernsehen sponserte – allerdings unter dem viel schöneren Titel *Das mongolische Sauermilch-Supergirl-Konzert.*

Die Show brachte nicht weniger als 400 Millionen Zuschauer vor den Fernsehschirm. Die Werbezeit im Finale wurde für 15 000 US-Dollar pro Sekunde verkauft.

Murdoch musste sich dagegen in Guangdong mit einigen Hunderttausend potenziellen Zuschauern zufriedengeben. Und es sah nicht so aus, als ob sich daran etwas ändern würde – jedenfalls nicht, solange er sich an die Spielregeln hielt. Also versuchte er es mit Methoden etwas außerhalb der Legalität, in der Grauzone zwischen „nicht erlaubt" und „ausdrücklich verboten".

Das war nichts Besonderes. Ausländische Unternehmen – darunter Star TV – ermunterten chinesische Fernsehanstalten schon seit Längerem zum „Piratisieren" der Satellitensignale. Alles, was ein Provinzsender in China dafür brauchte, war ein Decoder. Und den bekam er von den westlichen Sendern. Die wollten durch die Distribution ihres Programms in der grauen Wirtschaft Nachfrage schaffen. Peking duldete diese Praxis, solange sie nicht allzu dreist daherkam.

Murdoch aber ging weiter als die Konkurrenz. Mit seinen Verbindungen in Peking, so räsonierte man bei Star TV, musste es möglich sein, nicht nur chinesische Sender zum „schwarzen" Empfang der Xing-Kong-Signale zu ermuntern, sondern auch Gebühren dafür einzutreiben.

Damit allerdings verließ Murdoch die Grauzone und begab sich geradewegs in die Illegalität. Doch mit ein bisschen Trickserei war das in den Griff zu bekommen. Aus der Zeit der flauen Kooperation mit der *Renmin Ribao* (*Volkszeitung*) kontrollierte Murdoch noch eine in China registrierte Briefkastenfirma, Beijing Hotkey, die das wertvolle Privileg besaß, Werbeeinnahmen eintreiben zu dürfen. Da eine so bevorzugte Firma zu 100 Prozent in chinesischem Besitz zu sein hatte, war Beijing Hotkey pro forma unter den Namen einiger chinesischer Staatsbürger in News Corps Diensten angemeldet. Jahrelang hatte Beijing Hotkey nichts weiter getan, als eine Lizenz zu besitzen. Jetzt wurde die alte Karteileiche wiederbelebt, um für Star TV die Rundfunkgebühren einzusammeln. Dafür stellte Beijing Hotkey den chinesischen Sendern fingierte Kosten für ebenso fingierte Werbezeit in Rechnung und überstellte das Geld an Star TV in Hongkong.

Der damals bei News Corp tätige Jiang Hua spielte als Marketingmanager in China eine zentrale Rolle in dem anrüchigen Geschäft. „News Corp nannte das ‚Grauzonen-Marketing'", sagte er später dem *Time Magazine*. „Aber das war nicht grau. Das war tiefschwarz." Rund 1,5 Millionen US-Dollar trieb Beijing Hotkey im ersten Jahr ein. Die fingierten Werbegebühren, erinnert sich Jiang, wurden oft in bar bezahlt und kamen als Scheine in prall gefüllten Aktentaschen ins Büro von Beijing Hotkey.

Murdoch glaubte, sich das erlauben zu können, dass seine Verbindungen zum Jiang-Clan ihn schützen würden. Doch Jiangs Herrschaft ging ihrem Ende entgegen. 2004 war der

Wechsel zur neuen Regierungsmannschaft um Präsident Hu
Jintao und Premierminister Wen Jiabao komplett. Murdochs
kostbare Beziehungen, die Frucht jahrelanger Kotau-Arbeit,
waren damit praktisch wertlos. Aber das verstand der Medientycoon nicht. Er war überzeugt, dass Jiang und Konsorten hinter
den Kulissen weiter die Strippen zogen. Und mochte auch Ding
Guang'en, sein alter Gegenspieler von der SoKo Murdoch, der
zu so etwas wie einem guten Freund geworden war, längst im
Ruhestand sein, Murdoch glaubte, unter seinem Schutz Immu-
nität zu genießen.

2004 trat Ding Yucheng, der Sohn des alten Propagan-
dachefs, an Murdoch heran, um ihm ein Bombengeschäft
vorzuschlagen. Der Herr von News Corp sollte 40 Millionen
US-Dollar in Ding Yuchengs Unternehmen Runde Investment
stecken. Runde übernahm mit dem Geld 49 Prozent Beteiligung an einem chinesischen Fernsehsender in der Provinz
Qinghai, um dessen Sendefrequenz zu mieten. Als Nächstes
würde Runde die Sender mit dem von Murdoch produzierten
Xing-Kong-Programm füllen. Technisch hatte der Sender in
Qinghai zwar eine Kontrollmehrheit – dem Buchstaben des
Gesetzes war damit Genüge getan –, doch in Wirklichkeit lief
das Arrangement auf einen chinesischen Ableger von Star TV
hinaus.

Zwar ist Qinghai eine entlegene, bettelarme Provinz in
Chinas wildem Westen und als Absatzmarkt unattraktiv, der
Vorschlag machte Murdoch trotzdem neugierig, denn der Sender erreichte mit seinem Satellitensignal nicht weniger als
100 Millionen Zuschauer – ein Volltreffer verglichen mit den
kümmerlichen Guangdong-Zahlen. Gegen den Deal sprach,
dass die schlecht getarnte Schummelei die Grenze zur Dreistigkeit weit hinter sich ließ. So etwas war allenfalls mit erstklassigen
Verbindungen in Peking zu machen. Doch die hatte Murdoch
nicht mehr. Obendrein ging sein Verhalten bald von Dreistigkeit
zu Dummdreistigkeit über. Denn das Star-TV-Team in Hongkong
fühlte sich ob der vermeintlichen Jiang-Protektion so sicher,
dass es im Januar 2005 auf Sendung ging, ohne vorher die
obligatorischen Anmeldeformulare für nicht chinesische Pro-
gramminhalte bei der chinesischen Rundfunkaufsicht SARFT
einzureichen.

Das war der Tropfen, der das Fass zum Überlaufen brachte. Im Juni 2005 befahl das Pekinger Amt für Industrie und Gewerbe die Hausdurchsuchung bei der Briefkastenfirma Beijing Hotkey. Rupert Murdochs Chinaabenteuer war zu Ende.

Zuletzt war Murdoch also über seinen nassforschen Übereifer gestolpert. „Man kann nicht Außenseiter und über 30 Jahre erfolgreich sein, ohne dabei in seinem Umfeld ein gewisses Maß an Narben zu hinterlassen", hatte er dem *Time Magazine* unverblümt gesagt. Das mochte im Rest der Welt gelten, selbst in den USA. Die chinesische Führung wollte sich aber nun mal keine Narben zufügen lassen.

Doch selbst wenn er auf leisen Sohlen gekommen wäre, hätte das Chinageschäft von News Corp nie die Ausmaße annehmen können, die Murdoch sich erträumte.

Das Reich der Mitte mag den potenziell größten Fernsehmarkt der Welt haben. Nur warum sollte die chinesische Führung den heimischen Markt von ausländischen Unternehmern abernten lassen? Das konnten die heimischen schließlich genauso gut. Jedenfalls, nachdem Murdoch ihnen mit seinen von Peking gegängelten Sendern wie Phoenix und Xing Kong einen Crashkurs in modernem Mediendesign gegeben hatte. Und seine Investitionen in chinesische Unternehmen, bei denen er das Programm für seine Sender im Reich der Mitte herstellen lassen musste, die die damals noch vorsintflutlichen Produktionsfirmen mit Geld und Know-how versorgt hatten.

Geschickt wussten die Chinesen Murdochs Avancen für ihre Zwecke zu nutzen. Im eigentlichen Sinn hereingelegt haben sie ihn aber nicht. Sie haben ihm keine leeren Versprechungen gemacht, sondern nur den Druck kanalisiert, der von Murdoch selbst ausging. Sein Debakel in China hat er allein sich selbst zuzuschreiben.

Dass die Chinesen keinen Grund hatten, einen Unternehmer wie Murdoch schalten und walten zu lassen, das hätte ihm eigentlich von Anfang an klar sein müssen. Selbst in den USA, dem internationalen Wortführer in Sachen Freihandel, ist der Medienbesitz für Ausländer starken Beschränkungen unterworfen. Nicht umsonst hatte Murdoch die amerikanische Staatsbürgerschaft angenommen. Warum sollte es ausgerechnet im Reich der Mitte liberaler zugehen? Der glamouröse Medienunternehmer erwartete, ein hinterwäldlerisches China würde ihn mit offenen Armen empfangen. Doch die vermeintlichen Hinterwäldler waren nicht beeindruckt.

Hochstapeln
leicht gemacht

Wie der Containerhersteller CIMC
den Weltmarkt aufmischt

„Eine Feuersbrunst für einen Raub ausnützen"

Die Globalisierung kommt in großen Kisten, schlicht und blechern, 2,44 Meter breit, 2,60 Meter hoch und 6,10 oder 12,20 Meter lang. Darin verpackt reisen die Warenströme auf Frachtschiffen, Zügen und Lastwagen rund um die Welt. Da der internationale Handel seit Jahren wächst – 2007 um sechs Prozent –, steigt auch das Geschäft mit den Containern, in denen die Güter vom einen Ende der Welt ans andere transportiert werden. Ein Milliardenmarkt, um den sich Konzerne reißen.

Es ist kein Zufall, dass der Marktführer ausgerechnet aus dem Land kommt, dessen Anteil am Welthandel am schnellsten wächst: China. 2004 hat China Japan als die drittgrößte Handelsmacht der Welt überholt und erstmals ein Handelsvolumen von über einer Billion US-Dollar erwirtschaftet. 2007 musste Deutschland den Platz als drittgrößte Wirtschaftsmacht zugunsten der Chinesen räumen, und 2008 überholte das Reich der Mitte schließlich Deutschland als Exportweltmeister.

An jedem „Made in China"-Produkt verdient das Land. 2004 betrug der Handelsbilanzüberschuss noch 32 Milliarden US-Dollar, 2005 schon 112 Milliarden – mehr als dreimal so viel. Und 2006 waren es bereits 177 Milliarden. Allein im Juni 2007 betrug der Überschuss 27 Milliarden US-Dollar, also fast so viel wie im gesamten Jahr 2004. Ende 2007 waren es etwa 250 Milliarden US-Dollar und damit mehr als das Doppelte des Jahres 2005.

Die aufsteigende Wirtschaftsgroßmacht will die Weltmärkte nicht nur mit ihren Waren erobern, sondern auch am Transport der Güter verdienen. Mit hohen Investitionen und starker staatlicher Unterstützung baut China deshalb eigene Reedereien oder Schiffswerften auf. Spätestens im nächsten Jahrzehnt will es die Weltmarktführerschaft übernehmen und Japan und Südkorea in den Schatten stellen.

Bei Containern ist es schon längst so weit: Größter Produzent weltweit ist die China International Marine Containers Group (CIMC) aus Shenzhen. Umgerechnet rund 4,6 Milliarden Euro setzte das Unternehmen 2007 um. Die Profite nach Steuern lagen bei 290 Millionen Euro, zwölf Prozent mehr als im Vorjahr. Und das trotz rapide steigender Rohstoff- und Stahlpreise, die der Branche zu schaffen machen.

Der Amerikaner, der die praktische Blechkiste erfand, hätte sich sicherlich nicht träumen lassen, dass seine Erfindung einmal vor allem von Chinesen hergestellt und betrieben würde. Malcom McLean war ein Bauernsohn und Lastwagenfahrer aus North Carolina. 1937 dachte er zum ersten Mal darüber nach, wie viel praktischer es doch wäre, den Laster mitsamt seinem Inhalt komplett auf ein Schiff zu verladen, statt jede Kiste und jeden Ballen einzeln. Die Reeder waren skeptisch. Daher verkaufte McLean seine Spedition, wurde selbst Schiffseigner und gründete das Unternehmen Sea-Land Inc. Anfangs verlud er komplette Lastkraftwagen auf Schiffe, um sie in die Nähe ihrer Zielorte zu befördern. Dann entwickelte er einheitliche Behälter und passende Trailer, die von Zugmaschinen bewegt wurden. Nur noch die Trailer mit den Behältern wurden verschifft – das sparte Platz und Kosten. 1956 schließlich ließ er die Trailer weg und schickte das erste Schiff los, das nur mit genormten, stapelbaren Boxen beladen war. In Europa legte das erste Containerschiff, die Fairland, im Mai 1966 im Bremer Überseehafen an. Damit begann der weltweite Eroberungszug der standardisierten Blechbox. Die Vorteile waren klar: hohe Geschwindigkeit, Schutz der Waren vor Wetter, Beschädigung und Diebstahl sowie geringe Kosten. Die materialisierte Globalisierung begann. Die normierte Blechkiste veränderte die Produktionsbedingungen, die Konsumgewohnheiten der Menschen, die Häfen und die Stadtbilder. Werften erhielten Großaufträge, neue Länder und Regionen begannen zu boomen, neue Märkte entstanden, und Produkte aus aller Welt konnten überall hergestellt, gekauft und verkauft werden. Über 90 Prozent aller Waren und Rohstoffe weltweit werden heute im Container transportiert, über 100 Millionen Blechboxen sind ständig unterwegs.

In China landete der erste Container aus Übersee im September 1971 in Tianjin vor den Toren Pekings. Dort wurde neun Jahre später auch die erste Containerwerft Chinas errichtet. In den 90ern boomte das Containergeschäft weltweit, und 2002 überholte China die USA als das Land, in dem die meisten dieser Kisten gehandelt werden. 2006 passierten Chinas Häfen 5,6 Milliarden Tonnen Cargofracht und 93 Millionen TEUs (Twenty-foot Equivalent Units = Einheit für Umschlagsmenge). Zwölf Häfen hatten mehr als 100 Millionen Tonnen Cargodurchlauf – und Schanghai wurde mit 530 Millionen Tonnen der betriebsamste Hafen der Welt. Der Heimatmarkt genügt den Chinesen schon lange nicht mehr. 1995 exportierte China Waren und Service im Wert von sechs Milliarden US-Dollar, die als „high technology" galten. Nur zehn Jahre später waren es 217 Milliarden und damit fast 29 Prozent des gesamten Exports der Volksrepublik. Allein Shenzhen, die Sonderwirtschaftszone an der Grenze zu Hongkong, die mit der Produktion billiger Turnschuhe, Kleidung und Spielzeug begann, exportiert mittlerweile Hightech-Produkte im Wert von mehr als 47 Milliarden US-Dollar. Und davon basierten 57 Prozent auf den Rechten (IPR) chinesischer Firmen, die im Westen als Produktpiraten verschrien sind.

CIMC profitiert von diesem Warenfluss. Es ist heute etwa siebenmal größer als sein nächster Konkurrent und dominiert mit etwa 50 Prozent Marktanteil den internationalen Containermarkt. Und auch bei diesem Unternehmen ist ein Ende des Aufstiegs nicht in Sicht. Es hält etwa 30 Prozent des Kühlcontainergeschäfts. Schon seit Jahren nicht mehr nur reiner Volumenproduzent, produziert CIMC in jedem Segment. Der Firmenslogan „Lernen, verbessern und kreative Zerstörung" hat sich durchgesetzt. Die Verkäufe liegen bei 1,1 Milliarden US-Dollar und sind damit zehnmal so hoch wie 1993.

Kein Wunder, dass Unternehmenspräsident Mai Boliang in China bereits einmal (2004) zu einer der zehn bedeutendsten Wirtschaftspersönlichkeiten gewählt wurde und als einer der wichtigsten Unternehmer des Landes gilt. CIMCs Anteilseignerstruktur ist für chinesische Verhältnisse ungewöhnlich. CIMC ist eines der kapitalistischsten Unternehmen der Volksrepublik. Die Mehrheit der Anteile, über 55 Prozent des gesamten Unternehmens, werden an der Börse gehandelt. Damit spielt Mai mit offenen Karten. Von den meisten chinesischen Unternehmen sind nur Teile oder Muttergesellschaften handelbar, sodass faule Unternehmensteile versteckt werden können und der Einfluss der frei handelbaren Anteile nicht so groß ist, dass eine feindliche Übernahme möglich wäre. Gut für Mai ist, dass die beiden größten Anteilseigner, die China Merchants Holdings (CMH) und die Reederei COSCO, Staatsunternehmen sind, die sich gegenseitig ausbalancieren und damit CIMC langfristig

Stabilität geben. Denn die Anteile können nur mit Genehmigung der China Securities Regulatory Commission veräußert werden. Mai geht auch geschickt mit den Anteilseignern seiner Tochterunternehmen um, überwiegend Lokalregierungen. Er bietet ihnen Dividenden, und im Gegenzug müssen sie ihn und sein Team schalten und walten lassen. Damit sind die Lokalregierungen zufrieden und Mai kann das Unternehmen weiterentwickeln, ohne dass ihm Kader den Weg vorgeben oder sich auch nur ständig einmischen.

Für chinesische Verhältnisse ist CIMC bereits ein Traditionsunternehmen. Gegründet wurde es 1980, kurz nachdem der Reformer Deng Xiaoping China der Welt geöffnet hatte. Das heruntergewirtschaftete Land brauchte dringend westliche Produkte, und die mussten verpackt und verschifft werden. Zu Beginn des Aufstiegs musste Mai seinen größten Anteilseigner, die Stadtregierung in Shenzhen, von seiner Vision überzeugen, Weltmeister in einer kleinen, aber für die Globalisierung zentralen Industrie zu werden. Zum Glück war die Stadtregierung sehr fortschrittlich. Das hat auch mit der Lage von Shenzhen zu tun. Es liegt genau an der Grenze zu Hongkong. Und war die erste Stadt, in der Deng Xiaoping Ende der 70er-Jahre die Politik der wirtschaftlichen Öffnung ausprobiert hat.

CIMC war eines der ersten chinesisch-ausländischen Joint Ventures in China – zwischen der China Merchants Holdings und der East Asiatic Company, einem dänischen Handelsunternehmen, das seit Ende des 19. Jahrhunderts in ganz Asien handelte und Waren verschiffte.

Als der erste Container 1982 vom Band lief, stand die Firma bereits kurz vor dem Aus. Unerfahrenes Management und ein Tief im Markt führten dazu, dass die Produktion 1986 eingestellt wurde. Die meisten Angestellten verließen die Firma. Das Unternehmen improvisierte und verlagerte den Schwerpunkt gezwungenermaßen auf Immobilien und andere Geschäfte. 1987 übernahm schließlich die China Ocean Shipping Group (COSCO) 40 Prozent des dänischen Anteils. COSCO ist mit über 130 Containerschiffen eine der größten Reedereien weltweit. Mit dem neuen Kapitalinput ging es bei CIMC wieder aufwärts. Dennoch war das chinesische Unternehmen 1990 noch ein unbedeutender Spieler im Weltmarkt, der nicht einmal 10 000

Container im Jahr herstellte. Und es war weit davon entfernt, seine heutige komfortable Marktposition zu haben. Die Konkurrenz war groß. Wegen der hohen Margen und der geringen Zollbeschränkungen waren in China mehr als 20 weitere Unternehmen entstanden, die Container bauten.

Als Mai Boliang 1991 das Unternehmen übernahm, entwarf er einen aggressiven Expansionsplan, der es CIMC möglich machen sollte, seine chinesischen Konkurrenten abzuhängen. Mit Akquisitionen anderer Hersteller wollte er sich zum Global Player aufschwingen. Er ging mit CIMC 1994 an die Börse in Shenzhen und kaufte mit dem daraus gewonnenen Geld schwächere Konkurrenten auf, die unter der geringen Nachfrage litten. Damit konnte sich CIMC auf fünf riesige Fabriken vergrößern.

Bereits 1996 war das Unternehmen hinsichtlich des Volumens Chinas Nummer eins. Es produzierte etwa jeden fünften weltweit neu hergestellten Container – oder 199 000 Einheiten pro Jahr. Allein der riesige chinesische Markt machte CIMC damit zu einem der größten Hersteller weltweit.

Wie so viele erfolgreiche chinesische Unternehmen hatte CIMC sich zunächst eine starke Position im Heimatmarkt gesichert, bevor es aus der Poleposition in den globalen Wettkampf eintrat. Und dann mühelos an den internationalen Herstellern vorbeizog, wie bisher kein anderes chinesisches Unternehmen im Weltmarkt. Wie konnte das passieren?, fragen sich noch heute die westlichen Konkurrenten. Die Manager von CIMC suchten zunächst geduldig die Lücke im internationalen Markt, in die sie hineinrutschen konnten, und nutzten die Überheblichkeit der Konkurrenz, die an ihrer Hochpreispolitik festhielt, nach dem Motto, wer kauft schon Container aus China. Die Chinesen rationalisierten die Arbeitsabläufe in den Fabriken sowie die Materialbeschaffung und zettelten einen für die westlichen Wettbewerber ruinösen Preiskampf an. Ein Standardcontainer, der 1995 für 2 850 US-Dollar verkauft wurde, brachte vier Jahre später nur noch 1 300 US-Dollar ein. Die Margen schrumpften auf drei Prozent.

Auch CIMC merkte die Auswirkungen des Preisverfalls, doch für die Japaner und die Koreaner war die Entwicklung noch schmerzhafter. CIMC wurde zum Gewinner der Asienkrise der

Jahre 1997 und 1998. Als die südkoreanischen Konkurrenten in Schwierigkeiten gerieten, begannen sich die chinesischen Konkurrenten aggressiv in den Weltmarkt vorzuarbeiten. Sie konnten bessere Preise bieten und waren näher am Bedarf, der vor allem von China angetrieben wurde. Die spezialisierten deutschen Wettbewerber sahen derweilen ihr Geschäft einbrechen, da vor allem die asiatischen Kunden nach der Krise nicht mehr ihre hohen Preise bezahlen konnten. CIMC wartete ab und zog dann geschickt seinen Vorteil daraus. Mai Boliang wusste, dass die Konkurrenten aufgrund ihrer Struktur nicht so flexibel sein konnten wie das chinesische Staatsunternehmen. Die asiatischen Konkurrenten waren nahezu alle in Konglomeraten eingebunden. Kursänderungen mussten umständlich mit den Zentralen abgestimmt werden, die kein Interesse und keine Zeit hatten, diesen Seitenarm ihres Geschäfts mit großer Sorgfalt zu pflegen. Als dann die roten Zahlen kamen, war die Entscheidung wiederum schnell getroffen. Man zog sich schrittweise aus dem unprofitablen Geschäft zurück. Zuerst mussten die Standardcontainer dran glauben. Man wollte seinen einstigen Vorsprung retten, indem man sich auf Spezialprodukte konzentrierte, die ein größeres Maß an Erfahrung und Know-how benötigen.

Mai ließ seine Expansion international finanzieren, um die Kapitalkosten zu reduzieren. Nicht zuletzt wurde der Transport der Container durch angepasste Trailer und die Entwicklung ausgeklügelter Transportsysteme effizienter. CIMC gelang es, die Materialkosten um ein Drittel zu reduzieren. Die Produktionskosten insgesamt sanken sogar um 46 Prozent. Allein der effizientere Transport sparte fünf Millionen US-Dollar pro Jahr. Und plötzlich konnte Mai wieder mit ordentlichen Margen kalkulieren.

Die Konkurrenz versuchte zwar zu sparen, indem sie mit niedrigen Lohnkosten in China produzierte, aber CIMCs Preise waren nicht zu unterbieten. Damit nicht genug, gelang es dem chinesischen Unternehmen, einen Lizenzvertrag mit der Graaff Transportsysteme GmbH abzuschließen, die in Elze sitzt, einer norddeutschen Stadt mit 10 000 Einwohnern im Landkreis Hildesheim.

Graaff ist ein Spezialproduzent mit innovativen, patentgeschützten und anerkannten Technologien zur Herstellung

von Isolierplatten, die in Kühlschiffen verwendet werden.
CIMC bezahlte Graaff Lizenzen für zwölf Patente. Graaff erhielt
zwei Prozent Anteil am Projekt und 750 000 US-Dollar für den
Verkauf einer ihrer Fertigungsstraßen, die abgebaut und nach
China verschifft wurde. Ein deutscher Experte wurde gleich
mitgeschickt.

„Als die Fertigungsstraße aus Deutschland importiert wurde,
hatte sie eine Kapazität von 10 000 TEUs pro Jahr. Während
der folgenden fünf Jahre überarbeiteten CIMC-Techniker den
Herstellungsprozess viermal grundlegend, indem sie weiter-
entwickelte Technologie aus der Autoindustrie implementier-
ten", erläuterte der deutsche Experte Stephan Teepe, der neue
Chefingenieur der Schanghaier Produktionsanlage. So konnten
sie die Kosten weiter senken und gleichzeitig den technischen
Standard heben. Im nächsten Schritt übernahm CIMC eine
Hyundai-Fabrik in Qingdao – für weniger als 20 Millionen
US-Dollar, ein Schleuderpreis, aber Hyundai musste nach der
Asienkrise Ballast abwerfen. Dadurch gewann CIMC eine Produktionskapazität im Wert von 180 Millionen US-Dollar sowie
eine neue Fertigungsstraße für Kühlcontainer und war gleich-
zeitig einen Konkurrenten losgeworden. Es folgte ein weiterer
Coup bei der Kosteneinsparung. CIMC fand mittels deutscher
Stahlbehandlungstechnologie und einer großen Gruppe von
Ingenieuren einen Weg, das teure Aluminium für Kühlcontainer durch billigeren, besonders behandelten Stahl zu ersetzen,
der denselben Zweck erfüllte. Nunmehr war CIMC in der Lage,
den japanischen Kühlschiffzulieferern, die weiterhin das teure
Aluminium benutzten, Kunden abzuwerben.

Die Strategie der gezielten und innovativen Kostenreduzie-
rung zahlte sich aus: Zwischen 1997 und 2003 erweiterte CIMC
seine Produktion von Kühlcontainern um das Siebenfache auf
63 500 TEUs und wurde damit in nur sechs Jahren zum mächtigsten Global Player mit 44 Prozent Weltmarktanteil. Mai hatte
die Konkurrenz geschickt ausmanövriert.

Nachdem er die Position des Unternehmens als Marktführer erreicht und gesichert hatte, machte er, was alle in dieser
Phase der Unternehmensentwicklung tun würden. Er ließ die
Produktpalette von CIMC vergrößern. Nach der Pflicht kam
nun die Kür. Die Entwickler konnten ihrer Fantasie freien Raum

lassen. Container mit Tanks, faltbare Container sowie andere Spezialprodukte wurden entworfen. Auch diese Entwicklungen profitierten von dem rigiden Kostenmanagement und konnten zu unschlagbaren Preisen international angeboten werden. Und Mai schickte seine Scouts los, um im Westen neue Technologie zu akquirieren. Er schloss zum Beispiel ein Abkommen mit der britischen UBH International Limited (UBHI), ein Unternehmen, das 1998 15 Prozent der Tankcontainer der Welt produzierte, Container, in denen Flüssigkeiten und Gase transportiert werden. Doch in dem Maß, in dem die chinesische Konkurrenz sich vordrängelte, geriet der Hersteller unter Druck und war schließlich gezwungen, im Oktober 2001 eine „strategische Allianz" mit der CIMC zu bilden.

Die Briten brachten ihre Technologie ein und die Chinesen „ihre finanzielle Stärke und die Möglichkeit, große Stückzahlen zu produzieren", sagte Jim Lyon, der General Manager des Unternehmens. Zur Produktion bauten die Chinesen eine Fabrik in Nantong, einer Acht-Millionen-Stadt am Ufer des Jangtse in der chinesischen Provinz Jiangsu. Das gemeinsame Marketing „erlaubt es beiden Unternehmen, eine größere Bandbreite von Produkten anzubieten", so Lyon. Auch beim Materialeinkauf konnten sie Synergien entwickeln. Klar war jedoch auch, dass CIMC davon stärker profitieren würde. Während die Engländer aufgrund dieser Partnerschaft immerhin ihren Status halten konnten, bauten die Chinesen ihre Kapazitäten weiter aus. Innerhalb von 15 Monaten errichteten sie für gut 80 Millionen Euro eine neue Fabrik im nordchinesischen Tianjin, die 6 000 TEUs Tankcontainer pro Jahr produzieren kann – fast dreimal so viel wie der bisherige Marktführer. Der Service wurde verbessert, die Angebote wurden erweitert und Produkte weiterentwickelt, und die Flexibilität wurde erhöht. Modelle konnten innerhalb von fünf Minuten verändert werden – statt wie bisher in 20.

Schon 2003 hatte CIMC 30 Prozent des Weltmarktes im Tankcontainersegment. 2005 wurde der flinke Chinese zum globalen Marktführer in diesem High-End-Segment. Die ehemals führenden südafrikanischen Firmen, die gemeinsam noch 1999 einen Marktanteil von über 50 Prozent gehalten hatten, hatten sich darauf verlassen, dass – mochten die Chinesen im

Geschäft mit Standardcontainern auch Erfolg haben – sie mit ihren Tankcontainern auf der sicheren Seite wären. Sie waren unaufmerksam gewesen und hatten die Konkurrenz aus China weit unterschätzt. UBHI konnte sich durch die Kooperation mit CIMC wie gesagt immerhin halten und produziert nun etwa 750 TEUs pro Jahr. Andere Konkurrenten, wie der südafrikanische Hersteller Consani Engineering, der 1999 noch 22 Prozent der Weltproduktion abgedeckt hatte, ging im Januar 2005 in die Liquidation. Ein Unternehmen, das 1923 gegründet worden war und die Branche immer wieder mit seinen technischen Innovationen überrascht hatte.

Insofern waren die Briten mit einem blauen Auge davongekommen. Sie hatten sich rechtzeitig mit den Unbesiegbaren zusammengeschlossen. „Einige Beobachter glaubten, wir verkaufen unser Familiensilber, aber die Kooperation war für uns ein voller Erfolg", fasst Lyon die Entwicklung zusammen. „Es ist ein Zukunftsmodell, unser Know-how mit der industriellen Kraft von CIMC zu bündeln."

Doch CIMC hat nicht vor, lange von den Engländern abhängig zu sein. Bereits 1997 hatte es sich sein eigenes R&D-Center aufgebaut. Seitdem investiert es über zwei Prozent der Einnahmen in die Forschung – und da die Umsätze immer stärker zunahmen, stiegen auch die Mittel für Forschung und Entwicklung. Das Unternehmen, das als Wettbewerber im untersten Bereich begonnen und sich zunächst auf Billigarbeit und Volumenproduktion im Standardsegment verlassen hatte, besitzt mittlerweile eine größere R&D-Kapazität als seine Konkurrenten. Eben jene Konkurrenten, die versucht hatten, durch die Konzentration auf High-End-Produkte dem zunehmenden Druck der Chinesen im Low-End-Bereich zu entkommen. Die spezialisierten europäischen Firmen hatten gedacht, dass sie den Konkurrenten aus dem Reich der Mitte abwehren könnten – trotz ihrer hohen Kosten, allein durch Qualität und Spezialisierung. Die Spezialprodukte konnten die Chinesen jedoch schon bald genauso herstellen – und durften es auch: 2005 kaufte CIMC 77 Patente vom Konkurrenten Graaff – ironischerweise genau der Firma, von der es 1995 die erste Lizenz für seine Gefriertechnologie gekauft hatte. 2004 schon hatte CIMC 60 Prozent an der britischen Firma Clive-Smith Cowley erworben. Die Briten hatten einst das „Dominosystem" erfunden, das es möglich macht, leere Container zusammenzufalten.

CIMC reitet seit Ende der 90er-Jahre auf einer Welle des Erfolgs, der durch Chinas Aufnahme in die Welthandelsorganisation WTO im Jahr 2001 noch einmal angeheizt wurde. CIMC bekam zunehmend Aufträge, das Volumen nahm zu, und das Unternehmen konnte immer günstiger anbieten.

CIMC ging es so gut, dass es sich 2003 sogar in die USA wagte, vor allem, um seinen Geschäftsbereich zu diversifizieren. Lastwagenauflieger passten gut in das Portfolio. CIMC kaufte für 4,5 Millionen US-Dollar das Know-how aus der Konkursmasse der bankrotten Tochter des führenden amerikanischen Herstellers von Lastwagenaufliegern, HPA Monon. Die Marke Vanguard blühte wieder auf, als „amerikanische Erfahrung sich mit CIMCs großen Ingenieurkünsten, seinem finanziellen Spielraum und seinen Produktionskapazitäten paarte", berichtete Richard Dessimoz, Präsident von Vanguard National Trailer Corp. Und der Standort in der amerikanischen Eisenbahnerstadt Monon in Indiana war gerettet. Die Komponenten werden in China produziert und dann in den USA zusammengebaut. 2004 brachte die US-Fabrik mit einem Umsatz von 135 Millionen US-Dollar bereits zehn Prozent des Konzernergebnisses ein. 2005 waren es schon etwa 420 Millionen. CIMCs Präsident Mai ging damals davon aus, dass sein Unternehmen sich auch bei den Trailern binnen weniger Jahre an die Weltspitze vorarbeiten würde. „Unser Ziel ist es, bis 2008 der weltweit größte Trailerhersteller weltweit zu sein." 2004 stellte es 40 000 Stück her; 2006 waren es schon fast doppelt so viele. Spätestens 2011 will Mai im Trailerbereich weltweit „unantastbar" sein.

Inzwischen produziert der Konzern mit gut 53 000 Mitarbeitern an über 100 Standorten in ganz China, den USA und Europa. Anfangs nur auf die Produktion von Containern konzentriert, ist er mittlerweile in jedem Sektor vertreten, der auch nur ansatzweise mit dem Transportwesen zu tun hat. Hauptbusiness ist aber noch immer die Produktion von Containern. Mit über 34 Produktionsstätten in China ist CIMC der einzige Hersteller, der die komplette Palette anbietet: von Standard- über Trocken- zu Tank- und anderen Spezialcontainern, an denen CIMC die kompletten Rechte hat. Das zweite Standbein

ist das Fahrzeuggeschäft – Transporter für Container und Spe-
zialtransporter. In etwa 22 Produktionsstätten in den USA, in
Thailand, Europa und China hat CIMC eine Kapazität von über
200 000 Einheiten, die vorwiegend für den amerikanischen
und den japanischen Markt produziert werden.

Hinzu kommt die Sparte Petrochemie-, Getränke- und Nah-
rungstransport, also spezielle Tankcontainer und deren Equipment. Nantong CIMC ist die größte Tankcontainerfabrik. Vor
allem das holländische Unternehmen Burg Industries produziert für CIMC spezielle Tankcontainer und deren Auflieger für
den Transport von Flüssigkeiten und Chemikalien; und Enric
Energy Equipment Holdings, seit 2007 an Bord, ist auf R&D
sowie Druckcontainer und Kompressoren spezialisiert.

Und auch an Flughäfen ist CIMC präsent. Mit Boarding-
brücken für Passagiere, automatischen Air-Cargo- und Park-
systemen. CIMCs Passagierbrücken für Flugzeuge und Schiffe
gibt es bisher in zehn Ländern, unter anderen den USA, in
Afrika, Europa und Südostasien. Auch die Brücke, über die die
Passagiere des Airbus 380 – des größten Flugzeugs der Welt – am
französischen Flughafen Charles de Gaulle einsteigen, hat das
chinesische Unternehmen hergestellt.

Ziel des weit gefächerten Unternehmens ist es, bis 2012 einen
Marktwert von gut zehn Milliarden Euro zu erreichen. Derzeit
ist CIMC mit etwa 4,5 Milliarden nicht einmal die Hälfte wert,
erzielt allerdings fünf Milliarden US-Dollar aus Verkäufen und
hatte im Jahr 2007 einen Nettogewinn von 330 Millionen US-
Dollar. Bei *Forbes* schaffte CIMC es 2007 immerhin auf Platz
1 475 der 2 000 weltweit führenden Unternehmen. *Business
Weekly* setzte es auf Rang 21 der Top-50-Unternehmen Asiens
und es wurde Nummer 28 der 500 wertvollsten Marken Chinas.
22,7 Prozent gehören der China Merchants Holdings (CMH).
CIMC ist der zweitgrößte Profitbringer der CMH, nach dem
Betrieb von Häfen, allen voran einer 30-Prozent-Beteiligung an
der Shanghai International Port Group.

Doch CIMC will nicht nur diversifizieren und international
gut aufgestellt sein. Sehr wichtig für die Manager des Konzerns
ist auch, ihre Produkte weiterzuentwickeln und in Bereiche
vorzudringen, die noch kein anderer abdeckt. 2006 hat das
Unternehmen in Zusammenarbeit mit General Electrics Toch-

terunternehmen GE Security „intelligente" Container auf den Markt gebracht. Ein im Türrahmen angebrachtes Hightech-Gerät überwacht die Tür, und der Besitzer oder die Zollbeamten können am Zielort per Funksignal überprüfen, ob sie unterwegs geöffnet wurde. Der Preis für die „TESC" genannten manipulationssicheren Container (Tamper Evident Secure Containers), die unter GEs Marke CommerceGuard verkauft werden, liegt nur etwa 100 US-Dollar über dem Preis eines nicht gesicherten Containers. Und für nur 60 US-Dollar kann man alte Container nachrüsten – angeblich in einer Minute. Die Technik soll sich vor allem für Spediteure mit großem USA-Geschäft lohnen, weil sie damit vielleicht bald die langwierigen Pflichtüberprüfungen umgehen können, die der amerikanische Zoll nach dem 11. September 2001 als Vorsichtsmaßnahme gegen geschmuggelte Waffen eingeführt hat: Theoretisch ist damit ein System entwickelt worden, mit dem sich mit einer Technik, die nach einem ähnlichen Prinzip funktioniert wie das deutsche Mautsystem, Container überall verfolgen lassen.

Den entscheidenden Vorteil des Containergeschäftes sieht Präsident Mai darin, dass der Marktbedarf relativ leicht abzuschätzen ist. Wenn Reedereien ihre Schiffe in den Werften bestellen, bleibt genug Zeit, die entsprechenden Container zu produzieren. Anfang März 2005 gab es in dieser Hinsicht wieder Grund zum Feiern. Die China Shipping Group Ltd., die zweitgrößte chinesische Reederei, verkündete, dass sie 39 Schiffe kaufen wolle – im Gesamtwert von 966 Millionen US-Dollar. Derzeit verfügt das Unternehmen über mehr als 150 Containerschiffe; bis 2010 will es seine Kapazität mehr als verdoppeln. Seit Anfang 2008 hat COSCO seinen Anteil an dem Containerriesen CIMC auf 20,3 Prozent aufgestockt. Trotz Rückgängen im vorher rapiden Wachstum blieb CIMC 2007 mit einem Output von über zwei Millionen Standardcontainern der Marktführer bei Standardcontainern. Vom gesamten Output waren zwei Millionen TEUs Trocken- und Großfrachtcontainer, 100 000 Gefriercontainer und 10 000 Tankcontainer. Internationale Standards werden nicht nur erfüllt, sondern neu gesteckt. Über 1 500 Patente wurden bis 2007 angemeldet.

Marshall W. Meyer, Professor für Management und Soziologie an der Wharton University im US-Staat Pennsylvania, hat sich ausführlich mit chinesischen Unternehmen beschäftigt, auch mit CIMC: „Für westliche Unternehmen sollte die Entwicklung von CIMC eine Warnung sein." Es seien eben nicht immer nur die billigen Arbeitskräfte und der große Markt, sondern auch das Geschick seiner Unternehmer, die China wirtschaftlich voranbrächten. Und wenn mehr chinesische Unternehmen die Erlaubnis bekommen, so zu arbeiten wie CIMC, wird es noch mehr geben, die weltweit dominieren. Dazu muss sich die politische Landschaft jedoch erst gravierend verändern.

Im Olympiajahr 2008 ging Mai auf Einkaufstour. Im März kaufte er sich für 566 Millionen US-Dollar einen 30-Prozent-Anteil an der singapurischen Werft Yantai Raffles Shipyard Co. Das Unternehmen stellt Containerschiffe, Ölplattformen und Luxusjachten in der chinesischen Provinz Shandong her. Ihm gehören das zweitgrößte Trockendock in Asien sowie spezielle Kräne. Mai will dem Containergeschäft ein zweites Standbein verschaffen. „Wir investieren in die Zukunft der Schiffbauindustrie und haben uns mit YRSL an einem Unternehmen beteiligt, das das Potenzial hat, zu einem Weltmarktführer in seiner Industrie zu werden." Mai will aktiv an der Entwicklung des Unternehmens mitarbeiten. Wenige Wochen später kaufte er in Europa ein. Für 108 Millionen US-Dollar übernahm er 80 Prozent des niederländischen Zulieferers für Straßentransportausrüstung Burg Industries. Wiederum ein neuer Unternehmensbereich. 2005 hatten die beiden Unternehmen bereits ein Joint Venture gegründet.

Im August 2008 kaufte CMIC für 20 Millionen Euro einen 60 Prozent Anteil an den Luxemburger Gas und Flüssiggas Terminal Bauer TGE Gas Investment SA. Ein Schnäpchen. Mai zahlt deshalb bis 2010 noch fünf Millionen Euro extra, wenn die Luxemburger die vereinbarten Ziele der beiden Jahre 2009 und 2010 erreichen. Das Geschäft wurde über ein Hongkonger Tochterunternehmen von CMIC abgewickelt.

Mai tut gut daran, sich nach neuen Bereichen umzuschauen, denn China produziert inzwischen 90 Prozent der Container weltweit. Und jeder zweite Container, der im Pazifik unterwegs ist, kommt aus China. Im Herbst 2007 hat China erstmals 100 Millionen Container in chinesischen Häfen abgewickelt.

„Der Beitrag der Containerindustrie an der Weltwirtschaft ist nicht geringer als der des Internets in der Moderne", sagte der Vizekommunikationsminister Xu Zuyuan aus diesem Anlass. Und Michael Chan von der Bank of China International in Hongkong, der den Aufstieg von CIMC jahrelang als Analyst verfolgte, brachte die Bedeutung der Behälter noch griffiger auf den Punkt: „Ohne Kisten ist das Schiff genauso wertlos wie ein Auto ohne Reifen." Mai Boliang reichen Container jedoch nicht mehr.

Meisterzeit

Wie Ulrich Reichert,
der China-Geschäftsführer des
Maschinenherstellers Wirtgen,
ein Gefangener Pekings wurde

„Auf das Dach locken,
um dann die Leiter wegzuziehen"

Ulrich Reichert hat keinen Spiegel. Er merkt es erst, als die Haare
abrasiert sind und er mit der Hand über seine frische Glatze
streicht. Er würde gern sein Gesicht sehen. Reichert hatte noch
nie eine Glatze. Er hatte sich entschlossen, mit den Zellengenossen zum Anstaltsfriseur zu gehen: „Im Gänsemarsch zum
Kahlschlag." Er, der Ausländer, müsse nicht gehen, hatten sie
gesagt, und die Aufseher hatten zugestimmt. Doch er wollte
Teil der Gruppe bleiben, als einziger Fremder nicht noch mehr
auffallen. Er teilt sich eine Zelle mit 17 Insassen. Eine Zelle in
China. Eine saubere Zelle, aber eine ohne Bett, mit Menschen,
die seine Sprache nicht sprechen. Immerhin respektieren sie
den Weißen. Eine Langnase. Vor allem, nachdem sie erfahren
haben, dass Reichert Managing Director der Niederlassung eines
deutschen Baumaschinenherstellers ist.

Immerhin Respekt. „Immerhin" ist eines seiner wichtigsten
Worte geworden in den letzten Wochen. Immerhin zweimal am
Tag duschen. Immerhin satt werden. Immerhin ein paar Bücher
und Vitamintabletten. Immerhin ein Tagebuch. Immerhin
frische Luft. Reichert ist überzeugt, dass er unschuldig ist. Die
anderen in der Zelle für Untersuchungshäftlinge sind es nicht.
Sie erzählen von Mord, Raub, Korruption und Drogen.

Reichert lebt seit 20 Jahren in Hongkong, nun sitzt er in
China im Knast, weil der chinesische Zoll behauptet, dass
beim Asphaltfertiger S2100-C von Voegele die minimale Ein-
baubreite – Voraussetzung, um in den Genuss der Zollfreiheit
für importierte Maschinen zu kommen – um einen Zentimeter
unterschritten worden sei. Beihilfe zum Schmuggel lautet der
Vorwurf. Darauf stehen mehrere Jahre Gefängnis. Reichert ist
sich sicher, dass die Zollfahndung einen Fehler macht. Doch in
den zäh fließenden Stunden ohne Beschäftigung, den Nächten
in grellem Neonlicht, nur unterbrochen von Aufsehern, die
Schnarchern mit dem Fuß leicht in die Seite treten, macht er
sich allmählich mit dem Gedanken vertraut, dass ihm diese
Überzeugung unter unglücklichen Umständen nichts nützen
wird. Mitgefangen, mitgehangen. Er hatte diese Worte lange
unbefangen benutzt. Nun hatten sie fast ihre ursprüngliche
Bedeutung wiedergewonnen. Fast.

Der Alltag in der Zelle ist eintönig. Sechs Uhr Wecken. Dann
Toilette, Waschen, Zähneputzen. „Es gibt keine Privatsphäre.

Alles wird von allen gesehen." Nur das Klo ist hinter einer ein
Meter hohen Wand. „Da sieht man nichts, aber hört und riecht
alles." Es gibt keine Möbel in der Zelle. Frühstück im Knien. „Ich
passte mich sofort an." Appell. „Wie beim Bund." Aufräumen.
Von acht bis 8.30 Uhr und von 8.40 bis 10.30 Uhr ist „Meister-
zeit": Alle sitzen im Schneidersitz in einer Reihe und schweigen.
10.40 bis elf Uhr Mittagessen. Danach Geschirr spülen und
duschen. Mittagsruhe ist von zwölf bis 14.30 Uhr. Anschließend
bewegen. 16.50 Uhr Abendessen. Meist gibt es Reissuppe mit
ein paar Gurkenstücken und etwas Kohl. „Congee" kann sehr
schmackhaft sein, wenn man die richtigen Zutaten dafür hat,
aber die fehlen im Knast. Die milchige Suppe schmeckt nach
Wasser.

Danach wieder duschen, ein Höhepunkt des Tages, denn
draußen sind 36 Grad. Duschen bedeutet Wasser aus einem
Bottich schöpfen und über sich gießen. Einseifen. Wieder ein
Bottich Wasser.

18 bis 19 Uhr Aufräumen, ohne dass es viel Unordnung gäbe.
Warten auf den Appell. 19 bis 22.30 Uhr chinesisches Fernsehen
schauen oder Karten spielen. Danach Nachtruhe. In der Nacht
müssen immer zwei Leute Wache halten. Alle 75 Minuten
ist Wachwechsel. Reichert, der Ausländer, bekommt die gute
Schicht: von 22.30 bis 23.45 Uhr.

Wieder und wieder geht Reichert seine Geschichte durch den
Kopf. Er kann sie mit niemandem in der Zelle besprechen. Das
Englisch des Singapurers ist nicht gut genug. Die anderen spre-
chen überhaupt kein Englisch.

Und es ist eine absurde Geschichte von ungenauen Regelungen und ehrgeizigen Zollfahndern, die sie willkürlich auslegen.
Es geht darum, dass die Chinesen mit allen Mitteln versuchen,
ihren lokalen Markt zu schützen. Wie fängt man an, die Geschichte zu entwirren?, fragt sich Reichert. Wie kann man sie
den Fahndern verständlich erklären?

Es geht um einen Zentimeter. Seit Anfang 2001 muss eine
Asphaltiermaschine in der Lage sein, eine Breite von mehr als
12,5 Meter zu schaffen, sonst darf der Kunde sie nicht zollfrei
importieren. Ohne Zollbefreiungslizenz muss er fast 30 Prozent
an Zoll und Mehrwertsteuer draufzahlen. Mit diesen neuen

Einfuhrbestimmungen wollte der chinesische Staat die eigenen
Hersteller und deren qualitativ schlechteren und somit viel
billigeren chinesischen Maschinen gegen die deutsche Konkurrenz schützen. „Das hat uns wenig gestört. Wir haben das
nach Deutschland gemeldet und prüfen lassen, ob die Maschine
auch in der Lage ist, 13 Meter breite Straßen in einem Durchgang
einzubauen. Natürlich war das kein Problem. Alle Maschinen
werden mit Leistungsreserven von 30 Prozent konstruiert. Das
Datenblatt wurde daher nach Genehmigung aus Deutschland
von uns entsprechend geändert", erinnert sich Reichert.

Da die Regelung nur vorschreibt, dass die Maschine mehr
als 12,5 Meter schaffen können muss, war das für Reichert kein
Problem. In den Verträgen stand nun, dass die Maschine eine
13-Meter-Kapazität hat. Damit wurde das gut 320 000 Euro teure
Gerät für die Kunden um ein Drittel billiger. Die Zollfahndung
der Hafenstadt Xiamen im Südosten Chinas glaubt hingegen
nicht, dass die Maschine diese Kapazität hat, sondern dass das
Datenblatt gefälscht wurde, um den Kunden zu helfen, Zoll zu
sparen.

„Was mir passiert, kann jedem Ausländer passieren, der in
China Geschäfte macht", sagt Reichert. „Dass man ausländische Manager so lange ihrer Freiheit beraubt, ist zum Glück
eine große Ausnahme." Die Chinesen sind Spezialisten darin,
Regelungen so vage zu halten, dass sie sie stets zu ihren Guns-
ten auslegen können. In vielen Bereichen, in denen Ausländer
Geschäfte machen, gibt es gar keine andere Möglichkeit, als sich
in einem Graubereich zu bewegen. Damit stellt die chinesische
Regierung sicher, dass sie unter allen Umständen die Kontrolle
behält. Der westliche Manager hat nur die Wahl, mitzuspielen
oder den Markt zu verlassen. „Er muss nach Spielregeln spielen,
die andere aufgestellt haben", so Reichert. „Und die ändern die
Spielregeln auch schon mal während des Spiels."

Im Frühjahr 2006 hatte die Zollfahndung von Xiamen, der
2,5-Millionen-Stadt im Süden Chinas, Witterung aufgenommen. Ausgerechnet in Xiamen, dem Ort, wo 2000 der größte
Schmuggelskandal der chinesischen Geschichte aufgedeckt
wurde, in den fast die gesamte Führung des Zolls verstrickt
gewesen war. Unter der Führung von Lai Changxing, einer

Art Paten, wurden Autos, Öl, Mobiltelefone und Computer im Wert von über zehn Milliarden US-Dollar illegal nach China eingeführt. Zeitweise versorgten die Schmuggler China mit bis zu einem Fünftel seines Ölbedarfs. Unter den 200 Angeklagten war die gesamte Führungsriege der Stadtverwaltung und des Zolls von Xiamen. Einige wenige wurden hingerichtet. Sogar ein stellvertretender Minister für Staatssicherheit in Peking wurde verurteilt. Er hatte sich bestechen lassen. Lai konnte nach Kanada fliehen. Es dauerte mehrere Jahre, bis der Fall abgeschlossen werden konnte.

Das Zollamt Xiamen hatte also allen Grund, durch striktes Vorgehen und Fahndungserfolge seinen schlechten Ruf zu verbessern. Entsprechend forsch gingen die Fahnder vor. Die Wirtgen-Gruppe, für die Reichert arbeitet, ein mittelständisches Familienunternehmen aus dem rheinland-pfälzischen Windhagen mit einem Umsatz von knapp einer Milliarde Euro im Jahr, hatte seit Beginn des Jahres 2001 mehr als 100 Maschinen des Typs Voegele S2100-C nach China geliefert. Die Zollfahnder waren überzeugt, mit dem Fall Wirtgen einen dicken Fisch an der Angel zu haben. Er könnte dem Staat bis zu 90 Millionen Euro an ausgefallenen Zöllen und Strafen einbringen.

Deshalb ging es Schlag auf Schlag. Im März 2006 wurde ein Mitarbeiter der Pekinger Import-Export-Firma CIESCO, die mehrere Voegele-Maschinen importiert hatte, festgenommen. Allerdings ließen sie ihn nach einem Monat gegen Kaution wieder frei. Dann kamen die Fahnder zur Chinazentrale von Wirtgen nach Lanfang in der Nähe von Peking und verhörten zwei Mitarbeiter bis vier, fünf Uhr morgens im Zollamt: „Da wussten wir, jetzt wird es brenzlig", sagt Reichert.

Im August wurde dann ein ehemaliger Mitarbeiter von Wirtgen China unter Hausarrest gestellt und nach zwei Wochen verhaftet. „Wir konnten nicht mehr mit ihm sprechen", erzählt Reichert, „bis heute nicht." Am 19. August wurde der zweite Mitarbeiter verhaftet. Beide hatten Verträge zum Verkauf von Voegele-Maschinen unterschrieben.

Ulrich Reichert ist sehr nervös, als er sich am Abend des 20. August zum Flughafen in Peking fahren lässt, um zu seiner Familie nach Hongkong zurückzukehren. An der Passkontrolle wird er von zwei Zollbeamten abgefangen. Nur kurz kann

er einem Kollegen durchs Telefon mitteilen: „Es ist passiert."
Er wird in einen Nebenraum geführt und muss drei Stunden
warten. Das Handy wird ihm abgenommen. Niemand sagt
ihm, worum es geht. Dann führen sie ihn von der Abflugebene
zur Ankunftsebene. Auf der Rolltreppe hört Reichert jemanden seinen Namen rufen. Er schaut sich um und sieht seinen
deutschen Kollegen mit einem Anwalt, der die Beamten in
Chinesisch fragt, was denn los sei. Es werden ein paar Worte
ausgetauscht, aber dann wird Reichert ohne Kommentar in ein
anderes Zimmer geführt. „Da wusste ich zumindest, dass meine
Leute meinen Aufenthaltsort kennen. Gegen 22.30 Uhr wird
er in ein Gästehaus der Zollpolizei in der Nähe des Flughafens
gebracht und soll dort übernachten. Zwei Bewacher sitzen die
ganze Nacht im Zimmer. Am anderen Morgen darf er immerhin telefonieren und am Computer arbeiten. Reichert schöpft
Hoffnung. „Ich dachte, es wird zwei, drei Tage dauern, dann
wird sich schon eine Lösung finden."

Nach dem Mittagessen in der Zollkantine geht es wieder
zum Flughafen – ohne Gepäck. Reichert wird nervös. Doch es
wird ihm nur Blut abgenommen – für einen Aidstest, vermutet
er. Reichert und seine Begleiter fahren in die Stadt. Es ist heiß
und trüb. Wieder weiß Reichert nicht, was mit ihm passiert. Die
Fahrt endet vor einem riesigen Stahltor. Das Tor geht langsam
quietschend auf, und Reichert sieht, wohin er nun kommt: in
ein Pekinger Untersuchungsgefängnis im Westen der Stadt: „Ich
stand unter Schock. Mir wurde übel."

Seine Kleidung wird ihm abgenommen und durchsucht.
Seine Daumen werden durch schwarze Tinte gerollt, Finger-
abdrücke genommen. Die Blitze für Fahndungsfotos blenden
ihn für Sekunden. Und dann wird er in eine Zelle gebracht.
20 Mann zählt er. Es gibt kaum Platz. Nun kann ihm niemand
mehr helfen. „Ich hatte Angst." Einer in der Zelle spricht Englisch. Ein Chinese, der lange in Hongkong gelebt hat. „Er hat
mir gute Tipps gegeben. ‚Sie werden dich zwingen, chinesische
Geständnisse zu unterschreiben. Du kannst kein Chinesisch.
Du kannst es nicht lesen und nicht schreiben. Schreib das
drunter, wenn du das unterschreibst.' Das habe ich bei allen
Verhören gemacht, obwohl die Zollpolizei anfangs versucht
hat, mir klarzumachen, dass das nicht erlaubt sei. ‚Dann kann

ich auch nicht unterschreiben', habe ich denen gesagt, wobei
sich mir dabei der Magen umgedreht hat vor Angst." Nun, da er
eine Art Verbündeten hat, atmet Reichert ruhiger. Doch seine
neue Freundschaft währt nicht lange.

Nach einer langen Nacht wird er am anderen Morgen in
einem dunklen Toyota Landcruiser zum Flughafen gebracht –
ohne Handschellen mit all seinem Gepäck. Sie sagen ihm, dass
es nach Xiamen geht. Reichert ist enttäuscht. Er hatte gehofft,
die Angelegenheit noch in Peking erledigen zu können.

Seine Mitarbeiter stehen seit den frühen Morgenstunden in
der Abflughalle Wache. Sie hatten Sorge, dass Reichert irgend-
wohin verschleppt würde, und wollten zumindest wissen, in
welcher Maschine. Reichert gelingt es einem seiner Mitarbeiter
zuzurufen: „Wir fliegen nach Xiamen." Die deutsche Botschaft
wird informiert.

Sofort nach seiner Ankunft gegen 18 Uhr in Xiamen wird Reichert verhört – bis zwei Uhr nachts. „Das war hart." Erst mal
waren sie sehr freundlich und der deutsch-chinesische Übersetzer gab sich große Mühe, die richtigen Worte zu finden. Sie
legen ihm „Beweise" vor. An den E-Mails, Memos, Verträgen
und Faxen erkennt Reichert, dass sie sein ganzes Büro auf den
Kopf gestellt haben müssen. Als Reichert die „Beweise" nicht
anerkennen will, werden die Fahnder laut. „Wenn du nicht
kooperativ bist, wird es sehr lange dauern hier." Sie schreien
ihn an. „Ich wusste nicht, wie ich reagieren sollte. Mir war jedenfalls klar, dass ich nicht in ein paar Tagen wieder draußen
sein würde." Um zwei Uhr morgens fahren sie los, eine Fahrt
in eisigem Schweigen. Reichert ist total erschöpft. Die Fahnder
sind nicht vorangekommen, müde und entsprechend schlecht
gelaunt. Sie halten an einem heruntergekommenen alten Ge-
mäuer. Es ist das städtische Untersuchungsgefängnis Nummer
eins. Reichert wird abgeliefert. Hinter ihm fällt die Tür der Zelle
315 ins Schloss. Wieder ist er in einem 40 Quadratmeter großen
Raum, diesmal mit 18 Mitgefangenen. Das ist nun sein Zuhause.
„Die anderen schauten mich verschlafen mit großen Augen an
und drehten sich dann um." Reichert findet keinen Schlaf.

Um sechs Uhr ist Wecken. Einer der Mitgefangenen, ein sin-
gapurischer Drogenhändler, spricht Englisch. Reichert hat den

Eindruck, dass die Gefängnisleitung dem Mann aufgetragen hat, auf ihn aufzupassen. Er macht Reichert mit der Hackordnung in der Zelle vertraut. Zellenchef ist ein älterer Mann, der wegen Korruption zu zwölf Jahren Knast verurteilt worden ist. „Bei dem musste ich mich erst einmal vorstellen." Lao Zhang, alter Zhang, ist 56 Jahre alt und hält freundlich Hof.

Reichert orientiert sich schnell. Die Zelle ist hell. Ein knapp zwölf Meter langer Schlauch, 3,50 Meter breit. Fünf Meter hohe weiße Wände, an denen außer der Gefängnisordnung, dem Tagesplan und einem Fernseher nichts hängt. Vor der Zelle ein Hof, der nur tagsüber geöffnet ist. Vier mal vier Meter, mit einem Wassertrog zum Waschen. Die Stahltür der Zelle geht nur zwei Mal am Tag auf. Man hat keinerlei Sicht nach draußen. „Nur das kleine Loch, durch das das Essen durchgereicht wurde, erlaubte es uns, einen Blick in den Gefängnisgang zu werfen." Die Fenster sind zu hoch, um rauszuschauen. Aber angenehm kühle Luft strömt durch sie herein. In Xiamen ist es heiß. Nachts bleibt das Licht an.

Besonders lang ist die Mittagspause. Reichert kann nicht schlafen: „Die anderen haben jeden Mittag gepennt, obwohl sie gar nicht müde sein konnten." Der Boden ist hart. Reichert tut bald der ganze Körper weh. Er spürt alle Knochen. Matratzen gibt es nicht. Nur ein dünnes Tuch für jeden. In der zweiten Nacht schläft er immerhin fünf Stunden durch.

Reichert hat noch eine der besseren Schlafstellen in der Zelle. Auf der einen Seite des Raumes ist der Boden aus Stein, dann geht er, ein wenig erhöht, in einen Holzboden über. Der Bereich ist mit Strichen an der Wand in zehn 60 Zentimeter breite Schlafparzellen unterteilt. Die ersten drei Parzellen beansprucht der Zellenchef für sich. Die meisten müssen auf dem Steinboden schlafen. Reichert hat Glück. Es gibt Zellen der gleichen Größe, die mit bis zu 30 Insassen vollgestopft sind.

Der Chef Lao Zhang bekommt auch sein Essen getrennt geliefert. Es ist mehr und besser. Er hat einen kleinen Hocker, auf dem er sitzen darf. Und er darf unerlaubte Gegenstände in der Kiste mit seinen Habseligkeiten aufbewahren: Bücher, Briefe, einen kleinen elektrischen Rasierapparat und Faden und Nähnadel. Alle drei Wochen, wenn zwei Wärter die Zelle auf den Kopf stellen, darf Lao Zhang seine Kiste eine Stunde vorher in das Büro des einen Aufsehers bringen, der ihn später kontrollieren kommt.

„Die Zelle ist wie eine kleine Firma organisiert", sagt Reichert. Lao Zhang hat einen Stellvertreter, dem Reichert den Namen Frank gibt, und der wiederum hat zwei Helfer, die für Reichert Bill und Jason heißen. Der Rest sind die „Sklaven", wie Reichert sie nennt. Sie müssen die Zelle sauber halten, Geschirr und Wäsche waschen. Der Singapurer ist für die Zuteilung der Zahnpasta (und des Klopapiers) zuständig. Es gibt drei Kategorien: die beste für den Chef (Colgate), eine gute chinesische für das „mittlere Management" und dann die ganz billige für die Sklaven. Beim Wäschewaschen verhält es sich ähnlich. Die Wäsche des Chefs wird mit zwei Löffeln Waschpulver gewaschen, die vom mittleren Management mit einem gehäuften Löffel und die der Sklaven mit weniger als einem Löffel. Der Zellenchef organisiert immer wieder Obst. „Eines Tages bekamen wir ganz frische dunkelrote Weintrauben. Ein Genuss, sie nur anzuschauen", erinnert sich Reichert. Abends nach dem Abendessen verteilt der Chef die Delikatesse. Er selbst nimmt sich am meisten, das mittlere Management bekommt 20 Trauben und die Sklaven, aber auch nicht jeder, je fünf. Die Sklaven bekommen vom mittleren Management auch schon mal eine gewischt. Großen Ärger gibt es, wenn nachts Essen verschwindet. Bei der Nachtwache gilt deshalb das Vier-Augen-Prinzip: zwei Mann je eineinhalb Stunden.

Auf der gleichen Ebene wie Frank steht Reicherts Aufpasser, der Singapurer Lao Wu. „Er sitzt wegen Drogenhandels. Ein ruhiger angenehmer Mann, wenn man von den Tätowierungen, die seinen ganzen Körper bedecken, absieht." Frank ist 19 Jahre alt und muss voraussichtlich zehn Jahre absitzen, weil er dabei war, als jemand aus seiner Gang einen Mord begangen hat. Jason ist 26 Jahre alt und der Friseur Bill 25. Sie sitzen wegen Schlägereien, Schutzgelderpressungen und Zuhälterei. Die Sklaven sind zwischen 18 und 22 Jahre alt und sind wegen Raub, Schlägereien und Zuhälterei im Gefängnis. Der älteste ist ein 61 Jahre alter Mann, ein Außenseiter in der Zellengemeinschaft, der, so glaubt Reichert verstanden zu haben, wegen Korruption hier ist. „Ich hatte eine Sonderrolle. Ich war gewissermaßen der Gast des Zellenchefs. Und musste mich also nicht in die Skla-

venroutine einreihen." Doch nicht nur Ausländer bekommen
eine Sonderbehandlung. In der Nachbarzelle eingesperrt sei ein
hoher Kader, vermuten seine Zellengenossen. Die Fenster sind
verglast, er hat eine Klimaanlage und die Zelle keine Nummer.

Lao Zhang hat auch das Privileg, die Zelle verlassen zu
dürfen: Er ist den ganzen Tag draußen und hilft den Wärtern.
Manchmal müssen die Inhaftierten auch arbeiten: Die Wärter
bringen mehrere Kartons in die Zelle. Darin sind Grußkarten,
die gefaltet und in Briefumschläge gesteckt werden müssen.
„Die landen dann wahrscheinlich bei Kaufhof oder Karstadt
und werden für drei Euro verkauft", geht es Reichert durch den
Kopf. Der Zellenchef befreit Reichert von der Arbeit. Doch der
besteht darauf, mitzumachen: „Dann ging die Zeit schneller
rum. Stumpfsinnige Arbeit, aber besser als nichts." Und abends
gibt es dann besseres Essen. Die Mithäftlinge können anhand
einer Liste, die Lao Zhang verwaltet, Essen und Medikamente
bestellen, wenn ihre Familien Geld an das Gefängnis überweisen. Reichert bestellt sich Vitamintabletten, Milch und Brot. Er
bekommt es innerhalb von drei Tagen. Die cholesterinsenken-
den Mittel, auf die er dringend angewiesen ist, erhält er jedoch
erst nach neun Tagen – zusammen mit einer Lesebrille. Aber es
gibt nichts zu lesen. „Am schlimmsten ist der Abend. Wenn die
anderen Fernsehen schauen und ich nichts verstehe."

Der Zellenchef ist sehr freundlich und hat gute Beziehungen
zu den Wärtern. Er bezahlt sie mit Zigaretten. Und er achtet
auf die sozialen Standards in der Zelle. Diejenigen, die mehr
Geld haben, teilen mit denen, die keines haben. Die Sklaven
ausgenommen. Als Reichert einmal eine Runde Trinkjoghurt
spendieren will, gibt es Ärger. Lao Zhang fühlt seine Autorität
als Zellenchef untergraben. Reichert bekommt einen Rüffel.
Und muss seinen Joghurt allein trinken. Anwandlungen von
Gutmütigkeit sind dem Chef überlassen.

Gegen 21 Uhr gibt es noch mal einen „late night snack",
ein Stück Brot mit einem kleinen Frankfurter Würstchen oder
Mixed Pickles – allerdings nur für den Chef und das mittlere
Management. „Die armen Sklaven mussten über Nacht hun-
gern", sagt Reichert.

Die ersten drei Tage hat Reichert keinen Außenkontakt.
Dann beginnen die Verhöre. Tagsüber vernimmt die Zollpolizei

Reichert – morgens drei Stunden, nachmittags drei Stunden. Er ist von den Polizisten durch ein Gitter getrennt und alles wird gefilmt. „Damit ich nicht sagen konnte, ich sei verprügelt worden. Ich hatte Verständnis dafür, dass die ihre Arbeit machen mussten. Aber mir ging auf die Nerven, dass sie immer die gleichen Fragen stellten. Und das habe ich ihnen auch gesagt."

Als die Fahnder einsehen mussten, dass die Maschine wirklich 13 Meter breit einbauen konnte, ging es tagelang um die tatsächliche Breite der gelieferten Bohlen. Nachdem der Zoll angefangen hatte, die Besitzer der Maschinen über den Lieferumfang der Bohlen zu befragen, hatten diese bei Wirtgen in China die bei der ursprünglichen Lieferung von Voegele vergessenen Bohlenverbreiterungsteile, sogenannte Verbreiterungsschuhe, angefordert – für den Kunden die billigste Möglichkeit, die Bohle auf 13 Meter zu erweitern.

Die Fahnder hatten sich nachträglich ein Papier von der Zollbehörde besorgt, worin stand, dass sowohl die Kapazität der Maschine als auch die Breite der jeweils gelieferten Bohle Voraussetzungen zur Erteilung einer Zollbefreiungslizenz waren. Damit versuchten sie die Fälle aus den Jahren 2001 bis 2006 aufzurollen – und lag der Schwarze Peter wieder bei Wirtgen. Rechtsstaatlich ist das nicht. Kommen sie damit beim Staatsanwalt durch?, fragt sich Reichert immer wieder.

Reichert bleibt dabei: Die chinesische Regelung war doppelt unsinnig. Die Maschine konnte 13 Meter einbauen und die Bohle unkompliziert auf 13 Meter verbreitert werden. Die Regelung war offensichtlich von Laien gemacht worden und nicht geeignet, die chinesische Industrie zu schützen. Im Büro hatten sich seine Mitarbeiter noch darüber lustig gemacht. Man solle Bohlen von 12,51 Meter Breite anbieten, das würde der neuen Vorschrift schon entsprechen. „Ich brauche mir nichts vorzuwerfen", sagt sich Reichert, wenn er sich schlaflos in seiner Zelle wälzt. „Ich habe niemandem beim Schmuggel geholfen. Ich bin unschuldig. Irgendwann wird das auch der Zoll einsehen müssen."

Einen Fehler haben die Manager allerdings gemacht. Einen Fehler, der erst später überhaupt als solcher zu erkennen war: Sie nannten die Maschine einfach um und schrieben die neue Breite in das technische Datenblatt, jedoch nur in China. So konnte bei einem übereifrigen und mäßig intelligenten Zollfahnder der Eindruck entstehen, die Daten stimmten nicht mit der tatsächlichen Kapazität der Maschine überein. Schnell stand der Vorwurf im Raum, das technische Datenblatt sei gefälscht. Ein Vorwurf, der sich schnell hätte klären lassen.

Die Verhöre kommen nicht voran. Die Fahnder drehen sich im Kreis. Auch ihnen musste inzwischen klar geworden sein, dass sie nichts in der Hand hatten. „Sie sagten, sie hätten ein Dokument, in dem stünde, dass ich allein entschieden hätte, dass die Maschine auch 13 Meter einbauen könne, und allein beschlossen hätte, ihr einen neuen Namen zu geben. Da das nicht so war, sagte ich: Dann zeigt mir dieses Scheißdokument doch endlich." Das Dokument gibt es nicht. Die Fahnder versuchen Reichert und seine beiden mitinhaftierten chinesischen Kollegen gegeneinander auszuspielen. Sie zeigen ihm „Geständnisse": Reichert bleibt ruhig. Der Chef der Fahnder schaut ab und zu vorbei und tut sehr freundlich. „Hi laowei, hallo alter Ausländer, Freundschaft, Freundschaft."

Nach acht Tagen kommt ein Anwalt, den Reicherts Frau beauftragt hat. Er darf mit ihm nicht allein sprechen und auch im Beisein der Fahnder nicht über den Fall sprechen. Der Name des Anwalts ist Gao Zicheng. Er ist einer der besten in China und Partner der Kangda Law Firm. Ein Mann, der die aussichtslosen Fälle betreut. Im Sommer 2007 übernimmt er sogar den Fall des wegen Korruption verhafteten Schanghaier Parteichefs Chen Liangyu, dem die Todesstrafe drohte, der am Ende jedoch nur 18 Jahre bekommt. Doch auch Gao kann nicht zaubern. Bei seinem Besuch kann er Reichert erst einmal nur mitteilen, welche Strafe ihm droht: zehn Jahre chinesisches Gefängnis. „Dass das möglich ist, habe ich zu verdrängen versucht." Als Reichert in die Zelle zurückkehrt, entdeckt er bei einem Blick in einen Nachbarhof einen Stuhl, auf dem ein Häftling festgeschnallt ist. Er fragt den Singapurer, was es damit auf sich hat: „Das ist der Strafstuhl", erklärt der ihm. „Wenn sich Häftlinge prügeln oder sich nicht benehmen, werden sie an den Händen und den Füßen am Strafstuhl festgebunden."

Sie werden weder zum Essen noch zum Toilettengang losgebunden, sondern müssen alles auf dem Stuhl verrichten. Sie werden von ihren Zellengenossen gefüttert und gewaschen. „Wie

lange muss man da sitzen?", will Reichert wissen. „14 Tage",
antwortet der Singapurer. „Da bin ich fast vom Glauben abge-
fallen", erinnert sich Reichert. „Deswegen also war es relativ
ruhig im Gefängnis."

Nach weiteren acht Tagen besucht ihn ein deutscher Diplomat aus dem Konsulat in Guangzhou. Er bietet seine Unterstützung an. „Er hatte außer einem Toblerone-Riegel aber
nichts mitgebracht, und den durfte er mir auch nicht dalassen."
Reichert ist enttäuscht. „Keine Bücher. Nichts zum Lesen oder
zum Schreiben." Keine neuen Nachrichten. „Er hatte nicht
daran gedacht, mir etwas mitzubringen", so Reichert. Nur den
Spiegel, den er zufällig mithatte, lässt er ihm da. Reichert liest ihn
mehrere Male. Immerhin bringt dann ein anderer Mitarbeiter
des Konsulats von Guangzhou nach fast drei Wochen vier Bücher mit. Henning Mankell, John Irving und zwei Kurzromane.
„Die hatte ich in vier Tagen ausgelesen."

Reichert zählt inzwischen die Tage. Er wusste von seinem
Anwalt, dass ihn die chinesischen Behörden nur 30 Tage festhalten durften, dann musste entweder beim Staatsanwalt die
offizielle Verhaftung beantragt oder Reichert freigelassen werden. Das wäre der 20. September.

Nach drei Wochen wird er nicht mehr verhört. Er sehnt
sich fast nach den Verhören. Der Tag verging damit schneller.
Er wurde gefordert. Doch nun scheint die Zeit stillzustehen.
Reichert läuft im Freihof im Kreis, vier mal vier Meter. Und freut
sich über frische Wäsche, die ihm seine Frau schickt und aus
der er sich ein Kopfkissen falten kann. Nach einem Arztbesuch
und einer Nacht in einem weichen Krankenhausbett bekommt
er von den Wärtern einen Chicken Burger und Kaffee. „Das
war wie Urlaub", erinnert er sich. Reichert schläft immer noch
schlecht auf dem harten Untergrund. Er wälzt seinen schmer-
zenden Körper hin und her, wacht alle zwei Stunden auf. Seine
Gedanken quälen ihn. Auch der 20. September beginnt mit
der üblichen Routine. Reichert ist freudig gespannt. Doch es
passiert nichts. Kein Mensch kommt. Keiner sagt etwas. Nun
ist der besonnene Kölner erstmals kurz davor, die Nerven zu
verlieren. Seine Zellenkumpels beruhigen ihn: „Alle in der Zelle
sagten mir: ,Mach dir keine Sorgen, du kommst nächste Woche
raus. Ganz klar.'"

Am nächsten Tag ruft ihn der Oberaufseher des Blocks zu sich. „Wir haben ein Tässchen Tee getrunken, und dann habe ich ihn gefragt, wie es aussieht. ‚Ja, sagte er, die Frist ist abgelaufen, aber der Staatsanwalt hat sieben Tage Zeit, das zu beurteilen. Erst am 38. Tag bekommst du Bescheid.‘"

Reichert beginnt wieder zu zählen. Der 38. Tag vergeht. Es ist der 27. September, und es passiert wieder nichts. „Ich konnte niemanden fragen. Bedeutete das automatisch, dass ich nun offiziell verhaftet war? Der Singapurer kam zu mir und sagte, dass er beim Gang zum Arzt von den Wärtern gehört habe, dass ich am Freitag (29. September) rauskommen solle. Ich dachte, der will mich nur beruhigen und aufmuntern. Ich hatte abgeschlossen mit der Vorstellung, dass ich bald rauskommen würde. Die Enttäuschung war grenzenlos. Ich hatte keinen Mut mehr." Zwei weitere endlose Tage später geht morgens um zehn die Zellentür auf, und der Oberaufseher ruft Reicherts Namen. „Als ich dann plötzlich meine Schuhe vor der Zellentür sah, wusste ich, dass ich raus kann." Reichert bekommt sein Geld und seine Klamotten zurück und steigt ins Auto. „Ich hatte nichts gefragt. Ich wollte, dass sie sagen, wie es weitergeht. Das Einzige, was ich ihnen gesagt habe: Da will ich nie mehr rein. Ich nehme alles mit. Ich will nichts vergessen. Und dann habe ich doch etwas vergessen: meine Bücher. Die haben sie mir geholt."

Im Auto fragen die Zollfahnder: „Willst du nicht wissen, was mit deinen Kollegen passiert?" – „Dann sagt es mir doch." – „Die kommen nicht raus." Reichert antwortet nicht. Schweigen. Nach einer Weile fragt er: „Und ich kann jetzt nach Hause zu meiner Familie nach Hongkong?" „Nein. Du kannst dich in China frei bewegen, aber nicht nach Hongkong fahren." Hongkong gehört also offensichtlich in meinem Fall nicht zu China, denkt Reichert. Im Büro der Zollpolizei wird er von seiner Frau abgeholt, die am Abend zuvor mit der Kaution aus Hongkong gekommen war: eine Million chinesische Yuan, etwa 100 000 Euro. Die beiden fliegen erst mal nach Peking und verbringen die erste Oktoberwoche zusammen mit ihrer gemeinsamen Tochter. Es gibt viel zu erzählen, und der Kopf muss endlich wieder etwas frei werden. Reichert kann noch immer nicht fassen, wie das alles passieren konnte.

Die Untersuchungen intensivieren sich in den Wochen und Monaten nach Reicherts Freilassung. Der Zoll verhört Mitarbeiter, die nichts mit dem Fall zu tun haben. Einer Sekretärin wird gedroht: „Wenn du deinem Chef erzählst, was wir besprochen haben, sperren wir dich ein." Niemand hat einen Zweifel, dass dies keine leere Drohung war. „Die Zeit war psychisch sehr schlimm." Reichert hat Depressionen. „Es ist mir schwergefallen, rauszugehen. Menschen ins Gesicht zu schauen. Meine Mitarbeiter waren noch unschuldig eingesperrt und über mir hing das Schwert, dass man mich jederzeit wieder einsperren kann." Die deutsche Politik will helfen. Staatsministerin Maria Böhmer schreibt am 11. November an das Antischmuggelbüro des Zolls in Xiamen einen Brief: „Ich erlaube mir höflich darum zu bitten, das Ermittlungsverfahren so schnell wie möglich durchzuführen und abzuschließen. Wir vertrauen auf Ihre ausgewogene Entscheidung und die Redlichkeit des chinesischen Rechts."

Reichert stellt die Redlichkeit auf die Probe, beantragt, Weihnachten bei seiner Familie in Hongkong verbringen zu dürfen. Hongkong hat eigene Grenzen, auch zu China, die von den Chinesen streng kontrolliert werden. Fluchtgefahr bestünde nicht. Der Antrag wird abgelehnt. „Auch in diesem Fall ist Hongkong kein Teil von China", stellt Reichert ernüchtert fest. Heiligabend in Sanya auf der chinesischen Ferieninsel Hainan eine Flugstunde von Hongkong entfernt. Alle vier Wochen sieht Reichert seine Familie. Er arbeitet weiter, so gut es geht. Er reist mit den Verkäufern in die Provinzen, will verhindern, dass nun auch noch das Geschäft leidet. Die Kunden sind voller Mitleid. Sie wissen, es hätte auch sie treffen können. Auf der BAUMA, der Fachmesse für Baumaschinen, Baustoffmaschinen, Bergbaumaschinen, Baufahrzeuge und Baugeräte, in Schanghai im November 2006 klopft ihm einer auf die Schulter: „Erst wenn man einmal durch die Mühlen der chinesischen Justiz gedreht worden ist, ist man ein richtiger Mann." Reichert muss lachen.

Kurz vor dem chinesischen Neujahr im Februar bekommt Reichert die Anklageschrift des Zolls. Ohne stichhaltige Fakten zu nennen, ist darin von einem „verschwörerischen Plan" und einem „falschen Vertrag" die Rede: „Um der Kontrolle der Zollbehörde auszuweichen, vereinbarten Uli Reichert von der Firma Wirtgen Hongkong und Yang Yurong von der Firma Xiamen Da-Cheng, dass Wirtgen Hongkong die einschlägigen Unterlagen des Asphalt-Beton-Straßenfertigers des Modells S2100 samt technischer Parameter und Modellnummer fälscht."

Reichert sucht Unterstützung. Die Ungewissheit ist unerträglich. Chinesische Freunde bieten ihm an, ihn außer Landes zu schmuggeln. Doch er will sich nicht davonstehlen. Es könnte als Schuldeingeständnis gewertet werden und seinen noch einsitzenden Mitarbeitern schaden. „Ich bin mir keiner Schuld bewusst. Die Anschuldigungen sind falsch. Und deswegen laufe ich nicht weg." Wer kann jetzt helfen?

„Die Botschaft hat ihre Aufgabe als erledigt angesehen, nachdem ich aus dem Gefängnis raus war", so Reichert. Botschafter Volker Stanzel, der im Juli 2007 nach Deutschland ins Außenministerium zurückgekehrt ist, hatte Wirtschaftsminister Glos informiert, der wiederum während des Besuchs von Ministerpräsident Wen Jiabao in Deutschland (im September 2006) mit seinem Amtskollegen Bo Xilai über den Fall gesprochen hat. Genützt hat es nichts. Reichert saß so lange im Gefängnis, wie es rechtlich möglich war. Im Oktober schreibt Glos an einen Bundestagsabgeordneten: „Wie das Verfahren sich inhaltlich weiter gestalten wird, werden wir intensiv verfolgen." Davon spürt Reichert wenig. „Was mich an der Deutschen Botschaft sehr geärgert hat, ist, dass sie mir das Gefühl vermittelt haben: Irgendetwas hast du schon ausgefressen, sonst wärst du nicht im Knast gelandet. Du kannst froh sein, dass du wieder draußen bist. Und ich war nie ein gern gesehener Gast. Der Botschafter und seine zuständigen Mitarbeiter waren froh, wenn ich wieder ging, und haben das auch nicht groß verborgen. Sie haben mir das Gefühl gegeben, dass ich Dreck am Stecken haben muss."

Anfang April 2007 lehnt der zuständige Staatsanwalt in Xiamen die Aufnahme eines Verfahrens wegen Mangels an Beweisen ab. Reichert schöpft Hoffnung. Inzwischen erfährt er, dass sich auch die zentrale Zollbehörde in Peking von dem Fall distanziert. Die Zollpolizei in Xiamen bekommt weitere vier Wochen, um neue Beweise zu erbringen. Danach stellt sie abermals beim Staatsanwalt in Xiamen den Antrag, den Fall

vor Gericht zu bringen. Der Staatsanwalt lehnt Ende Juni ein
zweites Mal wegen Mangels an Beweisen ab. Der Xiamener Zoll
bekommt weitere vier Wochen zusätzliche Untersuchungszeit
und beantragt am 20. Juli wiederum, den Fall vor Gericht zu
bringen. Spätestens Ende August muss die Staatsanwaltschaft
endgültig über den Fall entscheiden. Bereits am 8. August,
genau ein Jahr vor Beginn der Olympischen Spiele, lehnt die
Staatsanwaltschaft den Fall zum dritten Mal ab. Am 28. August reist Bundeskanzlerin Merkel nach Peking. Kann sie der
Gerechtigkeit auf die Sprünge helfen? Sie und ihre Mitarbeiter
kümmern sich nicht um den Fall. „Ich hatte das Gefühl, sie
hatten andere Prioritäten", sagte Reichert. Am 23. September 2007 empfängt sie den Dalai-Lama. „Die werteorientierte
Außenpolitik gilt offensichtlich nur für Tibeter. Mit einem
unschuldig angeklagten deutschen Manager kann man keine
Stimmen holen."

Drei von Reicherts Mitarbeitern sitzen da seit über einem
Jahr in Untersuchungshaft – unschuldig, wie Reichert findet.
„Sie und ich, wir haben uns nichts vorzuwerfen." Für den Fall,
dass das Verfahren eingestellt wird, möchte Reichert kein Geld
und keine Entschuldigung. „Ich will einen Auftrag über 100
Maschinen. Das Geld und der Bedarf sind vorhanden. Das wäre
eine Wiedergutmachung, bei der die chinesischen Behörden ihr
Gesicht nicht verlieren würden." Reichert ist beeindruckt, dass
seine Chefs weiter am chinesischen Markt festhalten – und an
ihm. Als Zeichen des guten Willens hat Wirtgen im Juni weitere
sieben Millionen US-Dollar in sein chinesisches Tochterunternehmen investiert:

Der Zoll in Xiamen gibt nicht auf. Die gesetzliche Frist
Ende August verstreicht. Am 3. September 2007 entscheidet
der Staatsanwalt, den Fall zu teilen und den größeren Teil der
Anklage wegen vier Maschinen fallen zu lassen. Er konzen-
triert sich nun auf eine Maschine. Das Verfahren wird von
Neuem aufgerollt. Inzwischen gibt es einen zweiten Anklage-
fall in Wuhan, wegen anderer Maschinen. Nur einen Tag spä-
ter bekommt Reichert die erste gute Nachricht seit Langem.
Einer seiner Mitarbeiter, David Guo, wird nach einem Jahr
Untersuchungshaft freigelassen, weil sich seine Haft auf den
Anklageteil mit den vier Maschinen bezieht. Nun sitzt noch

einer von Reicherts Mitarbeitern im Gefängnis. Reichert bleibt im Ungewissen. Auch in diesem Fall ist die Beweislage für die Staatsanwaltschaft nicht besser. Doch Reichert muss nun davon ausgehen, dass der Zoll auf keinen Fall verlieren will. Ein Freispruch wird immer unwahrscheinlicher. Auch sein Anwalt kann trotz der schwachen Beweislage eine Verurteilung nicht mehr ausschließen. Reichert gibt die Hoffnung trotzdem nicht auf. Doch zunächst eröffnet der Zoll einen Nebenkriegsschauplatz. Am 12. September 2007 beantragt der Zoll in Wuhan Anklage bei der Staatsanwaltschaft. Reicherts Anwalt geht davon aus, dass sich die regionalen Zollbehörden untereinander abgesprochen haben. Man habe neue, andere Beweise als in Xiamen, behaupten die Wuhaner Behörden.

Am 14. September hat Reichert Gewissheit: Das Gericht in Xiamen erhebt Anklage. „Ich war die ganze Zeit überzeugt, dass es nicht dazu kommen würde", sagt Reichert. Es ist ein Schock für ihn. Er muss sich nun auf das Schlimmste vorbereiten. Und er muss eine Verteidigungsstrategie entwickeln. Er hat sechs Wochen Zeit. Während er normal weiterarbeitet, spielt er am Wochenende und abends die möglichen Angriffslinien der Anklage durch. Die Frage, die er sich immer wieder stellt: Mit welchen Argumenten verteidigt sich ein Unschuldiger, den die Justiz nicht gewinnen lassen will? Er darf den Staatsanwalt nicht lächerlich machen, muss aber dessen absurde Argumentationen entkräften.

Am 29. Oktober fliegt Reichert mit seinem Anwalt von Peking nach Xiamen. Der Flug dauert zweieinhalb Stunden. Sie steigen im Sofitel ab. Reichert schläft schlecht. Kann passieren, dass er gleich wieder verhaftet wird? Wieder in die gleiche Zelle, weil er die Leute schon kennt?

Am nächsten Tag fährt er um acht Uhr morgens ins Gericht. Reichert weiß, dass China kein Rechtsstaat ist. Er muss damit rechnen, dass das Urteil schon feststeht. Dennoch sind für die Verhandlung zwei Tage angesetzt. Ist das ein gutes Zeichen? Reichert war in Deutschland noch nie vor einem Gericht – weder als Zeuge noch als Angeklagter. „Es lief etwa so ab wie in den Nachmittagsserien von RTL", sagt er. „Nur auf Chinesisch." Reichert versteht vieles nicht. Reichert sieht zum ersten Mal seinen Mitarbeiter Eric Chen wieder. Dessen Kopf ist kahl

geschoren. Er ist stark abgemagert. Wirkt apathisch. Reichert
kann nicht mit ihm sprechen. Er schaut kurz zu seiner Familie,
die auf der Zuschauerbank sitzt. Unter den Prozessbeobachtern
sitzt auch der Generalkonsul aus Kanton, Friedrich-Carl Bruns.
Immerhin. Reichert ist sich weiterhin sicher, dass er unschuldig
ist. Aber er ist sich nicht sicher, dass er straffrei aus der Sache
herauskommt. Der Zoll soll offensichtlich sein Gesicht nicht
verlieren. Der Staat wird nicht gegen den Staat handeln. An das
mächtige staatliche Xiamener Import-Export-Unternehmen,
das die Maschinen eingeführt hat und eigentlich verantwortlich wäre, traut sich der Zoll nicht heran.

Da die Beweislage schwach ist, rechnet Reichert mit einem
umso aggressiveren Ton des Staatsanwaltes. Doch der Mann
der Staatsanwaltschaft, Chen Yu, Mitte 30, mit vollem Haar, ist
erstaunlich milde. Er hat eine angenehme Ausstrahlung. Sein
überlanger Nagel am kleinen Finger deutet darauf hin, dass
er stolz darauf ist, nicht mehr körperlich arbeiten zu müssen.
Neben ihm steht der Schraubbecher mit Tee. Er fordert nicht
einmal eine Strafe, sondern sagt indirekt, dass die Beweislage
ungenügend ist. Die Richterin, Madam Wang Qi, eine resolute
Frau Anfang 40 mit schulterlangen Haaren, ärgert sich darüber.
Der Staatsanwalt sollte wohl, wie es seine Rolle vorsieht, etwas
härter argumentieren, damit die Richterin Milde walten lassen
könne. Der hat jedoch offensichtlich keine große Lust, sich von
der Richterin vorführen zu lassen. Die wiederum zeigt ihm darauf, wer der Herr der Verhandlung ist, und vertagt den Prozess
auf Mitte Dezember. Es würden Beweismaterialien im Original
fehlen. War das nun ein guter Verlauf oder nicht? Wird er nun
Opfer des Machtgeplänkels einer Richterin und eines Staatsanwaltes? Hängt nun alles davon ab, wie und wann die beiden
sich auf dem Gerichtsflur begegnen? Gibt es eine übergeordnete
Instanz, die im Grunde schon entschieden hat?

Reichert fliegt wie in Trance nach Peking zurück. In sein
Zimmer im Kerry Center Hotel im Central Business District, das
er nur für ein paar Wochen anzumieten glaubte. Und in dem er
nun schon über ein Jahr wohnt. Wieder sechs Wochen warten.
Reichert ist ein Optimist. Er hofft, dass er Weihnachten nach
Hause kann. In seine Wohnung. In sein Bett. Auch sein Anwalt
hält das für realistisch. Er versucht hinter den Kulissen in die

Regie einzugreifen. Wie, das will und darf er Reichert nicht
sagen. Immerhin sollte er einigermaßen motiviert sein. Ein
Honorar bekommt er nur im Erfolgsfall. Aber er hat wichtigere
Fälle. Zum Beispiel den des Schanghaier Parteichefs, der mächtiger war als der Oberbürgermeister der 16-Millionen-Stadt. Er
wurde verhaftet, weil er das Geld des städtischen Sozialfonds
privat angelegt und die Gewinne einbehalten hat. Ihm droht
die Todesstrafe.

Die Zeichen mehren sich, dass die Strategie der Anklage sich
nicht halten lässt. Der General Manager der Stadtverwaltung,
der als Kunde von Wirtgen in U-Haft sitzt, wird gegen Kaution
freigelassen. „Es gab nun Hoffnung auf die Freilassung meines
Mitarbeiters Eric." Nur einen Tag später erreicht Reichert eine
gute Nachricht aus Wuhan. Der Staatsanwalt lehnt den Antrag
des Zolls auf Anklageerhebung ab. Es gäbe nicht genug Beweise.
Reichert ist guter Stimmung. Da die Fälle sich in weiten Teilen
überschneiden, werden, wenn es mit rechten Dingen zugeht,
der Staatsanwalt und die Richterin es noch schwerer haben,
Reichert zu verurteilen. Doch soll es mit rechten Dingen zugehen?

Am 16. November bekommt Reichert Antwort auf seine
Fragen: Erics Freilassung auf Kaution wird abgelehnt. Es lohnt
sich nicht, sich mit der Begründung zu beschäftigen. Reichert
muss wieder damit rechnen, dass alles möglich ist. Haben der
Staatsanwalt und die Richterin sich über das Vorgehen in dem
Fall zerstritten? Muss er das nun ausbaden? Das Flugticket nach
Hongkong kann Reichert jedenfalls noch nicht reservieren.

Zwei Tage vor Nikolaus, am 4. Dezember, sitzt Reichert
wieder im Gerichtssaal Nr. 3 des Xiamen Intermediate Peoples
Court. Der Fall wird umständlich wieder aufgerollt. Schon am
Nachmittag des ersten Tages erklärt Anwalt Gao, er habe einen
wichtigeren Fall in Peking, und schickt Ersatz. Reichert ist
erschrocken. Werden die Richterin und der Staatsanwalt sich
nicht darüber ärgern, dass der Anwalt keine Lust mehr hat, ihren
Ausführungen zu folgen?

Gao hatte recht mit seiner Einschätzung. Die Richterin kann
sich nicht zu einem Urteil durchringen. Weihnachten in Hongkong oder gar Deutschland ist gestrichen. Ein neuer Termin ist
nicht in Sicht. Reichert verbringt die zweiten Weihnachten

mit seiner Frau und seiner Tochter auf Hainan. Der Januar verstreicht und fast der ganze Februar. Dann kommt unvermittelt
die überraschende Nachricht: Am 28. Februar 2008 wird das
Verfahren gegen Reichert und Wirtgen eingestellt. Reichert ist
überrascht. Auch das gibt es inzwischen in China: Der Staat
klagt und verliert gegen ein westliches Unternehmen. Reichert
feiert ein kleines Fest in der Pekinger Paulaner Brauerei. Ein
Frühschoppen mit offenem Ende. Er fliegt nach Xiamen, um
sich die Kaution abzuholen. Er bekommt sein Geld.

Beim Unterschreiben der Papiere sagt Reichert den Beamten,
dass sie nicht vergessen sollen, das Ausreiseverbot aufzuheben.
Der Beamte zögert mit der Antwort. Doch dann rückt er damit
raus: Reichert könne nicht reisen. Der Fall sei für den Zoll noch
nicht erledigt. Reichert kann es nicht fassen. Auch Anwalt Gao
ist ratlos. Reichert ist zwar freigesprochen und nicht etwa aus
Mangel an Beweisen, sondern weil die Anklage ohne Grundlage
ist. Dennoch ist er weiterhin ein Gefangener des Zolls. Der Staat
ist kein guter Verlierer. Inzwischen hat sich auch das chinesische
Steueramt gemeldet. Da Reichert mehr als 183 Tage das Land
nicht verlassen hat, muss Reichert sein Einkommen nun in
China versteuern. Dass er gegen seinen Willen in China festgehalten wird, interessiert das Steueramt nicht. Reichert zahlt.

Reichert hofft nun, dass wenigstens sein Mitarbeiter Eric
freigelassen wird. Tatsächlich ist für den 6. März eine Anhörung
angesetzt. Es sieht positiv aus. Er wird zwar verurteilt, aber bekommt weder eine Haft- noch eine Geldstrafe. Allerdings kann
er nicht als freier Mann den Gerichtssaal verlassen. Es dauert
noch einmal 30 Tage, bis er am 25. März das Gefängnis verlassen
wird. Er hat sich inzwischen zum Zellenchef hochgedient. Nun
sind alle Mitarbeiter Reicherts wieder auf freiem Fuß. Reichert
stellt sich beim ersten Treffen auf schwere Vorwürfe ein. Doch
das Gegenteil ist der Fall. Nach einer kurzen Pause kommt Eric
wieder zur Arbeit. Er ist nicht von Reichert enttäuscht, nicht
von dem deutschen Mittelständler, für den er arbeitet, sondern
von seinem Heimatland.

Reichert weiß nicht mehr weiter. Er bittet seine Eltern,
sich an den Bundespräsidenten Horst Köhler zu wenden. „Der
Bundespräsident bedauert es sehr", lässt dieser am 12. Juni
antworten, „dass Ihrem Sohn trotz Freispruch die Ausreise

aus China verwehrt wird und er noch immer von seiner in
Hongkong lebenden Familie getrennt ist … Allerdings verstößt
die Verhängung einer Ausreisesperre in einem Strafverfahren
nicht gegen internationales Recht. Daher können wir gegenüber den chinesischen Behörden nicht auf die Einhaltung
völkerrechtlicher Normen drängen, sondern nur humanitäre
Gründe zugunsten Ihres Sohnes geltend machen … Ich wünsche
Ihnen und Ihrem Sohn weiterhin Kraft und Zuversicht." Trotz
der skurrilen Widersprüche zwischen Freispruch und einem
anhängigen Strafverfahren schöpft Reichert Hoffnung, denn
das Bundespräsidialamt schreibt auch: „Seien Sie versichert,
dass sich sowohl die deutschen Vertretungen im Ausland als
auch das Auswärtige Amt weiter um Ihren Sohn bemühen
werden." Nur einen Tag, nachdem der Brief verschickt wurde,
trifft Außenminister Frank-Walter Steinmeier in Peking zu
einem Besuch ein. „Das kann kein Zufall sein", sagte Reichert
sich und wartete auf die Nachricht, dass ihn Steinmeier kurz
treffen wolle oder wenigstens das Thema bei seinen Gesprächen
mit seinem chinesischen Kollegen anspricht. Doch wieder wird
er enttäuscht. Steinmeier hat für vieles Zeit, nur nicht für den
Deutschen, der seit nunmehr fast zwei Jahren widerrechtlich
festgehalten wird. „Die deutsch-chinesischen Beziehungen
haben sich wieder normalisiert", erklärt Steinmeier vielmehr.
Auf Anfrage teilt die Botschaft Reichert schriftlich mit, dass
Steinmeier seinen Fall nicht angesprochen habe. Aus diplomatischen Kreisen erfährt er, dass der Außenminister nach
dem Streit um den Empfang des Dalai Lama die gerade wieder
normalisierten diplomatischen Beziehungen nicht mit neuen
Problemen belasten wollte. Reichert fällt durch den politischen
Rost. „Damit sich die deutsche Bundesregierung um einen in
China kümmert, muss man schon chinesischer Dissident sein",
sagt Reichert bitter. „Die eigenen Bürger sind ihr offensichtlich
nicht so wichtig." Er kämpft weiter.

Da sein Schwiegervater inzwischen im Sterben liegt, stellt
Reichert am 13. Juni einen Ausreiseantrag aus humanitären
Gründen. Doch die Lage bleibt kafkaesk. Der Zoll, bei dem er
den Antrag stellte, gibt an, er könne nichts unternehmen, da
der Fall in den Händen des Staatsanwaltes liegt. „Welcher Fall?",
fragt sich Reichert, der war doch bereits am 20. Februar einge-

stellt worden? Reichert schickt daraufhin einen Antrag an den Staatsanwalt, die sich darauf beruft, er könne nichts machen, da die Reisebeschränkung vom Zoll in Xiamen gestellt wurde und es keinen Fall mehr gebe.

Reicherts Eltern schreiben am 2. Juli ein zweites Mal an den Bundespräsidenten, schildern das Dilemma und korrigieren die Darstellung des Bundespräsidialamtes: „In diesem Zusammenhang möchten wir sehr deutlich darauf hinweisen, das es kein laufendes Strafverfahren gegen unseren Sohn mehr gibt ... Da unser Sohn in laufendem Kontakt mit Generalkonsul Bruns steht und er die Fakten kennt, ist es uns umso unverständlicher, warum die deutsche Botschaft in China nicht auf die Einhaltung völkerrechtlichen Normen drängen kann. Unserer Meinung nach verstößt China massiv gegen dieselben. Bis zur Urteilssprechung im Februar 2008 konnten wir jegliches Verhalten der chinesischen Behörden und der deutschen Behörden akzeptieren, da wir von unserem Sohn um die politische Situation wissen. Jetzt, fünf Monate nach Einstellung des Verfahrens, wird es uns wohl allen ein Geheimnis bleiben, warum unser Sohn noch immer nicht zu seiner Familie nach Hongkong zurückreisen darf. Wie wir gehört haben, fahren Sie, Herr Bundespräsident, im August zu den Paralympischen Spielen nach China. Sollte unser Sohn bis dahin noch keine Ausreisegenehmigung haben (was wir natürlich nicht hoffen), bitten wir Sie inständig, diesen Fall noch einmal in einer Form zur Sprache zu bringen, als ob es um Ihr eigenes Kind ginge. Meine Familie und ich hoffen sehr, dass unsere wiederholte Bitte Sie auch wirklich erreicht. Der einzige Geburtstagswunsch meiner Frau, die im September 80 Jahre alt wird, ist die Freiheit unseres Sohnes." Bis zum 20. August, dem 2. Jahrestag von Reicherts Verhaftung, hatte der Bundespräsident nicht geantwortet.

Reicherts Anwalt verhandelt hinter den Kulissen. Am 4. Juli bewegte sich der Staatsanwalt – warum auch immer. Reichert muss nach Xiamen fliegen. Es ist sein Geburtstag. „Ich warte auf ein Geschenk", sagt er dem Staatsanwalt schon bei der Begrüßung. „Das bekommen Sie. Sie können fahren." – „Danke, wie lange?" – Wie lange wollen Sie denn?" – „Einen Monat." – „Das ist zu viel. Ich kann Ihnen zehn Tage anbieten." – „Dann nehme ich zehn Tage." – „Bitte kommen Sie wieder." Dann eröffnet ihm

der Staatsanwalt, dass ihm aus Wuhan ein ähnlicher Fall übergeben wurde und er überlege, Reicherts Fall wieder aufzurollen,
auch wenn er freimütig einräumt, dass keine neuen Anhalts-
punkte gegen Reichert vorliegen. Wieder sind 100 000 Euro
Kaution fällig. Reichert zahlt.

Noch am gleichen Tag informiert er das Konsulat in Kanton
über seine bevorstehende Ausreise. Offensichtlich jedoch arbeiten Konsulat und Botschaft nicht zusammen – oder jemand
in der Pekinger Botschaft hat geschlampt. Denn am 7. Juli
schickt die Botschaft die nunmehr fünfte Verbalnote. Auf alle
vorherigen hat sie bisher keine Antwort bekommen. Dennoch
bleiben die Deutschen ausgesucht höflich und bitten um
eine Ausreise, die längst genehmigt wurde. „Die Botschaft der
Bundesrepublik Deutschland begrüßt die Oberste Volksstaatsanwaltschaft und erlaubt sich an die Verbalnote Nr. 335/08
vom 12. Juni 2008 zu erinnern, worin um Auskunft gebeten
wurde, warum die Ausreisesperre gegenüber dem deutschen
Staatsangehörigen REICHERT, Ulrich geb. am 4. Juli 1955 auf-
rechterhalten wird, obwohl das Verfahren am 19. Februar 2008
auf Antrag der Staatsanwaltschaft vom Volksgericht eingestellt
wurde. Mittlerweile ist der Schwiegervater von Herrn Reichert
schwer erkrankt, und er möchte ihn besuchen. Die Botschaft
der Bundesrepublik Deutschland benutzt diesen Anlass, die
Oberste Volksstaatsanwaltschaft der Volksrepublik China erneut ihrer ausgezeichneten Hochachtung zu versichern." Das
Vertrauen Reicherts in die deutschen Behörden sinkt auf einen
Tiefpunkt. Zumal schon in der ersten Verbalnote ein wichtiges
Datum nicht gestimmt hat. Die Botschaft schrieb, dass er am
14. September 2007 gegen Kaution freigelassen wurde, tatsächlich war es aber am 29. September 2007. „Was denken die Chinesen über solche Briefe?", fragt sich Reichert. „Deutschland
blamiert sich."

Am 10. Juli reist Reichert nach Hongkong und Köln-Ossen-
dorf zu seinen Eltern. Am 23. Juli morgens kehrt er mit einer
Cathy Pacific Maschine über Hongkong wieder in die Gefangen-
schaft zurück. Inzwischen signalisiert der Staatsanwalt, dass es
wahrscheinlich doch kein neues Verfahren geben wird.

Reichert fragt bei der Botschaft an, ob es etwas Neues gibt.
Einen Termin bei Botschafter Michael Schäfer zu bekommen

hat er längst aufgeben. Der hat keine Zeit für ihn. Die Antwort, die vom Chef der Rechts- und Konsularabteilung kommt, ist ernüchternd: „Ihr Fall wurde beim letzten Besuch des Bundesaußenministers in China nicht angesprochen." Nun hat er es auch schriftlich. Der zweite Teil der Antwort macht Reichert sprachlos. Der Konsularbeamte verbucht den Ausreiseerfolg auf das Konto der Botschaft, obwohl die entsprechende Verbalnote erst drei Tage nachdem Reichert die Ausreisegenehmigung bekommen hatte, losgeschickt worden war: „Vielmehr hat die Botschaft die in der Anlage befindlichen Verbalnoten an die Oberste Volksstaatsanwaltschaft gerichtet. Daraufhin wurde Ihnen die, wenn auch befristete, Ausreisegenehmigung erteilt."

Während Reichert die E-Mail erreicht, ist der Menschenrechtsbeauftragte der Bundesregierung Günter Nooke in Peking. Auch der CDU-Politiker hat keine Zeit, den Fall Reichert anzusprechen oder Reichert zu treffen. Stattdessen bespricht er Fälle chinesischer Dissidenten. „Er möchte sich offensichtlich lieber mit undifferenzierten Urteilen wie ‚Es gibt keine Freiheit in China' in den deutschen Medien profilieren, statt wirklich zu helfen", sagt Reichert.

Am 8. August beginnen die Olympischen Spiele. Reichert wird noch immer festgehalten. Am 20. August, dem Tag, an dem sich seine Verhaftung zum zweiten Mal jährt, unterliegen die Hockey-Frauen nach zweifacher Führung den Chinesinnen, die Gold holen. Reichert ist sowieso nicht zum Feiern zumute. Immer wieder denkt er an den Moment, in dem ihn die Grenzpolizisten am Flughafen gebeten haben, zur Seite zu treten, die Angst im Gefängnis. Reichert darf noch einmal drei Tage nach Hongkong ausreisen, um ein Visum zu beantragen.

Am 24. August gehen die Olympischen Spiele mit einer fulminanten Feier zu Ende.

Noch immer ist Reichert ein Gefangener Chinas.

Literaturverzeichnis

Bücher

Bell, Sandra: International Brand Management of Chinese Companies: Case Studies on the Chinese Household Appliances and Consumer Electronics Industry Entering US and Western European Markets (Contributions to Economics). Heidelberg. 2008.

Bertelsmann Stiftung (ed.): Asia Changing the World. Berlin. 2007.

Brahm, Laurence J.: Zhu Rongji and the Transformation of Modern China. Singapore. 2002.

Brinkmann, Thorsten: Deutsche Unternehmen erfolgreich in China. Saarbrücken. 2004.

Broadman, Harry G.: Africa's Silk road. China and India's New Economic Frontier. Washington DC. 2007.

Brown, Douglas/Wilson, Scott: The Black book of Outsourcing: How to Manage the Changes, Challenges, and Opportunities. New Jersey. 2005.

Chung Tzöl Zae: Joint-Ventures im chinesischen Kulturkreis: Eintrittsbarrieren überwinden, Marktchancen nutzen. Wiesbaden. 1995.

Dover, Bruce: Rupert Murdoch's Adventures in China. How Murdoch Lost a Fortune and Found a Wife. Edinburgh. 2008.

Doz, Yves L./Santos, José/Williamson, Peter J.: From Global to Metanational: How Companies Win in the Knowledge Economy. Boston. 2001.

Engardio, Pete: Chindia. How China and India are Revolutionizing Global Business. New York. 2007.

Fei, Xiaotong: From the Soil. The Foundations of Chinese Society. London. 1992.

Feng, Shan/Elfring, Janet: The Legend Behind Lenovo: The Chinese IT Company That Dares to Succeed. Hongkong. 2004.

Friedman, Thomas L.: The World is Flat: A Brief History of the Twenty-first Century. London. 2007.

Follath, Erich/Jung, Alexander: Der neue Kalte Krieg. Kampf um die Rohstoffe. München. 2006.

Ghemawat, Pankaj: Redefining Global Strategy: Crossing Borders in a World Where Differences Still Matter. Boston. 2007.

Gore, Lance L.P: Market Communism: The institutional Foundation of China's Post-Mao Hyper-Growth. Hongkong. 1999.

Hexter, Jimmy/Woetzel, Jonathan: Operation China: From Strategy to Execution. Boston. 2007.

Hirn, Wolfgang: Angriff aus Asien. Wie uns die neuen Wirtschaftsmächte überholen. Frankfurt a. M. 2007.

Jullien, François: Der Umweg über China. Ein Ortwechsel des Denkens. Berlin. 2002.

Khanna, Tarun: Billions of Entrepreneurs: How China and India Are Reshaping Their Futures – and Yours. London. 2008.

Kynge, James: China Shakes the World: A Titan's Rise and Troubled Future – and the Challenge for America. Boston. 2007.

Le Pere, Garth/Draper, Peter: Enter the dragon. Midrand. 2005.

Ling, Zhijun/Avery, Martha: The Lenovo Affair: The Growth of China's Computer Giant and Its Takeover of IBM-PC. New Jersey. 2006.

Lorenz, Andreas/Lietsch, Jutta: Das andere China. Begegnungen in Zeiten des Aufbruchs. Berlin. 2007.

Moore, Thomas G: China in the world market. Cambridge. 2002.

Navarro, Peter: The Coming China Wars: Where They Will Be Fought and How They Can Be Won, Revised and Expanded Edition. New Jersey. 2008.

Seitz, Konrad: China: Eine Weltmacht kehrt zurück. Berlin. 2006.

Sheff, David: China Dawn: The Story of a Technology and Business Revolution. New York. 2002.

Shenkar, Oded: The Chinese Century: The Rising Chinese Economy and Its Impact on the Global Economy, the Balance of Power, and Your Job. New Jersey. 2006

Sieren, Frank: Der China Code. Wie das boomende Reich der Mitte Deutschland verändert. Berlin. 2005.

Sokianos, Nicolas P.: Produkt und Konzept-Piraterie. Erkennen, vorbeugen, abwehren, nutzen, dulden. Wiesbaden. 2006.

Steingart, Gabor: Weltkrieg um Wohlstand. Wie Macht und Reichtum neu verteilt werden. München. 2006.

Stiglitz, Joseph E.: Making globalization work. London. 2006.

Verdin, Paul/Van Heck, Nick: From Local Champions To Global Masters: A Strategic Perspective on Managing Internationalization. London. 2001.

von Senger, Harro: 36 Strategeme für Manager. München. 2004.

Williamson, Peter J.: Winning in Asia: Strategies for Competing in the New Millennium. Berkshire. 2004.

Yi, Jeannie J./Ye, Shawn X.: The Haier Way: The Making of a Chinese Business Leader and a Global Brand. New Jersey. 2003.

Zeng, Ming/Williamson, Peter J.: Dragons at Your Door: How Chinese Cost Innovation Is Disrupting Global Competition. London. 2007.

Studien und Zeitschriftenaufsätze

Han, Grace/Peltonen, Esa/Spaulding, Jason: Industry Insight: Commercial War Between the United States and China as CNOOC and Chevron Bid on Unocal (Jan 11, 2007).

Lacter, Mark: Vitriol does not make the best foreign policy. (political opposition to the acquisition of CNOOC Ltd and Unocal Corp). Los Angeles Business Journal (Aug 30, 2005).

Lin, Thomas W.: Lessons from China: Haier Group has achieved extreme success through unique performance-management systems. (International)(Company overview). Strategic Finance (Oct 17, 2006).

Shenkar, Oded: Can China create global companies? Chinese enterprises are determined to emerge. Chief Executive (U.S.) (Nov 21, 2005).

Außerdem wurden folgende Periodika ausgewertet:

Asia Times
Beijing Review
Berliner Zeitung
Bildzeitung
Capital
China Business Review
China Daily
The Daily Telegraph
Der Spiegel
Die Zeit
The Economist
Frankfurter Allgemeine Zeitung
Financial Times
Financial Times Deutschland
Forbes
The Guardian
Handelsblatt
International Herald Tribune
Los Angeles Times
The New York Times
People Daily
Shanghai Daily
Stern
Sudan Tribune
Süddeutsche Zeitung
Time Magazine
The Times
The Wall Street Journal Asia
Washington Post
Wirtschaftswoche

Nachwort

Ohne die Unterstützung einiger Menschen wäre dieses Buch nicht zustande gekommen.

Zuallererst will ich mich bei Donata Hardenberg bedanken. Ihr kritischer Blick und ihre Übersicht haben auch dieses Projekt immer wieder vorangebracht. Auch Zhang Wei danke, den seine gute Laune nie verlassen hat, die mich immer wieder ansteckte. Danken möchte ich zudem Jan Maibom, Justus Krüger, Soeren Pürschel für die Unterstützung und ganz besonders Bernhard Bartsch, dessen Rat ich seit Jahren schätze.

Die Lektorin Sabine Wünsch hat meine Fehler routiniert ausgebügelt. Und Martin Janik vom Hanser Verlag hat stets die Geduld bewiesen, die es braucht, um einen Autor zu ertragen, der immer alles zu spät abliefert.

Danken möchte ich auch Jürgen Kracht, der mit seiner Unternehmensberatung Fiducia seit über 30 Jahrzehnten das Auf und Ab westlicher Unternehmen begleitet und mir in all den Jahren manche kluge Einschätzung gegeben hat.

Wo bei deutschen Unternehmen der Schuh drückt, wissen auch Leif Goeritz und Christian Sommer von den German Centers in Peking und Schanghai. Beiden habe ich manchen wichtigen Hinweis zu verdanken. Bedauerlich, dass Leif China verlässt; Hannah Böhme ist ihm eine würdige Nachfolgerin.

Besonders bedanken möchte ich mich bei Uli Reichert, dass er mir seine unglaubliche Geschichte anvertraute.

Und ich möchte wie stets die Chinesen nicht vergessen, die mir in den letzten Jahren sehr geholfen haben, die jedoch lieber nicht genannt werden wollen.

Für den Inhalt des Buches bin ich jedoch selbstverständlich und mit großem Vergnügen allein verantwortlich.

Frank Sieren